러시아 시 I

-고전주의~사실주의-

이 연구는 2006학년도 단국대학교 대학연구비의 지원으로 연구되었음.

러시아 시 I

-고전주의~사실주의-

서 상 국

단국대학교출판부

서 문

어느 한 민족의 언어로 쓰인 시를 읽고 감상한다는 것은 그 민족 언어의 꽃을 감상하는 것이고 그 언어의 열매를 맛보는 고도의 지적 활동이다. 러시아 시인들이 쓴 시를 읽고 감상한다는 것은 러시아어의 꽃을 감상하고 러시아어의 열매를 맛보는 것이다. 언어의 조탁과 감수성의 현현 및 심미적 관찰의 정수이자 시적 표현의 집약체인 시를 읽고 감상한다는 것은 그만큼 어려운 지적 작업이기도 하려니와 그것이 가능해 질 때의 쾌감과 성취감은 다른 어떤 문자 활동에서도 얻을 수 없을 만큼 위대하다.

혹자는 외국인으로서 러시아어를 습득하는 것이 참으로 어려운 일이라고 주장을 하기도 한다. 백보를 양보하여 동의한다고 하자. 그럼에도 불구하고 그렇게 어렵다는 러시아어의 습득 자체도 푸시킨의 시 한 편을 원어로 읽을 수 있다면 그 노고는 충분히 보상을 받고도 남는다는 주장 역시 설득력을 지니고 있다. 푸시킨의 시에 대한 분석은 이 책에서 제외시켜 별도의 책으로 출판할 것이다. 원래는 함께 포함시켰으나 분량이 지나치게 커서 출판의 문제가 있어 기술적으로 분리하기로 결정했다. 출판 상의 어려움을 독자들께서 이해해 주시길 바랄 뿐이다.

이 책을 집필하려고 생각했을 때의 기본적인 목적은 단순했다. 러시아 시를 읽고 이해를 할 수 있게 하는 책을 쓰고자 했다. 단순 번역이 아니라 시를 읽고 그 내용을 이해할 수 있도록 설명하는 책의 필요성을 느꼈다. 그런데 문제가 하나둘이 아니다. 시를 읽고 이해하는 방법이야 읽는 사람의 숫자에 따라서 또 읽는 횟수에 따라서 모두가 다 달라질 수 있는데 이 문제를 어떻게 해결해야 할 것인가? 이것이 가장 큰 문제였다. 한 편의 시에 수백 명의 학자들이 논문을 발표했다. 시를 읽고 이해하는 책이니만큼 그 학자들의 이론 전부를 아우르고 또 저자의 탁견이 보태진 책을 써야 함이 마땅한 일인데, 그것은 자타가 공인하듯 불가능하다. 그래서 선택한 방법이 본문 분석이다. 일부 시인의 생애나 역사적인 사건 혹은 당대 시대적 상황에 근거하여 정보를 제공한 부분이 없지 않으나, 그것은 말 그대로 일부에 지나지 않는다.

이 책의 기본적인 집필 방식은 본문 비평이다. 물론, 각 시대의 문예사조를 가급적 간략하게 소개하고 있다. 그 다음에는 개별 시인에 대한 정보도 제공하고 있다. 문예사조와 시인에 대한 더욱 구체적인 정보를 찾을 수 있도록 대표적이고 또 2차 자료를 많이 포함하고 있는 도서 목록을 간단하게 제공하였다. 그런 다음 저자가 선별한 각각의 시 원문과 그 시의 율격을 보여주는 강세(우다레니예) 패턴을 제공하고 있다. 그런 다음에야 비로소 이 책의 주된 장점이자 단점인 본격적인 본문 비평을 통한 감상이 시작된다.

시 한 편의 본문을 분석하면서 다른 학자들의 견해를 고스란히 소개하는 것이 그 시를 이해하는 데 훨씬 더 편리하다고 판단되는 경우도 많았다. 하지만, 본문 분석을 벗어나면 그 한계를 감당할 수 없어 그런 경우조차도 본문 분석에 초점을 맞추었다. 한편 한 편의 시를 분석하면서 차라리, 각 시에 대한 독립 논문을 쓰는 것이 더 쉽고 또 더 보람 있는 일이 아닐까하고 의구심이 든 적이 한두 번이 아니었다. 쉽게 말해 이 책의 집필 의도를 벗어나지 않고 끝까지 지키기에 너무나도 많은 다른 유혹이 있었다. 본문 비평에 따른 자신감의 결여가 가장 큰 장애물이기도 했다. 다른 학자의 견해를 빌려다 쓰면 안전한데, 필자의 독자적인 해석이 과연 온당한 것인지의 여부에 대해 생각할 때마다 등줄에 식은땀이 흘렀다.

이제는 그 식은땀의 결과를 세상에 내 놓아야 할 때이다. 쥐구멍이라도 찾고 싶은 심정이다. 그럼에도 불구하고 용기를 가지고 독자들의 오타에 대한 지적, 역사적 사건에 대한 오류, 본문 비평의 방법론적 오류, 그에 따른 시 한 편의 잘못된 해석, 러시아 시를 읽고 이해하는 태도의 문제 등 모든 것을 총 망라하여 저자에게 질정을 아끼지 말아 주십사고 부탁을 드려야 하겠다. 재판을 낼 경우에는 분명 어떤 형태로든 반영을 하고 언급을 할 것을 약속드린다.

지난 15년 세월 동안 대학 강단에서 시 과목을 강의하면서 학생들에게 전달하였던 것을 고스란히 이 책에 담고자 했다. 강의시간에 말로 하였던 모든 것을 글로 이 책에 담으려던 생각이 잘못이었음을 절감했다. 문학 수업은 얼굴을 맞대고 하는 것이 내게는 제일 좋은 방법이었다.

시를 읽는 이유는 단순히 감상하는 데서 그치지 않고 마음에 드는 시를 발견하였으면 그 시를 암송하여 필요한 때에 적절하게 암송을 할 수 있는 것에 있다는 것이 필자의 사견이다. 암송을 하기 위한 좋은 방법은 첫째, 시 한 편을 꼼꼼히 읽어 그 내용을 완전히 이해하여야 한다. 그것이 해결되면 소리 내어 100번 정도 읽는 것이 좋다. 그러면 저절로 암송이 되며 다음에도 내용은 머릿속에 있으니 그 내용을 러시아어로 표현하는 것은 입만 벌려 소리만 내면 된다.

러시아 시의 은 세기와 그 이후의 러시아 시에 관한 동일 계열의 책을 집필해야 하는지 아직은 용기가 나지 않는다. 다만, 컴퓨터에 저장되어 있는 자료가 다시 용기를 주고 어거할 수 없는 유혹을 해 주길 기다릴 밖에...

서문의 결론을 갈음하여 몇몇 감사를 드려야 하겠다. 우선, 지난 세월 동안 러시아 시 수업을 들으면서 같이 고생하고 알량한 강의를 경청해 주신 모든 제자들께 감사드린다. 꼬박꼬박 예습해 오고 강의 시간에 열띤 토론을 벌여 주었다. 그래서 필자도 교학상장(敎學相長)을 실감할 수 있었다. 두 번째, 우리 대학에서 원어민 교수로 재직하고 계시는 옐레나 필리모노바 교수님께 감사드린다. 집필 과정에서 사전을 통해 찾은 모든 단어의 우다레니예를 다 다시 확인해 주시는 어마어마한 도움을 주셨다. 그 과정에서 러시아어 타이핑 오류도 잡아 주셨으니 어떻게 다 감사들 드려야 할지 모르겠다. 조국 러시아에 다녀오실 때마다 이 졸고를 위해 러시아 시인들의 초상화를 구해다 주시고 또 녹음테이프를 구해다 주셨다. 기존의 녹음을 구하지 못한 경우 교수님께서 직접 낭송도 해 주셨다. 감사드린다!!! 존재 자체를 보장해 주는 아내와 멀리 시애틀에서 학업정진에 머리를 부수고 있을 아들에게 감사드린다. 탈고를 하기 직전에 이토록 긴 원고를 자구 교정 차원에서 본문 분석에 이르기까지 꼼꼼하게 읽어주고 교정을 해 주셨으며 또 생산적 제안을 해 주신 고려대학교 석영중 교수님, 최정현 박사님, 윤새라 박사님께 무어라 감사의 말씀을 드려야 충분할지 그저 합당한 말을 찾을 수 없을 따름이다. 방대한 분량의 원고를 한 치의 망설임도 없이 출판해 주신 단국대학교 출판부 모든 분들께 큰 감사를 드린다.

2009년 8월 護岩 서상국

목 차

사실주의(Realism/Реализм)

일러두기

1. 이 책은 러시아 시의 고전주의부터 사실주의까지 다루고 있다. 러시아 시를 연구하는 학자들의 견해를 모은 것이 아니라 순수하게 필자가 본문 분석 기법으로 러시아 시를 분석하고 있다. 다만 낭만주의에 포함시킬 수 있는 푸시킨의 시에 대한 분석은 이 책에서 제외시켰다. 별도의 책으로 출판할 계획을 가지고 있다. 원래는 함께 포함시켰으나 분량이 지나치게 커서 출판의 문제가 있어 기술적으로 분리하기로 결정했다. 출판 상의 어려움을 독자들께서 이해해 주시길 바랄 뿐이다.
2. 고전주의와 낭만주의 및 사실주의에 대한 간략한 소개를 하고 있으며 관련 문헌을 대표적인 것만 소개를 하고 있다. 따라서 더욱 구체적이고 전문적인 지식이 필요한 경우 이 참고문헌을 활용할 수 있을 것이다.
3. 필자가 선별한 각 시인의 생애에 대한 간략한 소개와 참고문헌을 제공하였다. 시인별로 더 깊이 있는 연구가 필요한 경우 좋은 길라잡이가 될 것으로 확신한다. 이 부분은 주로 빅토르 테라스(Victor Terras)의 『러시아 문학 입문』*Handbook of Russian Literature*를 참조하였음을 밝힌다.

4. 각 시에는 시의 내적 구조를 일목요연하게 볼 수 있도록 우다레니예 패턴을 모두 제공하였다. 물론, 러시아 시에서 단음절 단어, 인칭 대명사 등이 시에서 활용되는 경우 작법상 강세가 와야 하는 음절(익투스)을 채우는 것으로 간주할 것인지 그렇지 않은 경우로 봐야할 것인지 등에 관해서는 학자들마다 주장이 다양하다. 이 책에서는 보편적으로 수용할 수 있는 원칙 즉 익투스에 위치한 단음절 단어 혹은 인칭대명사에는 우다레니예를 부여하는 것을 기준으로 삼았다.

   이 부분을 잘 활용함으로써 더욱 완벽을 기하여 시를 암송할 수 있을 것으로 기대한다.
5. 이 책을 교재로 활용할 경우 학생들은 꼼꼼하게 읽고 또 읽음으로 해석의 차원을 넘어 시를 감상할 수 있는 수준까지 예습을 한다. 그리고 강의시간이 지난 후에는 시 본문을 보지 않고도 언제 어디서나 필요한 경우 읽을 수 있도록 소리내어 반복해서 읽을 것을 권한다.
6. 긴 시에는 독자들의 편리를 위해 원문에는 없는 연 표시 숫자를 넣었다.
7. 시를 분석함에 있어 용어 'поэтический герой'(poetic persona)를 '서정적 자아', '시적 주인공', '화자' 등의 용어로 문맥에 맞게 적절히 혼용하고 있다.

   이 책을 교재로 사용하시는 분들께서는 이 책에서 본문을 분석하고 있는 내용에서 오류와 필자의 개인적 견해가 지나친 경우 모두를 다 강의시간에 소개하고 대안을 제시하시는 것으로 러시아 시 강의를 진행하면 효과가 있을 것이다.

   일반 독자들을 위해 분석 대상으로 삼고 있는 모든 시를 해석해서 부록으로 첨부한다. 이는 문자 그대로 해석이다.

즉 번역이 아니라는 뜻이다. 러시아 시를 우리말로 번역한다는 것은 불가능하다는 것이 필자의 소견이다. 러시아어의 아름다움을 살리며 그 내용을 우리말로 번역하는 것은 불가능하기에 그 가치가 없다고 생각하고 있다. 다만, 학습자들과 독자들의 편의를 위해 단순 해석을 첨가한다.

고전주의(Classicism/Класицизм)

고전주의라는 용어는 대단히 다양한 측면의 의미를 내포하고 있다. 일반적으로 고전주의라는 용어에 백과사전은 “비율 감각, 균형 잡히고 안정된 구성, 형식적 조화의 추구, 억제된 표현, 고대문인들의 모방, 예외적인 것에 대한 혐오, 심리적 · 윤리적 분석에 대해 거의 배타적이라고 할 수 있는 관심, 감수성과 상상력에 대한 통제, 특수한 각 장르의 글을 지배하는 규칙에 대한 복종 등을 특색으로 하는 하나의 심미적인 경향”과 같은 표현을 사용하고 있다. 그리고 고전주의는 아름다움, 이성, 건전성, 전통과 등식화되어 왔다.

문예사조라는 측면에서 고전주의는 크게 두 시대를 포함하고 있다. 아리스토텔레스(Aristoteles, B.C. 384~322)와 호라티우스(Horatius, B.C. 65~8)를 주축으로 하는 고전주의와 그 이후 15~16세기부터 낭만주의가 출현하는 18세기까지 이들을 모방하고 이들의 이론을 발전시키며 문학 작품 활동을 하였던 작가 및 이론가들이 신고전주의로 구분된다.

아리스토텔레스의 『시학』(*Poetics*)과 호라티우스의 『시학』(*Ars Poetica*)은 고전주의의 정전으로 받아들여지고 있다. 고전주의에는 세네카(Seneca, B.C. 54~A.D. 39), 베르길리우스

(Vergilius, B.C. 70~19), 호메로스(Homeros, B.C. 9~8?) 등이 속한다.

신고전주의에 속하는 인물들 중 아리스토텔레스의 이론을 발전시킨 학자는 이탈리아 사람들로 로보텔리(Robortelli), 세그니(Segni), 마기(Maggi), 베토리(Vettori), 카스텔베트로(Castelvetro), 피콜로미니(Piccolomini)가 있다. 영국인 스칼리거(Scaliger)의 『시학』(*Poetica*, 1561))은 대단히 중요한 저서이다. 또한 호레이스가 주장했던 "장중미(decorum)" 즉 언어와 문체의 적합성, 인물과 행위의 적합성, 뛰어난 숙련도의 추구에 관하여 비다(Vida), 로보텔로(Robortello), 요아킴(Joachim du Bellay), 론사르드(Ronsard), 필립 시드니 경(Sir Phillip Sidney) 그리고 오피츠(Opitz) 등이 많은 관심을 보였으며 세상에 널리 퍼지게 하였다.

철학적 차원에서 고전주의의 우주관은 마치 "시계"와 같다고 설명된다. 시계는 200개가 넘는 다양한 부품이 하나의 물체를 이루어 '시간'이라고 하는 추상적인 결과물을 도출해 낸다. 즉 시계를 구성하고 있는 부품이 조립된 그 자리에서 부품별로 부여된 고유한 역할을 수행하여야 만 '시간'을 창출해 낼 수 있다. 역으로 시계의 어느 부품이든 자신의 역할을 포기하고 다른 부품의 역할을 수행하려고 한다면 '시간'이라는 결과는 생기지 않게 된다. 즉 시침은 시침으로 기능하고 분침은 분침으로 기능해야 한다는 것이다. 분침이 시침의 기능을 수행한다면 '시간'이라는 결과가 나오지 않는다. 이와 마찬가지로 우주를 구성하고 있는 모든 구성 인자는 그 각자가 처한 상황에서 자기에게 주어진 역할을 성실히 수행하여야 '우주의 조화'라고 하는 결과가 도출된다는 것이 고전주의 우주관이다.

따라서 창조주에게는 창조주의 역할이 있고 인간에게는 인간의 위치와 역할이 있으며 동물에게는 동물의 위치와 역할이 있어 이른바 '거대한 존재의 사슬(The Great Chain of Beings)'을 이루고 있다. 이 '거대한 존재의 사슬'에 있는 모든 우주의 구성인자는 자신의 위치를 굳건히 지키고 자신에게 주어진 역할을 성실히 수행해야 '우주의 조화'가 생겨난다는 것이다.

이러한 고전주의의 철학적인 우주관은 문학을 포함한 미학에도 영향을 미쳐 시인 혹은 문학가에게 창조 보다는 모방을, 감정 보다는 이성을 선호하도록 하였으며 문학 작품 속에서도 형식의 적합성, 규칙성, 절제된 표현 등을 그 특징으로 하게 되었다.

슐레겔(Friedrich von Schlegel, 1772~1829)이 그의 저서 『아테나움』(*Das Athenaeum,* 1798)에서 처음으로 고전주의와 낭만주의를 대치시켜 설명했다. 그에 따르면 고전주의는 무한한 아이디어와 감정을 유한한 형식 속에서 표현하려고 시도 한 반면에 낭만주의는 시인 자신이 창조해 낸 규칙 속에서 일종의 우주적 시를 표현하려고 시도를 했다는 것이다.

<참고 문헌>

В.П. Гордецкий, «История русской литературы в двух томах». 1968.

William Edward Brown, *A History of 18th Century Russian Literature*. 1980.

A.G. Cross, ed., *Russian Literature in the Age of Catherine the Great*. 1976.

J.G. Garrard, ed., *The Eighteenth Century in Russia*. 1973.

송가/송시(Ode/Ода)

고전주의 시대에 등장했던 시의 한 장르이다. 송시는 간단히 말해 '거대한 시' 혹은 '성장을 차려입은 시'다. 송시는 보편적으로 상당한 길이를 가지고 있다. 그리고 송시는 어조와 문체에 있어 형식성이 두드러지며 장중함이 돋보이는 시이기 때문에 어떤 의식을 치르는 것과 같은 딱딱함을 그 특징으로 한다.

송시에는 크게 두 가지 종류가 있다. 첫 번째 종류는 공적인 송시로 장례식, 생일, 국가적인 행사와 관련된 의식을 치르는 과정에서 사용되는 송시이다. 공적 송시의 대가로는 테베 사람인 핀다르(Pindar, B.C. 522~442)로 그리스 스포츠에서 승리한 자를 노래한 그의 송시는 유명하다. 따라서 공적 송시를 일컬어 '핀다르 풍의 송시'라고 일컫기도 한다.

두 번째 종류는 한 개인의 내적이고 사적이며 주관적인 경우를 다루는 시로 개인의 명상이나 숙고의 과정을 나타낸다. 사적 송시의 대가로는 호레이스(Horace, B.C. 65~8)를 들 수 있다.

사포(Sappho, B.C. 610~580)의 "아프로디테에게 바치는 송시"(*Ode to Aphrodite*) 중 남아 있는 일부가 송시 중 가장 오래된 것으로 여겨지고 있다.

러시아 문학에서 이 용어는 트레디아코프스키에 의해 도입되었다. 그의 시 "그단스크 도시 탈환에 대한 장중한 송시"(1734)에서 이 용어가 처음으로 사용되었음에도 불구하고 고전주의 특징은 그다지 크게 반영되어 있지 않다. 특히 언어의 조화라는 차원에서 이 시는 고전주의적이라기보다는 차라리 서정시의 언어에 더 가깝다는 것이 일반적인 평가이다. 하지만 로모노소프의 송시는 고전주의의 시학적 특징을 대단히 충실하게 따르고 있다. 수마로코프의 송시는 아나크레온(Anakreon, B.C. 582~485)풍의 송시로 노래에 상당히 가깝다는 평을 받고 있다.

송시의 문체는 향후 러시아 시에 계속해서 영향을 미친다. 예를 들어 바라트인스키, 튜체프, 만델슈탐, 자볼로츠키, 마야코프스키의 "혁명의 송시"에서 그 영향을 찾을 수 있다.

<참고 문헌>

Г.А. Гуковский, "Из истории русской оды XVIII века," «Поэтика» том. 3. 1927.

_______________ , «Русская поэзия XVIII века». 1927.

Ю. Тынянов, "Ода как ораторский жанр," «Архаисты и новаторы». 1929. сс. 48~86.

Pierre R. Hart, "Continuity and Change in the Russian Ode." In *Russian Literature in the Age of Catherine the Great*. 1976. pp.17~43.

Михаил Васильевич Ломоносов (1711~1765)

로모노소프

로모노소프는 1711년에 백해 근처의 홀모고르이에서 반농 반어부의 아들로 태어났다. 1730년에 신분을 속여 모스크바의 슬라브-그리스-라틴 아카데미에 입학하였으며 우수한 성적 덕분에 6년 뒤에는 쌍트 페테르부르크 황실 과학 아카데미에서 수학할 수 있게 되었다. 같은 해에 그는 화학, 야금술 등의 기술 분야 연수를 위해 다른 러시아 학생들과 함께 독일로 파견되었다. 처음에는 마부르크로 가서 유명한 학자이자 철학자인 볼프(Wolf) 밑에서 일반 교육 및 독일어와 다른 외국어의 교습을 받았고 그 뒤 프라이부르크로 건너가 헨켈(Henckel)에게서 화학수업을 받았다. 그러나 헨켈과의 불화로 1740년에 프라이부르크를 떠나 약 1년간 독일과 서유럽의 여러 지역을 전전했다.

비록 로모노소프의 주된 연수분야는 기술과학이었지만 그는 언어와 인문과학에 대한 열의도 잃지 않았다. 마부르크에 머무르는 동안 그는 고트세트(Gottsched)의 작품과 당대의 가장 유명한 송시 작가 귄터(Günther)의 시를 접할 수 있었다. 귄터 및 부알로(Boileau)의 강한 영향력을 받은 로모노소프는 부알로의 "나뮈르 탈환에 부치는 송시"(Ode sur la Prise de Namur)를 토대로 "호틴 탈환에 부치는 송시"«Ода на взятие Хотина»를 지어 "러시아 작시법 규칙에 관한 서한"«Письмо о правилах российкого стихотворства»과 함께 아카데미에 제출했다.

로모노소프 묘비(알렉산드르 네프스키 사원 소재

1742년 로모노소프는 페테르부르크 아카데미 물리학부의 조교수로 임명되었다. 그는 또한 아카데미의 "계관시인"이기도 하여 독일 아카데미 회원들이 쓴 여러 송시의 번역을 담당했다. 얼마 후 그는 직접 시를 쓰기 시작했다. 로모노소프의 다방면에 걸친 학문적 업적은 그에게 일종의 권력을 부여하였다. 특히 엘리자베타 여제의 총신인 슈발로프가 로모노소프의 후견인이 된 뒤부터 그는 막강한 권력을 배경으로 더욱 왕성한 학문 활동을 할 수 있게 되었다. 과학 분야의 업적 외에도 그는 수사학에 관한 명저, 무수한 송시, 러시아 문법책, 수편의 운문 비극 등을 남겼으며 특히 "삼문체설" 논문을 통한 러시아 문학어 발달에 기여한 공로는 오늘날까지 높이 평가받고 있다.

로모노소프는 문학 활동의 와중에서 심각한 논쟁에 휘말리게 되었다. 그의 주된 적은 수마로코프였는데 그와의 논쟁은 문학사조의 흐름이라는 맥락에서 이해될 수 있다. 주로 궁정시를 쓴 로모노소프의 스타일은 장엄하고 형식적이었으므로 구세대에 속한 반면, 수마로코프는 추상적이고 복잡하며 고양된 어조의 스타일을 거부하고 대신 단순함과 직접성, 서정성 등을 지향했다. 양자 간의 대립은 후기 바로크와 고전주의의 대립이라 요약할 수 있다. 한편, 로모노소프와 트레디아코프스키의 논쟁은 주로 문법과 작시법에 관한 것이었다. 앞에서도 잠시 언급했지만 그 논쟁에서의 승자는 로모노소프였다. 그는 이 모든 논쟁의 소용돌이 속에서도 저술 활동을 계속했으며 러시아 최초의 대학인 모스크바대학의 설립에 공헌했다. 로모노소프는 고질적인 질병에 시달리다가 1765년에 사망했다.

<참고 문헌>

«Избранные произведения. Библиотека поэта». 1965.

«Сочинения». 1961.

«Полное собрание сочинений». 1952.

П.Н. Берков, “Проблема литературного направления Ломоносова,” «XVIII век», No. 5, 1962: 5~33.

___________, «Ломоносов и литературная полемика его времени». 1750~1765. 1936.

С. Чернов, “Литературное наследство М.В. Ломоносова,” «Литературное наследство». No. 9~10, 1933: 327~339.

А.И. Дуденкова, “О построении образа в лирике Ломоносова,” «XVIII век». No. 5, 1962: 70~79.

В.Г. Кузнецов, «Творческий путь Ломоносова». 1956.

B.B. Kudryavtsev, *The Life and Work of Mikhail Vasilyevich Lomonosov*. Moscow, 1954.

W.E. Brown, *A History of 18th Century Russian Literature*. 1980.

Вечернее размышление о Божием величестве при случае великого северного сияния

I

Лице свое скрывает день,	_ ⊥ _ ⊥ _ ⊥ _ ⊥
Поля покрыла мрачна ночь,	_ ⊥ _ ⊥ _ ⊥ _ ⊥
Взошла на горы чорна тень,	_ ⊥ _ ⊥ _ ⊥ _ ⊥
Лучи от нас склонились прочь.	_ ⊥ _ ⊥ _ ⊥ _ ⊥
Открылась бездна звезд полна;	_ ⊥ _ ⊥ _ ⊥ _ ⊥
Звездам числа нет, бездна дна.	_ ⊥ _ ⊥ _ ⊥ _ ⊥

II

Песчинка как в морских волнах,	_ ⊥ _ ⊥ _ ⊥ _ ⊥
Как мала искра в вечном льде,	_ ⊥ _ ⊥ _ ⊥ _ ⊥
Как в сильном вихре тонкий прах,	_ ⊥ _ ⊥ _ ⊥ _ ⊥
В свирепом как перо огне,	_ ⊥ _ ⊥ _ ⊥ _ ⊥
Так я в сей бездне углублен	_ ⊥ \ ⊥ _ ○ _ ⊥
Теряюсь, мысльми утомлен!	_ ⊥ _ ⊥ _ ○ _ ⊥

III

Уста премудрых нам гласят:	_ ⊥ _ ⊥ _ ⊥ _ ⊥
Там разных множество светов,	_ ⊥ _ ⊥ _ ○ _ ⊥
Несчетны солнца там горят,	_ ⊥ _ ⊥ _ ⊥ _ ⊥
Народы там и круг веков:	_ ⊥ _ ⊥ _ ⊥ _ ⊥
Для общей славы Божества	_ ⊥ _ ⊥ _ ○ _ ⊥
Там равна сила естества.	_ ⊥ _ ⊥ _ ○ _ ⊥

IV

Но где ж, натура, твой закон?	_ ⊥ _ ⊥ _ ⊥ _ ⊥

С полночных стран встает заря! _ ⊥ _ ⊥ _ ⊥ _ ⊥
Не солнце ль ставит там свой трон? _ ⊥ _ ⊥ _ ⊥ _ ⊥
Не льдисты ль мещут огнь моря? _ ⊥ _ ⊥ _ ⊥ _ ⊥
Се хладный пламень нас покрыл! _ ⊥ _ ⊥ _ ⊥ _ ⊥
Се в ночь на землю день вступил! _ ⊥ _ ⊥ _ ⊥ _ ⊥

V

О вы, которых быстрый зрак _ ⊥ _ ⊥ _ ⊥ _ ⊥
Пронзает в книгу вечных прав, _ ⊥ _ ⊥ _ ⊥ _ ⊥
Которым малый вещи знак _ ⊥ _ ⊥ _ ⊥ _ ⊥
Являет естества устав, _ ⊥ _ ○ _ ⊥ _ ⊥
Вам путь известен всех планет; _ ⊥ _ ⊥ _ ⊥ _ ⊥
Скажите, что нас так мятет? _ ⊥ _ ⊥ _ ⊥ _ ⊥

VI

Что зыблет ясный ночью луч? _ ⊥ _ ⊥ _ ⊥ _ ⊥
Что тонкий пламень в твердь разит? _ ⊥ _ ⊥ _ ⊥ _ ⊥
Как молния без грозных туч _ ⊥ _ ○ _ ⊥ _ ⊥
Стремится от земли в зенит? _ ⊥ _ ○ _ ⊥ _ ⊥
Как может быть, чтоб мерзлый пар _ ⊥ _ ⊥ _ ⊥ _ ⊥
Среди зимы рождал пожар? _ ⊥ _ ⊥ _ ⊥ _ ⊥

VII

Там спорит жирна мгла с водой; _ ⊥ _ ⊥ _ ⊥ _ ⊥
Иль солнечны лучи блестят, _ ⊥ _ ○ _ ⊥ _ ⊥
Склонясь сквозь воздух к нам густой; _ ⊥ _ ⊥ _ ⊥ _ ⊥
Иль тучных гор верьхи горят; _ ⊥ _ ⊥ _ ⊥ _ ⊥
Иль в море дуть престал зефир, _ ⊥ _ ⊥ _ ⊥ _ ⊥
И гладкий волны бьют в ефир. _ ⊥ _ ⊥ _ ⊥ _ ⊥

VIII

Сомнений полон ваш ответ _ ⊥ _ ⊥ _ ⊥ _ ⊥
О том, что окрест ближних мест. _ ⊥ _ ⊥ _ ⊥ _ ⊥
Скажите ж, коль пространен свет? _ ⊥ _ ⊥ _ ⊥ _ ⊥
И что малейших дале звезд? _ ⊥ _ ⊥ _ ⊥ _ ⊥
Несведом тварей вам конец? _ ⊥ _ ⊥ _ ⊥ _ ⊥
Скажите ж, коль велик Творец? _ ⊥ _ ⊥ _ ⊥ _ ⊥

감 상

시작법

6행이 한 연을 이루고 있으며 8연으로 구성되어 있는 시이다. 한 행은 8개의 음절로 구성되어 있고 두 개의 음절이 하나의 음보를 구성하고 있어 2음보 시이다. 그 중에서도 짝수 음절에는 우다레니예가 있는 반면 홀수 음절에는 우다레니예가 없어 "약강 격(ямб/iamb)"이다. 대부분의 짝수 음절에는 우다레니예가 있어 리듬이 단조로울 정도이나 이는 고전주의 시대의 작품임을 고려할 때 오히려 적절한 예라고 할 수 있다. 전통적 러시아 시 작법의 원칙이 지켜지고 있는 요소 중 하나도 바로 맨 마지막 익투스(иктус)에 하나의 예외도 없이 모두 다 우다레니예가 있다는 것이다. 각운은 모두가 남성 운이며 1~3행과 2~4행이 운을 이루어 교차 각운을 보이고 있으나 5~6행이 각운을 이루어 인접 각운을 보이고 있다. 모든 각운이 완전 운을 이루고 있는 것 역시 완전함, 균형의 중시 혹은 예외를 달갑게 여기지 않는 고전주의의 영향이라고 할 수 있다.

[제 목]

이 시의 제목에 주의를 기울여 보자: "거대한 북극광(오로라)이 일어난 때에 신의 위대함에 대한 저녁 명상". 이 제목에는 3가지 구성 요소가 있다. 첫째는 자연현상이며 둘째는 신의 위대함이고 셋째는 인간의 명상이다. 앞의 두 요소에는 거대하거나 위대하다는 말이 수식되어 있으나 세 번째 요소에는 없다. 이는 첫째의 요소가 두 번째의 요소에 의해 일어나고 있거나 혹은 첫 번째 요소가 세 번째 요소로 하여금 두 번째 요소에 대해 명상을 하게하고 있음을 알 수 있다. 즉 한 인간이 자연의 현상을 통해 창조주의 위대함을 의식하고 있다는 것을 알 수 있다. 이는 고전주의적 우주 질서 속에서 상·하의 구분이 명확하여 자신의 역할을 충실히 하고 있음을 알 수 있다.

제목이 암시하듯 이 시는 개인적 송시의 전형에 속한다.

제1연

제목이 말해주고 있듯이 1연에서는 자연현상에 대한 묘사를 하고 있다. 해가 지고 어둠이 들에 깔리고 산등성이에는 그림자가 드리워지고 햇빛은 멀리 사라져 별들로 가득 찬 하늘이 보이는 장면이다. 이 연에서는 시간의 흐름이 각 단계별 묘사에 의해 이루어지고 있다. 해질 무렵에서 시작하여 별들이 총총한 깜깜한 밤에 이르는 시간의 진행이 묘사되어 있다. 수사법적으로는 낮, 밤, 그림자, 빛, 심연이 의인화되어 있다. 자연의 변화를 시적 화자가 자신의 존재와 같은 차원에서 이해를 하려는 노력으로 볼 수 있다. 사실 이 연이 자연에 대한 단순한 묘사라고 단언할 수는 없다. 왜냐하면 시적 화자는 자연 현상을 묘사하면서 자신의 느낌을 어느 정도는 독자에게 전달하고 있기 때문이다. 즉 밤이 “우울(мрачна)” 하다든가, 그림자가 “검다(чорна)”든가, 빛이 “멀리(прочь)” 사라진다든가 혹은 별들이 “가득 차(полна)” 있다든가 하는 것은 화자가 느끼는 감정의 일부를 볼 수 있는 부분들이다. 현대 러시아에서와는 달리 형용사 단어미가 수식적으로 사용되고 있음에 주의를 기울일 필요가 있다.

그리고 마지막 2행에 있어서 음의 반복(звуковые повторы: sound repetition)은 대단히 훌륭하다. v.z.d.n.의 음이 서로 순서를 달리 하면서 나타나고 있다. 이는 로모노소프가 러시아어 그 자체의 아름다움과 음성학적인 성질을 얼마나 잘 알고 있었는가를 보여준다고 할 수 있다.

제2연

제2연에서는 직접적으로 시적 화자가 "나"로 등장을 하고 있다. 이 시적 화자는 아주 미미한 존재로 나타나고 있는데 이는 다른 자연물과의 비교에서 효과를 얻고 있다. 1행에서는 비교되는 자연물 그 자체를 작게 만들고 있다: "모래알"이 지소형(指小形)으로 사용되고 있어 더욱 미미함을 나타낸다. 4행에서는 자연물 자체를 작게 만들지는 않으나 자연물이 처한 상황을 극한으로 설정함으로 비교되고 있는 것이 미미해지는 효과를 나타내고 있다: 깃털은 "광폭한 화염 속에 있다." 한편 2행과 3행에서는 1행과 4행의 기법을 함께 사용하고 있다. 즉 자연물을 작게 만들기 위해 앞에 형용사가 수식을 하고 그 자연물이 처한 상황을 극한으로 설정하고 있다: 2행에서 비교되고 있는 불빛은 한편으로 "작은(мала)"이라는 형용사로 수식이 되고 있어 그 자체가 미미해지고 처한 상황이 "영원한 얼음 속에 있어"그 정도가 더해진다. 마찬가지로 3행 역시 먼지 앞에 "가늘고 작은(тонкий)"라는 형용사가 수식을 하고 있으며 처한 상황이 "강한 회오리바람 속에 있어" 이와 직유로 비교되고 있는 시적 화자는 더더욱 미미한 존재로 된다. 이렇게 비교된 미미한 존재는 "길을 잃을 수밖에 없는지도" 모른다. 그러나 이렇게 길을 잃는다는 사실이 완전히 부정적으로 느껴지지는 않는다. 왜냐하면 이 시적 화자는 "생각으로 지쳐있기 때문인데" 이는 사고를 할 수 있는 존재임을 증명하고 있다.

즉 인간은 사고를 할 수 있는 존재라는 것이다. 'как'가 네 번 사용되어 시적 화자인 나와 비교되는 것이 네 개다. 즉 바다 물결 속의 작은 모래 한 알, 영원한 얼음 속의 작은 불꽃 하나, 강한 회오리바람 속의 가느다란 먼지 한 알, 그리고 작렬하는 불꽃 속의 깃털 하나가 그것들이다. 그리고 'так'로서 비교를 받고 있는데 이는 위의 비교 대상 네 가지 모두를 포함하고 있음을 알 수 있다. 즉 심연 속에 빠져서 길을 잃고 있으며 생각으로 지쳐 있다는 것이다. 길을 잃는다는 것은 물론 위의 네 가지 자연현상을 염두에 두어 하는 말로 이 위대한 우주의 질서, 조화, 변화를 다 이해할 수 없다는 인간의 왜소함을 의미하기도 한다. 따라서 서정적 자아는 우주의 신비에 대해 이해를 가지려고 노력은 하지만 그만큼 "생각으로 지칠 수밖에" 없다.

제3연

현자들의 입이 우리에게 우리가 존재하는 태양계 밖의 우주에 대해 가르쳐 준다. 수많은 태양계가 있으며 셀 수 없는 태양이 빛나고 있다. 그리고 다양한 민족들이 그곳에는 오랫동안 존재해오고 있다. 이 모든 것을 창조한 신의 명성 · 위대함을 위해서는 그곳의 자연의 힘도 동일하다는 것이다. 즉 수많은 태양계가 신에 의해서 창조되었으며 이곳들의 모든 피조물들도 역시 신의 위대함을 동일하게 칭송하고 있다는 것이다. 그만큼 이 지구상에 존재하는 피조물 중 한 인간인 시 속의 화자는 왜소할 수밖에 없는 존재이다.

제4연

의문문과 감탄문으로 구성되어있는 연이다. 첫 번째 질문은

"자연의 법칙"이 무엇인가라고 묻는다. 왜냐하면 자정의 어두움 속에서 빛이 나고 있기 때문이다. 즉 오로라의 현상을 어떻게 이해해야 할지 모르겠다는 뜻이다. 이는 역설적으로 오로라 현상을 잘 알고 있기 때문에 감상을 할 수 있음을 보여주기도 한다. 두 번째 질문은 오로라 현상에 대해 보다 구체적인 질문으로 태양이 떠오르고 있는 것이 아닌가 하고 의구해 한다. 그러나 완전한 태양이 솟고 있음은 아니다. 왜냐하면 얼음 언 바다가 빛을 방해하고 있기 때문이다. 오로라의 다양한 빛은 태양광선의 붉은 빛과는 다르기 때문이다. 마지막 두 행은 감탄문이다. 차가운 불꽃이 우리를 감쌌다고 한다. "차가운 불꽃"은 모순어법(oxymoron, противоречие)으로 두 가지 감정을 다 내포하고 있다. 즉 이 경우 신의 위대함에 놀랐다는 것이 그 하나이며 다른 하나는 그래도 여전히 이성적으로 이해할 수 없는 부분을 이렇게 표현하고 있다. 표현 자체가 모순적일 수밖에 없다. 그리고 밤에 이 지구상에 낮이 도래했다고 하고 있다. 이것 역시 감탄문으로 표현적인 모순어법은 아니지만 구문상의 모순을 내포하고 있다. 즉 밤중에 낮이 있을 수 없음이 모순의 내용이다. 실제로 앞 행에서 표현적인 모순어법을 사용함으로 마지막 행에서 구문적인 모순어법을 사용하는 것이 매우 자연스러울 뿐만 아니라 그 효과가 더 커지고 있음을 알 수 있다. 그리고 이 두 감탄문은 단순한 감탄문이 아니라 다른 사람에게도 명령을 하고 있는 감탄문이다. 즉 'Ce'(들어 보라, 주의를 기울여라)라는 명령이 문두에 위치하고 있음으로 다른 사람들도 서정적 자아가 느끼는 감정으로 초대되고 있다.

제5연

이 연은 3연과 매우 깊은 관계를 가지고 있다. 3연에 등장하고 있는 “현자”들이 이 연에서는 대화의 대상 혹은 서정적 자아의 이야기를 직접적으로 듣는 청자로 등장을 하고 있다. 기본적인 문장의 구조는 “현자들이여 무엇이 우리로 하여금 혼란스럽게 하는가? 가르쳐 주시오!”의 구조이다. 나머지는 현자들의 속성이 어떠하다고 말함으로 우리의 질문에 답을 해 줄 수 있는 자질을 나타내 주고 있다. 즉 현자들의 날카로운 시선은 영원한 법전 혹은 진리의 법전을 꿰뚫는다. 그리고 매우 미미한 사물의 징표라 할지라도 이 현자들에게는 진리의 모습으로 비친다는 것이다. 그리고 마지막으로 이 태양계를 포함하여 전 우주의 길을 다 알고 있는 현자들이라는 것이다. 이 정도의 현자라고 한다면 신의 의지, 의도, 계획, 바람 등을 우리에게 말로서 가르쳐 줄 수 있는 존재이기는 하다. 그러나 이러한 현자는 과연 누구인가 하는 것이 궁금하다. 인간인가, 혹은 신인가? 현자라 함은 과연 누구인가 생각해 볼일이다.

제6연

이 연 또한 4연과 마찬가지로 의문문들로 구성되어 있는 연이다. 이 질문들은 이성적으로 이해할 수 없는 자연 현상들에 대한 질문이다. 첫 두 행은 오로라 현상에 관한 것이며 그 다음은 뇌우가 없는 번개가 땅에서 하늘로 솟는가에 대한 의구심이다. 이 두 번째 의구심은 세밀히 분석을 해 볼 필요가 있다. 이것은 뇌우가 없는 번개 그 자체도 이성적이지 않으며 또 번개는 하늘에서 땅으로 내려오는 것인데 어떻게 그 반대로 이야기 하고 있는가이다. 이는 “마른번개”에 대해서는 별다른 설명없이도 이해할 수 있을 것이다. 최소한 오늘날의 현대인에게는. 그러나 땅에서 하늘로 솟는 번개는 설명을 할 수 있어야 한다. 즉 로모노소프는 번개 현상도 매우 세밀하게 관찰을 하였던 것을 알 수 있는데 왜냐하면 실제로 번개 현상을 세밀히 관찰하면 시작할 때에는 하늘에서 땅으로 내려오지만 그 번개가 사라질 때의 순간을 보면 마치 땅에서 하늘로 솟는 것 같은 착시를 일으키게 됨을 알 수 있을 것이다. 시인의 눈은 이렇다. 몹시도 짧은 순간을 "번개 같다"라는 표현을 쓴다. 그러나 여기에서 로모노소프는 그토록 빠른 번개의 시작과 끝 부분을 구분하여 묘사하고 그 착시 현상에 대해 의구심을 표하고 있는 것이다. 마지막은 땅에서 얼어붙은 증기가 솟아 나오는가에 대한 의구심이다. 이는 한 밤중에 피어나는 안개를 의미할 수도 있고 혹은 오로라 현상 자체가 매우 강하여 마치 물안개가 피는 것처럼 보일 수도 있는 것에 대해 궁금해 하는 것이다. 이 네 개의 의구심 중 첫 두 개는 "무엇"이라는 의문대명사로 묻고 있으며 나머지 두 개는 "어떻게"라는 의문대명사로 묻고 있어 존재와 현상에 대한 질문임을 알 수 있게 해 준다.

제7연

6연에 이어 자연 현상을 묘사하고 있다. 짙은 어둠이 파도와 다투고 있는 곳 혹은 태양 빛이 짙은 대기를 뚫고 우리에게 비치는 그곳 혹은 안개 걸린 산의 정상들이 빛을 내는 곳 혹은 바다에 서풍이 멈추는 그곳에 미끄러운 파도가 창공을 때린다. 앞의 연에서 이성적으로 이해하기 어려운 자연의 현상에 비하면 이 연에서는 비교적 설명이 가능하고 자연 속에서 얼마든지 관찰이 가능한 자연 현상들을 시속에서 묘사하고 있다.

第8연

마지막 연인 이 연은 현자들의 대답과 그 대답 이후에 여전히 남아있는 의구심의 표현으로 구성되어 있는 연이다. 현자들의 대답은 구체적이고 명확한 것이 아니다. 서정적 자아에게조차 "애매모호함으로 가득 차" 있다. 그리고 여전히 남아있는 의구심은 네 가지이다. 첫째는 세상이 얼마나 넓은가 이고, 둘째는 "가장 작게 보이는 별 저 너머에는 무엇이 있는가?" 이며 셋째는 피조물의 끝이 당신에게도 알려져 있지 않은 일인지, 그리고 마지막은 이 시의 주제를 완결시켜주는 질문으로 "창조주의 위대함이 얼마나 큰지"를 말해달라는 것이다. 이렇게 질문으로 끝난다는 사실은 서정적 자아 혹은 로모노소프 자신도 맨 처음으로 되돌아가고 있을 뿐만 아니라 독자들로 하여금 이 시를 다시 처음부터 읽게 할 뿐 아니라 우주의 질서에 대해 다시금 곰곰이 생각하게 한다. 즉 고전주의의 철학을 이해하는 것으로부터 시작하여 이 시의 각 음성학적 단위, 단어, 행, 연, 시 전체의 구조 등을 면밀히 검토하고 시인의 생애와 기타 관련 있는 사항 모두를 다시 살펴보아야 한다.

Гавриил Романович Державин (1743~1816)

데르자빈

카잔 근처 가난한 귀족 집안에서 태어났다. 어릴 때 받은 교육이 변변치 않아 1759년에 수준 이하의 고등학교를 카잔에서 다녔으나 졸업을 하지 못하고 사병으로 군 복무에 징집되었다. 바로 이런 어려운 환경 때문에 데르자빈은 예카테리나 2세 때 가장 강력한 정치가가 되었으며 당대 최고의 시인이 되는 계기가 되었다. 1772년까지 사병으로 근무한 데르자빈은 이때 장교가 되었다. 군 복무 시절 시를 쓰기 시작한 데르자빈은 당대를 대표하던 시인들인 마이코프, 노비코프와 트레티아코프의 관심을 끌었다. 푸가초프 반란 시절에 데르자빈은 정보 장교로서 탁월한 업적을 이루었다. 그러면서 데르자빈은 궁정시인으로서의 자질도 키워나가 1774년에는 일련의 송시들을 썼으며 "비비코프 장군의 서거에 바치는 송가" 등은 1776년에 출판되기도 했다. 군 제대 후 그는 뱌젬스

데르자빈 동상(카잔시 소재)

데르자빈 탄생 250주년 기념우표(1993년 제작)

키 공작의 후원을 얻을 수 있었으며 의회에서 중요한 자리를 차지할 수 있었다.

데르자빈은 1778년에 댜코프의 세 딸 중 하나와 결혼을 했는데 아내가 데르자빈을 문학 세계에 발을 넓힐 수 있게 해 주었다. 사실 그가 만날 수 있었던 희곡작가이며 시인인 카프니스트와 르보프는 모두가 그의 동서들이었다.

1778~79년에 데르자빈은 "메시체르스키 공작의 서거에 부치는 송시"를 발표하는데 이 송시에서 그는 로모노소프가 주장한 고전주의의 시학 일부를 벗어나는 시도를 했다. 즉 그는 상문체로 써야 할 송시에서 하문체를 병용했다. 1782년 데르자빈은 예카테리나 2세에게 바치는 송시 "펠리짜에게 바치는 송시"를 발표하기도 했는데 이 송시의 주제는 "펠리짜에게 감사를"(1783)과 "펠리짜 묘사"(1789) 등의 송시로 이어지기도 했다. 이 외에 데르자빈의 대표작으로는 "신"(1784), "폭포"(1791~1794) 등의 시가 있다.

데르자빈은 말년에 문학 특히 희곡에 정열을 쏟았다. 그의 대표적인 희곡은 "어두운"(Темный, 1808), "장님"(1814) 등이 있다. 이 외에도 데르자빈은 아동극을 집필하기도 했으며 소극(笑劇)을 집필하기도 했다.

1815년 푸시킨이 리쩨이를 졸업하던 졸업식장에서 단상에서 내려와 푸시킨을 안아주려고 했던 에피소드는 유명하여 향후 푸시킨의 위대함을 이미 인정하고 예언해 준 데르자빈이었다. 데르자빈 자신도 살아 생전 "러시아의 핀다르"라는 찬사를 받은 송시의 대가였다.

<참고 문헌>

«Сочинения Державина с объяснительными пирмечаниями Я, Грота». В 9 томах, 1864~1883.

Г.А. Гуговский, «Г.Р. Державин. Стихотворения». 1933.

В.А. Западов, «Мастерство Державина». 1958.

____________ , «Гаврила Романович Державин». 1965.

Бог

I

О ты, пространством бесконечный, _ ⊥ _ ⊥ _ ○ _ ⊥ _
Живый в движеньи вещества, _ ⊥ _ ⊥ _ ○ _ ⊥
Теченьем времени превечный, _ ⊥ _ ⊥ _ ○ _ ⊥ _
Без лиц, в трех лицах божества! _ ⊥ _ ⊥ _ ○ _ ⊥
Дух всюду сущий и единый, \ ⊥ _ ⊥ _ ○ _ ⊥ _
Кому нет места и причины, _ ⊥ _ ⊥ _ ○ _ ⊥ _
Кого никто постичь не мог, _ ⊥ _ ⊥ _ ⊥ _ ⊥
Кто все собою наполняет, _ ⊥ _ ⊥ _ ○ _ ⊥ _
Объемлет, зиждет, сохраняет, _ ⊥ _ ⊥ _ ○ _ ⊥ _
Кого мы называем —Бог! _ ⊥ _ ⊥ _ ⊥ _ ⊥

II

Измерить океан глубокий, _ ⊥ _ ⊥ _ ○ _ ⊥ _
Сочесть пески, лучи планет _ ⊥ _ ⊥ _ ⊥ _ ⊥
Хотя и мог бы ум высокий, – ⊥ _ ⊥ _ ⊥ _ ⊥ _
Тебе числа и меры нет! _ ⊥ _ ⊥ _ ⊥ _ ⊥
Не могут духи просвещенны, _ ⊥ _ ⊥ _ ○ _ ⊥ _
От света твоего рожденны, _ ⊥ _ ○ _ ⊥ _ ⊥ _
Исследовать судеб твоих: _ ⊥ _ ○ _ ⊥ _ ⊥
Лишь мысль к тебе взнестись дерзает, – _ ⊥ _ ⊥ _ ○ _ ⊥ _
В твоем величьи исчезает, _ ⊥ _ ⊥ _ ○ _ ⊥ _
Как в вечности прошедший миг. _ ⊥ _ ⊥ _ ⊥ _ ⊥

III

Хаоса бытность довременну _ ⊥ _ ⊥ _ ○ _ ⊥ _
Из бездн ты вечности воззвал, _ ⊥ _ ⊥ _ ○ _ ⊥

А вечность, прежде век рожденну, _ ⊥ _ ⊥ _ ⊥ _ ⊥ _
В себе самом ты основал: _ ⊥ _ ⊥ _ ○ _ ⊥
Себя собою составляя, _ ⊥ _ ⊥ _ ○ _ ⊥ _
Собою из себя сияя, _ ⊥ _ ○ _ ⊥ _ ⊥ _
Ты свет, откуда свет истек. _ ⊥ _ ⊥ _ ⊥ _ ⊥
Создавый всё единым словом, _ ⊥ _ ⊥ _ ⊥ _ ⊥ _
В твореньи простираясь новом, _ ⊥ _ ○ _ ⊥ _ ⊥ _
Ты был, ты есть, ты будешь ввек! _ ⊥ _ ⊥ _ ⊥ _ ⊥

IV

Ты цепь существ в себе вмещаешь, _ ⊥ _ ⊥ _ ⊥ _ ⊥ _
Ее содержишь и живишь; _ ⊥ _ ⊥ _ ○ _ ⊥
Конец с началом сопрягаешь _ ⊥ _ ⊥ _ ○ _ ⊥ _
И смертию живот даришь. _ ⊥ _ ○ _ ⊥ _ ⊥
Как искры сыплются, стремятся, _ ⊥ _ ⊥ _ ○ _ ⊥ _
Так солнцы от тебя родятся; _ ⊥ _ ○ _ ⊥ _ ⊥ _
Как в мразный, ясный день зимой _ ⊥ _ ⊥ _ ⊥ _ ⊥
Пылинки инея сверкают, _ ⊥ _ ⊥ _ ○ _ ⊥ _
Вратятся, зыблются, сияют, — _ ⊥ _ ⊥ _ ○ _ ⊥ _
Так звезды в безднах под тобой. _ ⊥ _ ⊥ _ ○ _ ⊥

V

Светил возжженных миллионы _ ⊥ _ ⊥ _ ○ _ ⊥ _
В неизмеримости текут, _ ○ _ ⊥ _ ○ _ ⊥
Твои они творят законы, _ ⊥ _ ⊥ _ ⊥ _ ⊥ _
Лучи животворящи льют. _ ⊥ _ ○ _ ⊥ _ ⊥
Но огненны сии лампады, _ ⊥ _ ○ _ ⊥ _ ⊥ _
Иль рдяных кристалей громады, _ ⊥ _ ○ _ ⊥ _ ⊥ _
Иль волн златых кипящий сонм, _ ⊥ _ ⊥ _ ⊥ _ ⊥
Или горящие эфиры, _ ○ _ ⊥ _ ○ _ ⊥ _

Иль вкупе все светящи миры —	_ ⊥ _ ⊥ _ ⊥ _ ⊥ _
Перед тобой — как нощь пред днем.	_ ⊥ _ ⊥ _ ○ _ ⊥

VI

Как капля в море опущенна,	_ ⊥ _ ⊥ _ ○ _ ⊥ _
Вся твердь перед тобой сия.	_ ⊥ _ ○ _ ⊥ _ ⊥
Но что мной зримая вселенна?	_ ⊥ _ ⊥ _ ○ _ ⊥ _
И что перед тобою я?	_ ⊥ _ ○ _ ⊥ _ ⊥
В воздушном океане оном,	_ ⊥ _ ○ _ ⊥ _ ⊥ _
Миры умножа миллионом	_ ⊥ _ ⊥ _ ○ _ ⊥ _
Стократ других миров, — и то,	_ ⊥ _ ⊥ _ ⊥ _ ⊥
Когда дерзну сравнить с тобою,	_ ⊥ _ ⊥ _ ⊥ _ ⊥ _
Лишь будет точкою одною:	_ ⊥ _ ⊥ _ ○ _ ⊥ _
А я перед тобой — ничто.	_ ⊥ _ ○ _ ⊥ _ ⊥

VII

Ничто! — Но ты во мне сияешь	_ ⊥ _ ⊥ _ ⊥ _ ⊥ _
Величеством твоих доброт;	_ ⊥ _ ○ _ ⊥ _ ⊥
Во мне себя изображаешь,	_ ⊥ _ ⊥ _ ○ _ ⊥ _
Как солнце в малой капле вод.	_ ⊥ _ ⊥ _ ⊥ _ ⊥
Ничто! — Но жизнь я ощущаю,	_ ⊥ _ ⊥ _ ○ _ ⊥ _
Несытым некаким летаю	_ ⊥ _ ⊥ _ ○ _ ⊥ _
Всегда пареньем в высоты;	_ ⊥ _ ⊥ _ ○ _ ⊥
Тебя душа моя быть чает,	_ ⊥ _ ⊥ _ ⊥ _ ⊥ _
Вникает, мыслит, рассуждает:	_ ⊥ _ ⊥ _ ○ _ ⊥ _
Я есмь — конечно есть и ты!	_ ⊥ _ ⊥ _ ⊥ _ ⊥

VIII

Ты есть! — Природы чин вещает,	_ ⊥ _ ⊥ _ ⊥ _ ⊥ _
Гласит мое мне сердце то,	_ ⊥ _ ⊥ _ ⊥ _ ⊥

Меня мой разум уверяет, _ ⊥ _ ⊥ _ ○ _ ⊥ _
Ты есть — и я уж не ничто! _ ⊥ _ ⊥ _ ⊥ _ ⊥
Частица целой я вселенной, _ ⊥ _ ⊥ _ ⊥ _ ⊥ _
Поставлен, мнится мне, в почтенной _ ⊥ _ ⊥ _ ⊥ _ ⊥ _
Средине естества я той, _ ⊥ _ ○ _ ⊥ _ ⊥
Где начал тварей ты телесных, _ ⊥ _ ⊥ _ ⊥ _ ⊥ _
Где кончил ты духов небесных _ ⊥ _ ⊥ _ ⊥ _ ⊥ _
И цепь существ связал всех мной. _ ⊥ _ ⊥ _ ⊥ _ ⊥

IX

Я связь миров повсюду сущих, _ ⊥ _ ⊥ _ ⊥ _ ⊥ _
Я крайня степень вещества; _ ⊥ _ ⊥ _ ○ _ ⊥
Я средоточие живущих, _ ⊥ _ ○ _ ○ _ ⊥ _
Черта начальна божества; _ ⊥ _ ⊥ _ ○ _ ⊥
Я телом в прахе истлеваю, _ ⊥ _ ⊥ _ ○ _ ⊥ _
Умом громам повелеваю, _ ⊥ _ ⊥ _ ○ _ ⊥ _
Я царь — я раб — я червь — я бог! _ ⊥ _ ⊥ _ ⊥ _ ⊥
Но, будучи я столь чудесен, _ ⊥ _ ⊥ _ ○ _ ⊥ _
Отколе происшел? — безвестен; _ ⊥ _ ○ _ ⊥ _ ⊥ _
А сам собой я быть не мог. _ ⊥ _ ⊥ _ ⊥ _ ⊥

X

Твое созданье я, создатель! _ ⊥ _ ⊥ _ ⊥ _ ⊥ _
Твоей премудрости я тварь, _ ⊥ _ ⊥ _ ○ _ ⊥
Источник жизни, благ податель, _ ⊥ _ ⊥ _ ⊥ _ ⊥ _
Душа души моей и царь! _ ⊥ _ ⊥ _ ⊥ _ ⊥
Твоей то правде нужно было, _ ⊥ _ ⊥ _ ⊥ _ ⊥ _
Чтоб смертну бездну преходило _ ⊥ _ ⊥ _ ○ _ ⊥ _
Мое бессмертно бытие; _ ⊥ _ ⊥ _ ○ _ ⊥
Чтоб дух мой в смертность облачился _ ⊥ _ ⊥ _ ○ _ ⊥ _

И чтоб чрез смерть я возвратился,	_ ⊥ _ ⊥ _ ○ _ ⊥ _
Отец! в бессмертие твое.	_ ⊥ _ ⊥ _ ○ _ ⊥

XI

Неизъяснимый, непостижный!	_ ○ _ ⊥ _ ○ _ ⊥ _
Я знаю, что души моей	_ ⊥ _ ⊥ _ ⊥ _ ⊥
Воображении бессильны	_ ○ _ ⊥ _ ○ _ ⊥ _
И тени начертать твоей;	_ ⊥ _ ○ _ ⊥ _ ⊥
Но если славословить должно,	_ ⊥ _ ○ _ ⊥ _ ⊥ _
То слабым смертным невозможно	_ ⊥ _ ⊥ _ ○ _ ⊥ _
Тебя ничем иным почтить,	_ ⊥ _ ⊥ _ ⊥ _ ⊥
Как им к тебе лишь возвышаться,	_ ⊥ _ ⊥ _ ○ _ ⊥ _
В безмерной разности теряться	_ ⊥ _ ⊥ _ ○ _ ⊥ _
И благодарны слезы лить.	_ ○ _ ⊥ _ ⊥ _ ⊥

(1780~1784)

감 상

시작법

이 시는 10행이 한 연을 이루고 있으며 총 11연의 시이므로 전체 행수는 110행이다. 송시답게 비교적 긴 시임을 알 수 있다. 또한 시인의 명상을 담아내기 위한 장대한 시 작법을 활용하고 있음 역시 송시다우며 또한 고전주의 작품으로 손색이 없다. 이 시의 율격은 약강 4보격이다. 로모노소프의 송시와 비교해 볼 때 익투스 즉 우다레니예가 와야 할 짝수 음절에 우다레니예가 생략되는 빈도수가 훨씬 더 많은 것을 볼 수 있다. 그렇다고 해서 약강격을 흐트러트릴 정도는 아니며 아직도 차라리 지루할 정도로 익투스가 차 있다고 보는 편이 더욱 정확하다. 다만, 로모노소프의 송시와 비교해 볼 때 익투스가 차는 빈도수가 낮다는 것이다. 이는 향후 러시아 시가 변화하는 과정의 한 방향 즉 익투스를 적절히 생략하므로 리듬의 지루함을 피하고, 독자나 청자의 기대치를 어긋나게 하므로 긴장감을 조성할 수 있는 것이 예견된다고 할 수 있다.

이 시의 각운도 분석의 가치가 있다. 총 10행으로 구성되어 있는 연의 각운 형태는 다음과 같다: AbAbCCdEEd. 첫 4행은 여성 각운과 남성 각운이 교체하고 있다. 그리고 마지막 4행은 남성 각운이 여성 각운을 둘러싸고 있어 환상 각운을 이루고 있다. 4행씩 특징을 이루고 있는 이 두 단위 사이에 여성 인접 각운이 2행에 나타나 있다. 이 각운의 형태는 4행(여-남 교체 각운) + 2행(여성 인접 각운) + 4행(남성 각운이 여성 각운을 감싸고 있는 환상 각운)의 구조로 안정적 균형을 이루고 있을 뿐만 아니라 러시아 시의 가능성 있는 각운을 세 가지 형태

(교차 각운, 인접 각운, 환상 각운)를 한 시에 구사하므로 데르자빈의 천재성을 엿볼 수 있는 부분이다. 또 하나의 지적 가능한 사항은 앞 4행과 뒤 4행을 하나의 단위로 할 때 중간에 있는 여성 인접 각운이 앞뒤의 4행 각운에 의해 환상 각운의 형태를 띠고 있다는 것이다. 각운의 다양성 추구 및 균형을 이룬 배분에서 독자는 탄성을 금치 못할 것이다.

[제 목]

이 시의 제목은 '신'이다. 앞에서 논의한 로모노소프의 송시와 같은 맥락에서 읽을 수 있는 고전주의 송시의 좋은 전형이라고 할 수 있다. "신"의 존재와 능력 등에 관한 시인의 개인적인 명상 차원의 송시임은 쉽게 짐작할 수 있다.

제1연

이 연에서는 신의 특징에 대해 논의를 하고 있다. 첫 단어는 감탄사이고 이 감탄사에 이어지는 단어가 "그대"이다. 러시아어에서는 신 역시 '그대(ты)'와 '당신(вы)'의 구별법 중 '그대'를 사용하는 것을 그대로 증명해 주고 있다. 그런데 이 주어 '그대'에 형용사 장어미 세 개가 술어로 활용되고 있어 신인 '그대'의 특징을 잘 나타내 주고 있다. 그 첫 번째 형용사가 "끝이 없다"이며 이 형용사의 보어로 "공간에 있어"라는 말이 수식하고 있다. 즉 이 송시에서 언급하고 있는 신의 첫 번째 특징은 '공간적으로 끝이 없음'이다. 3차원을 구성하고 있는 시간과 공간의 개념 속에서 공간의 개념을 단순화하여 생각할 필요가 있다. 공간이란 경계가 있어야 특정 공간으로서의 기능과 의의를 지닐 수 있다. 그러나 여기서 신의 특징을 규정하는 첫 번째 요소로 등장하고 있는 것은 경계가 없음을 이야기 하고 있다. 따라서 이 공간의 "경계가 없음"이라고 하는 것은 신의 특징 중 공간의 한계를 초월하고 있음을 알 수 있다.

두 번째 형용사는 "살아 있는"이며 이 형용사에 대한 보어는 전치사 구로 "물질의 운동 속에서"이다. 이 특징의 내용은 신인 그대는 '물질의 움직임 속에 살아있는 존재'라는 뜻이 된다. 사물의 움직임 속에서 '살아있다'라고 함은 우주 천체의 흐름 속에서 주관자로서 존재한다는 것을 의미할 수도 있다. '살아 있음'의 역동성을 염두에 둔다면 이 살아 있는 존재의 역동성과 주관성을 짐작하기는 그렇게 어려운 일이 아니다.

세 번째 형용사는 "영원함"이며 보어로는 "시간의 흐름에서"이다. 이 형용사 "영원하다"는 보편적으로 러시아어로 'вечный'이다. 그러나 여기서 사용하고 있는 단어는 접두사 'пре'가 첨가된 'превечный'임에 주의를 기울여야 한다. 이 접두어는 강조를 하는 기능을 하여 '영원하다'는 기본적인 의미를 한층 강화시키고 있다. '영원하다'라는 표현 자체가 불멸, 불변을 전제로 하는 것이기에 강조를 할 하등의 이유가 없다. 그러나 시에서 데르자빈이 신이라는 존재의 특성을 설명하기 위해 강조를 하고 있음을 볼 때 러시아어의 풍요로움에 감사할 따름이다. 신의 이 특성에 관해서 더욱 중요한 것은 맨 처음의 특징인 '공간적 차원에서 가 없음'과 비교하여 '시간적 차원에서 영원함'이라는 것이다. 3차원적인 존재인 인간의 인식 속에서 시간과 공간의 한계를 모두 초월하는 신의 특성에 대한 시적인 표현이다. 공간-운동-시간이라는 시적 구조 속에서 시인의 천재성을 다시 한 번 더 발견할 수 있다. 우리가 3차원을 얘기하면서 공간과 시간을 기준으로 삼는 것은 보편적이다. 하지만, 데르자빈은 공간과 시간이라는 차원의 씨줄과 날줄 사이에 '운동'이라는 역동성을 포함시키고 있다.

형용사를 술어로 사용하지는 않았지만, 신의 특성을 나타내는 첫 문장의 네 번째 특징이 있다. 그 특징은 '신의 3위(位) 중에서 얼굴이 없는 분이다'라는 것이다. 통상적으로 창조주 하나님과 그의 독생자인 예수 그리스도를 아버지와 아들로 인식함으로 자동적으로 인간적 측면 즉 얼굴을 가진 존재로 생각한다. 하지만, 성령은 늘 '영'으로서 존재 한다. 따라서 단순하게 이 시의 신은 성령이라고 해도 좋다. 하지만, 시가 진행됨에 따라서도 동일한 주장이 가능할지는 두고 봐야 할 일이다!

이 연의 다음 부분은 '어떠어떠한 특징을 가진 존재이며, 그 존재를 우리가 신이라고 부른다!'라는 구조로 형성되어 있다. 이 존재의 계속되는 특성으로는 이 성령은 온 누리에 존재하는 자이며 그 영혼은 유일하다는 것이다. 앞에서 언급하였던 신의 3위 중 얼굴이 없는 위 즉 성령의 가능성에 대한 직접적인 답을 얻을 수 있는 특성이다. 바로 '성령'으로 이해 가능한 'Дух'라는 단어이다.

이 성령의 특성은 계속된다. 즉 '이 성령에게는 머무는 장소도 없으며 이유 혹은 원인도 없다.'라는 것이다. 온 누리에 존재하는 자이기에 공간이 필요치 않다는 것을 이해하는 것은 그리 어렵지 않다. 다만, '이유 혹은 원인도 없다'라는 표현은 여러 가지 해석이 가능해 진다. 보편타당한 해석은 기독교 교리적 해석으로 신 혹은 성령은 그 자체가 창조주이므로 존재하게 된 이유나 원인이 있을 수 없다는 것이다.

이어지는 특징은 '그 어느 누구도 그를 이해할 수 없었던 존재'라는 내용이다. 이는 인간의 이성이나 이해의 범위를 초월하는 존재임을 나타낸다. 이 특징을 논함에 있어 흥미로운 사실은 술어 동사의 시제가 과거라는 것이다. 이는 인간들이 신의 존재를 이해하기 위해 예전부터 쭉 노력해왔음을 시사하며 그 결과는 여전히 성공적이지 못했음을 암시하고 있다.

이 연에서 성령의 마지막 특징은 피조물과의 관계에서 논의되고 있다. 즉 이 성령은 모든 것을 자기 자신으로 충만케 채워주며, 모든 것을 껴안으며, 모든 것에 생명을 불어넣으며, 모든 것을 보존한다는 것이다. 이 특징을 나타내는 8행과 9행의 두 연에서는 동사를 무려 네 개나 활용하고 있다. 이 두 행의 내용이 역동적임을 나타낼 뿐만 아니라 성령의 적극성을 드러낸다고도 할 것이다. '자기 스스로로서 모든 것을 채운다.'라는 것은 이 우주에 성령이 결핍된 피조물은 존재하지 않는다는 것을 의미한다. '모든 것을 껴안는다.'라는 특성에서 지적하여야 할 사항은 고전주의 시답게 동사를 'обнять/обнимать' 대신에 문어체 동사를 활용하고 있다는 것이다. '생명을 불어넣어 준다.'는 것은 기독교를 이해한다면 부가 설명이 필요치 않을 것이다. 그리고 신의 마지막 특성인 '모든 것을 보존한다.'라는 것은 모든 피조물이 신에 의해 만들어진 것이기에 주인이며 창주주인 성령이 모든 사물을 보존한다는 것이다.

이 연의 마지막 문장은 '그런 존재를 우리가 신이라고 부른다!'라는 내용이다. 위에서 신의 특성 보다 구체적으로는 성령의 특성을 하나하나 분석해 보았기에 이 마지막 문장은 부가설명을 할 필요가 없다. 다만, 이 연의 첫 두 단어인 'О ты'와 마지막 단어인 'Бог!'를 한 번에 읽어 "오! 그대는 신이로소이다!"라는 이 연의 내용 전체를 파악하는 것 역시 식자의 즐거움 중에 하나임을 지적한다.

제2연

내용상 이 연은 크게 세 부분으로 구성되어 있다. 이 연의 첫 4행은 인간의 능력과 신의 특성을 비교하고 있다. 인간의 능력 중 첫 번째 것은 '깊은 대양을 측정할 수 있다.'는 것이다. 대양의 깊이를 측정할 수 있다는 뜻으로 물리나 수학적 차원에서의 능력을 의미한다. 물론, 이러한 능력은 역시 3차원의 세계 즉 공간에 대한 측량의 능력임을 이해해야 한다. 두 번째 인간의 능력은 '모래알과 천체의 별들을 헤아릴 수 있는' 능력이라는 것이다. 숫자적인 개념의 능력이며 역시 공간적임을 얘기하고 있어 신의 특성과 비교를 할 때 한계성을 지니고 있는 능력을 보여주고자 한다.

그런데 인간의 이런 능력에도 전제가 있다. 즉 인간이라면 누구나 할 수 있는 것이 아니고 "고도의 지혜"가 있어야 한다는 것으로 인간 중에 뛰어난 자를 말한다. 게다가 이런 일들을 '할 수 있다'고 단순하게 단언하는 것이 아니라 가정소사를 사용하고 있어 약간의 의구심을 표하고 있다. 따라서 인간들 중 뛰어난 자라면 위에서 언급한 능력들을 발휘 '할 수도' 있다는 것을 말한다. 여기에 비교되는 신의 특성은 아주 간단하다. '신에게는 숫자라는 개념도 없으며 신을 측량할 수 있는 단위가 없다'라는 것이다. 즉 인간의 알량한 능력으로 신의 존재를 규명한다거나 측량하거나 헤아릴 수 없음을 나타낸다.

이에 대한 구체적인 설명이 바로 그 뒤 3행에 걸쳐 나온다. '신에 의해 창조된 세상에서는 교육을 아주 잘 받은 인간의 영혼/지혜도 신의 섭리를 연구한다는 것을 불가능하다.'는 것이다.

마지막 3행의 내용은 인간이 고도로 교육을 받은 영혼을 가지고 있다고 하더라고 인간의 사고는 그저 신에게 감히 용기를 내어 올라가려고만 할 뿐, 또한 아무리 올라가려고 노력을 해도 신의 위대함 속에서 그저 사라질 뿐이라는 것으로 이 두 가지는 마치 영원 속에서 지나가버린 한 순간처럼 보잘 것 없다는 것이다. 결국은 인간의 속성과 신의 특성을 비교하여 신의 위대함과 인간의 나약함을 대조적으로 드러내고 있다.

제3연

이 연 역시 내용상 세 개의 큰 부분으로 구성되어 있다. 첫 부분은 신이 한 업적을 소개하고 있는데 사용되고 있는 동사가 두 개다. 첫 번째 동사는 '불러내다/호소하다'라는 동사의 남성 단수 과거이다. 물론, 이 동사의 주어는 '그대'로 신이다. 그러니까 '신께서 불러냈다'라는 문장 구조인데 불러내진 것은 '혼돈의 존재'라는 것이다. 조금 더 보완된 문장의 구조는 '신께서 혼돈의 존재를 불러냈다'라는 것이 된다. 그런데 이 '혼돈의 존재'를 수식하는 형용사가 고대교회슬라브어의 형태로 사용되고 있다. 그것은 시적인 표현으로 '아주 오래 된'이다. 이 연의 둘째 행 역시 분석을 요한다. 위에서 언급을 한 '신께서 불러냈다'라는 표현에 보어가 있는데 그 내용은 '영원성의 심연으로부터'이다. 따라서 이 연의 첫 두 행의 내용을 정리해 보면 '신께서 혼돈의 존재를 영원성의 심연으로부터 불러냈다.'라는 의미가 된다. 성경의 창세기에 나오는 천지창조의 내용을 상기하기에 충분하다.

첫 부분의 나머지 두 행은 앞에서 한 주장에 대한 보조 역할을 한다. 즉 영원성에 대한 보충 설명을 하고 있는 내용이다.

'신께서 시간이 시작되기도 전에 있었던 영원성 그 자체를 신 자신의 내부에다 만들었다.'는 것이다. 쉽게 말하면 영원성 그 자체도 신의 피조물이라는 것이다.

이 연의 두 번째 부분의 내용은 기독교의 교리적 논리를 잘 보여 주는 신의 존재 특성에 관한 것이다. 기본적인 문장 구조는 '그대 신은 빛이다.'라는 것인데 그대 신이 빛이기에 모든 빛이 그대에게서 나오는 그런 빛이다. 이 내용을 수식하기 위한 부동사 구문이 두 개 활용되고 있다. 첫 번째 것은 '그대 신은 자기 스스로를 세운다.'는 것이고 두 번째 것은 '자기 스스로가 자기 스스로를 비춘다.'는 것이다. 첫 부동사 구문에 의하면 신은 자족하는 존재다. 다른 어떤 것의 개입 없이 신 그 자체가 완전하다는 것을 의미한다. 그리고 두 번째 부동사 구문은 빛의 논지를 끌어내기 위한 전조적인 역할을 수행한다. 이 전조적 역할의 내용은 신은 신 자체가 빛이기에 그 빛으로 자기 자신을 비춘다는 것이다.

마지막 3행의 첫 부분은 창조에 관한 직접적인 언급이다. '신께서는 모든 것을 한 마디 말씀으로 창조하셨다.'라는 것이다. 이것은 "1. 태초에 하나님이 천지를 창조하시니라 2. 땅이 혼돈하고 공허하며 흑암이 깊음 위에 있고 하나님의 신은 수면에 운행하시니라 3. 하나님이 가라사대 빛이 있으라 하시매 빛이 있었고.."로 시작되는 구약 성서의 창세기를 상기해 보면 전혀 어려운 문제는 아니다. 성경에서와 동일한 얘기를 할 것이라면 데르자빈이 인용을 해야 하지만... 시인 자신만의 재해석을 가하고 있음으로 창조된 빛이 성경상의 내용이라면 시인은 창조주 자신이 빛이라는 논리이다. 말씀으로 창조하셨다는 내용은 공히 사용되고 있음을 알 수 있다. 마지막 두 행의 내용은 신의 시간성에 관한 주장이다. '새로운 창조에 도달하여서 신께서는 예전에도 존재하셨고, 현재도 존재하고 있으며 미래에도 영원히 존재하실 것이다!'라는 내용이다. 과거와 현재 미래를 관통하여 존재하는 신의 특성을 논하고 있다.

제4연

신의 특성에 관한 주장은 계속된다. 이 연에서의 첫 번째 주장은 '그대 신께서는 존재의 사슬을 그대 안에 수용한다.'이다. '존재의 사슬'이란 고전주의에서 자주 활용되는 상징물이다. 창조주에서 무생물에 이르기까지 이 우주의 모든 존재는 사슬의 구조를 이루고 있으며 모든 존재는 각자의 위치에서 본연의 임무를 충실히 하므로 우주의 조화를 추구할 수 있다는 것이다. 그런데 창조주는 나머지 모든 것을 창조하였기에 그에 의해 피조된 모든 것은 그에게 수용된다는 논리를 시인이 펴고 있으며 이는 기독교적 세계관에 부합한다.

두 번째 특성 역시 존재의 사슬에 관한 것이다. '신인 그대는 그 존재의 사슬에게 의식주를 주어 급양하며 또 생기를 넣어주어 살아있게 한다.'이다. 여기에서 러시아어 동사 'содержать'를 자칫 '함유하다'로 이해해서는 곤란하다. 이 동사에는 '먹여 키우다' 혹은 '의식주를 주다'라는 의미가 있으며 이렇게 해석을 해야 문맥을 정확히 파악할 수 있다.

신의 그 다음 특성은 '시작과 끝을 한 데 묶는 존재이며 죽음에 생명을 선사하는 존재이다.', '시작과 끝을 한데 묶는다.'라는 것은 후에 예수께서 "나는 알파요 오메가다"라고 선언한 것과 맥을 같이 한다. 즉 신은 그 자체가 처음이자 끝이라는 것이다. 그리고 '신은 죽음에 생명을 불어 넣어준다.'고 그 특성을 계속해서 이어나가고 있다. 여기에서 죽음에 생명을 주고 있는 사실은 두 가지 해석이 가능하다. 즉 살아 있던 존재가 죽은 것에 대해 생명을 주는 경우도 이에 해당이 될 것이고 다른 하나는 피조가 되어는 있는 존재이지만 아직은 생명이 없는 것에 생명을 주는 경우도 포함한다. 창세기를 염두에 둔다면 후자의 해석이 보다 타당할 것으로 여겨진다. '생명'에 해당하는 러시아어 단어가 'живот'임에 주의를 기울여보자. 이 단어는 '배/복부'의 의미로도 자주 사용된다. 이 의미에서 파생하는 형용사 'животный'의 명사적 용법이 '동물'을 의미하는 것은 잘 알려진 사실이다. 이는 동물이 두뇌보다는 복부에 존재의 의의를 더 많이 의존하고 있음을 보여주는 것이다. 그렇다면 이 시에서 '죽은 것에 생명'을 줌에 있어 이 단어가 사용된 것은 어떻게 이해해야 하는가가 문제가 된다. 창세기적 해석으로 이 구절을 해석해야 하는 이유가 바로 여기에 있다. 즉 신에 의해 만들어진 존재들에 아직은 생기를 불어넣어 주지 않았던 것에 비로소 생명을 넣어주어 일상적인 존재가 가능하도록 해 주고 있음을 알 수 있기 때문이다.

이 연의 나머지 내용은 크게 두 개의 비교 구문을 통해 신의 특성을 더욱 구체화 하고 있다. 첫 번째 비교 구문의 내용은 '섬광이 쏟아지고 활활 타오르는 것처럼 그렇게 신으로부터 태양들이 태어난다.'이다. 태양이 복수로 사용되고 있어 우주가 이 지구가 포함된 태양계를 한계로 삼는 것이 아니라 중층임을 시사하고 있다. 마치 로모노소프의 송시에서 논하였던 것과 같은 인상을 주는 대목이다.

두 번째 비교 구문의 내용은 '차갑고 맑은 겨울 날 조그만 서리 조각들이 빛을 발하고 여러 문양으로 퍼져나가며 연약하게 떨리며 빛을 발하듯 심연 속의 별들이 신 아래서 동일하게 그렇게 하고 있다.'이다. 이는 신 앞에서 밤하늘의 별들이 떠오르는 태양 앞에 있는 겨울날의 서리에 불과한 것으로 비교하고 있다. 그 서리가 아무리 아름답고 영롱하다 해도 해가 떠오르면 서리는 이내 사라진다. 밤하늘의 별들이 셀 수 없이 많고 또 영롱하다 해도 그 모든 것을 창조한 신 앞에서는 의미가 태양 앞의 서리가 가질 수 있는 의미에 다름 아니다. 그 의미를 축소하기 위해 시인은 서리 '조각들'에 해당하는 단어를 지소형(пылинки)으로 쓰고 있음을 알 수 있다.

제5연

이 연의 첫 부부분의 내용은 '수백만의 불붙은 천체가 측량할 수 없는 광대무변 속에서 운행으로 하고 있으며 그것들이 신의 법칙들을 세우고 있다. 그리고 생명을 만들어내는 빛을 발하고 있다.'이다. 불타오르고 있는 천체는 앞 연에서 논하고 있던 별빛을 연상하면 어렵지 않게 이해할 수 있다. 그것이 수백만 개라는 사실 또한 우주의 혹은 신에 의해 창조된 이 우주의 광대함을 드러내준다. 그 광대함이 운행을 할 수 있는 공간은 끝이 가없는 공간이어야 할 것이다. 그것을 시인이 '측량할 수 없는 공간'이라고 표현하고 있다. 이 우주 공간에서 운행을 하고 있는 각 개별 별들이 신의 의지에 따라 운행을 함으로 신의 법칙 즉 우주를 다스리는 법칙을 실행해 보이고 있는 것이다. 이 천체들이 생명을 만들어내는 빛을 비추는 것은 이 태양계의 태양을 생각해 보면 간단한 일이다. 태양이 없다면 이 지구상에 그 어떤 생명체도 있을 수 없기 때문이다.

이 연의 나머지 부분에서도 신의 특성을 이 천체들과 비교함으로 신의 위대함을 더 부각시키고 있다. 이 천체들이 신의 의지를 실현하고 있으며 또 생명을 만드는 빛을 비추고는 있다고 해도 그것이 신과 직접 비교를 하면 아무것도 아니라는 것이다. 아무것도 아닌 정도는 '낮 앞에 있는 밤'과 같다. 빛이 없는 어두운 밤도 해가 하늘 한 가운데 떠 있는 낮 앞에서는 아무런 힘이 없는 법이다. 그런데 이러한 단순 비교를 하는 대신 시인은 이 천체들에 대한 다른 비유를 함으로 일견 천체들의 존재감을 확대시키고 있다. 그 내용은 '빛나고 있는 이 불빛들이 혹은 거대한 선홍색의 수정체라고 하더라도, 끓고 있는 거대한 황금물결이라고 해도, 혹은 뜨거운 창공이라고 해도, 혹은 빛나고 있는 모든 세계를 다 합쳐 놓은 것이라고 해도 그것은 신 앞에서는 마치 낮 앞에 있는 밤과 같은 것이다.'이다. 천체의 존재 가치가 아무리 커져도 결국 신 앞에서는 아무것도 아닌 것을 비교를 통해 강조하고 있다.

제6연

이 연에서는 흥미롭게도 시 속의 화자가 직접적으로 등장한다. 화자의 직접적인 등장 전에 또 하나의 비교를 하고 있다. 그 내용은 '이 모든 피조물은 신 앞에서는 바다에 버려진 한 방울의 물과 같다.'는 것으로 한 방울의 물과 바다를 대비하고 있다. 물론 한 방울의 물이 왜소하고 빈약하며 보잘 것 없음을 나타내는 것은 자명한 일이다.

이 비교 이후에 작중 화자가 직접적으로 등장하는데, 두 개의 연속되는 의문문을 통해서이다. 첫 번째 의문문은 '관찰이 가능한 이 모든 천체가 내게는 무엇이란 말인가?'이다. 이 문장은 여러 가지 해석이 가능하겠지만, 다음 질문과 연관을 지어 이해를 한다면 나와 이 우주와의 관계가 어떤 것인가라는 질문으로 이해를 하는 것이 무난하다. 두 번째 질문의 내용이 '신 앞에서 나는 무엇인가?'이기 때문이다. 즉 신에 의해 창조된 모든 사물, 천체와 '나'라는 시 속의 화자와의 관계에 대해 질문을 하고 있으며 또 이 모든 천체의 창조자 당사자인 신과 '나'와의 관계에 대한 질문을 하고 있는 것이다.

이 질문에 대한 답을 이 연의 나머지 부분에서 시 속의 화자 스스로가 찾고 있다. '위에서 언급한 그 대양에서는 백만이 수백 개나 될 정도로 다른 세계들이 늘어나고 있다. 그러니 내가 감히 나를 신과 비교를 한다고 한다면 그것은 오로지 한 가지 견해만이 가능할 것이다. 그것은 나는 신 앞에서는 아무것도 아니다.' 우선 관찰이 가능한 천체에서 일어나고 있는 거대한 일들을 언급하여 신에 의해 피조된 이 우주에서의 장대함을 논하고 있다. 그런 상황에서 피조물 중 하나의 존재인 시 속의 화자 자신이 이 모든 것을 창조한 신과 비교를 하려고 했던 것이다. 따라서 답은 아주 간단하다: '아무것도 아니다(ничто).' 시 속의 화자가 사람인 것이 분명하므로 '아무도 아닌(никто)'를 써야 할 일이지만, 인간 전체를 신의 창조물인 수 억 개에 이르는 천체 속에서 '인성'을 강조할 게재도 되지 못해 '아무것도 아닌' 것으로 치부해 버리고 있다. 이 비교를 하면서 시 속의 화자는 그래도 '감히' 비교를 한다고 표현하고 있어 비교 자체에 무리가 있음을 시인하고 있음 또한 지적해야 한다.

第7연

위의 연 끝 부분에서 시작된 시 속의 화자와 신과의 관계가 그렇게 간단하게 끝날 수는 없는 일이다. 따라서 이 연의 첫 단어가 앞 연의 마지막 단어를 그대로 반복하며 한 문장을 이루고 있다: “Ничто!” 이 단어의 의미가 강조되고 있는 것은 자명한 일이다. 강조가 되고 있기 때문에 이 단어로 구성된 문장은 이 연에서 한 번 더 반복되고 있으며 마지막 행의 첫 단어에서 이 단어에 대한 반전이 이루어진다.

‘아무것도 아니다!’ 같은 행에서 역접속사가 있음으로 이 내용에 대한 일말의 반기를 들고 있음을 알 수 있다. 그것은 ‘비록 내가 아무것도 아니기는 하지만, 그대 신은, 선 그 자체이신 신께서는 내 안에서 빛을 발하고 있습니다. 내 안에서 그대 신께서는 자신의 형상을 만드십니다. 마치 조그마한 한 방울의 물속에 태양이 들어 있듯이’라고 반기를 들고 있다. 결국 아무것도 아니라면 그 안에 있을 것도 없을 터이며 비록 있다고 해도 그 있는 것의 의미가 아무것도 아니어야 한다. 그러나 이 아무것도 아닌 ‘나’ 안에 신이 존재하고 있다. 그 상태를 증명하기 위한 비유가 대단하다. 태양계의 중심별인 거대한 태양도 조그만 물방울 안에 들어갈 수 있음을 지적하고 있다. 신과 나의 관계에 대한 새로운 차원을 전개해 나가고 있음을 알 수 있다. 이 관계에서 주도적인 역할을 하는 것은 신임을 알고 있어야 다음 문장에서 주도적인 역할이 ‘나’로 바뀌는 것을 알 수 있게 된다.

그러나 바로 다음 행에서 시인은 다시 “Ничто!”를 외치고 있다. 물론 이 연의 첫 행에서처럼 곧바로 역접속사로 문장을 이어나간다. 이 반기의 내용에서 흥미로운 것은 주도적인 역할을 신이 하는 것이 아니라 ‘나’가 하고 있다는 사실이다. 그 내용은 ‘그러나 나는 생을 느낀다. 그 어떤 것으로도 만족할 수 없어서 나는 언제나 높은 곳으로 비상을 하여 날고 있다. 그리고 나의 영혼은 그대 신을 갈구하고 있다.'이다. 주도적인 역할을 '나'가 하는 것으로 변화를 일으키고 있다고 해서 신과 '나'의 관계에서 역전이 일어나는 것은 아니다. 다만, 이 관계를 설명하는 문장에서 사용되고 있는 동사의 주어가 바뀐다는 것에 불과하다. 그리고 동사들의 주어가 '나'로 바뀌고 나서도 신의 존재는 더 높이 더 위대하게 설정되어 있음은 당연하다. '나'는 계속하여 자기가 하고 있는 일을 설명한다. '나의 영혼은 깊이 탐구하며 사고를 하고 판단을 한다. 나는 존재한다. 물론 그대 신께서도 존재한다!' '나'의 영혼이 신을 갈구했고 언제나 신이 있는 곳을 향해 높이 날고 있으며 이제는 깊이 탐구도 하고 사고도 하며 판단도 하고 있다는 것이다. 이 일련의 행위들의 결론은 '자기가 존재한다.'는 것이다. '아무것도 아닌 것'에서 '존재하는 것'으로의 진전을 가져온 것이다. 이런 결론을 내리기에 도가 좀 지나친 감이 없지 않은 것을 대비하여 '물론 신께서도 존재합니다!'라고 마무리를 짓고 있다. 동일 존재의 차원에 머물겠다는 오만방자함이 아니라, 시 속의 화자가 내린 결론에 대해 시인이 예방 차원에서 스스로의 논지를 약화시키고 있다고 이해해야 한다. 'есмь'이라는 'быть' 동사의 1인칭 현재 시제가 고어체로 쓰이고 있다. 고전주의 시에서 흔히 있는 일이다.

제8연

첫 문장이 첫 행의 일 부분을 이루고 있으며 그 내용은 "Ты есть!"이다. 앞에서 "Ничто!"를 활용했던 것과 같은 방법으로 앞 연의 마지막 표현을 그 다음 연 처음에서 다시 활용 하고 있다. 내용은 단순하게 '그대 신께서 존재하십니다!'라는 것을 재차 강조하고 있다. 이 첫 행의 나머지 부분과 그 다음 이어지는 두 행은 이 행에서 강조되고 있는 것을 확인해 줄 뿐만 아니라 4행의 내용을 확실하게 해 주는 기능을 하고 있다. 그것은 '자연의 의식(儀式)이 그것을 말해 주고 있으며, 나의 가슴이 내게 그것을 말해주고 있으며, 내 이성이 내게 그것을 단언해 주고 있다.'인데 여기에서 '그것'이 바로 앞에서 강조 된 "신께서는 존재하십니다!"일 수도 있고 그 다음 행 즉 제4행의 내용일 수도 있다는 것이다. 자연과 인간의 감성과 인간의 이성이 모두 이 내용을 확실하게 해 준다는 뜻이다.

제4행의 내용은 '신께서는 존재하시고 또 나 역시 이제는 더 이상 아무것도 아닌 것이 아니다!'이다. 제6연의 끝 부분에서부터 시작된 시 속 화자의 정체성에 관한 문제에 있어 그 정체성의 속성이 바뀌고 있다. 이제는 더 이상 '아무것도 아닌' 화자가 아니라는 것이다.

때문에 이제부터는 시 속의 화자의 정체성에 관한 논의를 하면서 간접적으로 신의 속성을 드러내기도 한다. 그 첫 번째 것은 '나는 이 우주 전체의 한 부분이다.'라는 것이다. 이는 아무것도 아닌 차원에서 우주를 이루고 있는 하나의 구성원임을 밝히고 있는 것이다.

그 다음은 '내 생각에 나는 자연의 이 경탄할 만한 한 가운데 위치하고 있다고 여겨진다.'이다. 우선은 자연이 존경해 마지않을 정도라는 것으로 이는 역시 신의 위대함과 신의 조화를 존경의 대상으로 삼고 있음을 나타낸다. 그 다음은 시 속 화자가 그 자연의 한 중간에 위치하고 있다는 느낌을 받는 다는 것인데, 이는 한 가운데의 의미가 인간이 우주의 한 중심에 위치하고 있음을 보여준다. 다만, 인간이 그 사실을 강력히 주장하는 것이 아니라 신의 조화와 창조의 위대함을 인식하는 주체로서 자신이 이 우주의 중앙에 위치하고 있음을 겸손하게 표현하여 '그렇게 생각된다.'라고 하고 있다.

이어지는 두 행에서는 시 속의 화자가 처한 위치에 대한 보충 설명을 하고 있다. 그 첫 번째는 '내가 처한 그 곳은 신께서 물질적 창조를 시작하신 그 곳이며 또 영적인 창조를 완성하신 그 곳입니다.'이다. 즉 신의 창조 과정 전체가 이루어진 그 한 중앙에 인간을 대표하는 시인 더 나아가 이 서정적 자아가 위치해 있다고 주장하는 것이다.

그래서 마지막 행에서 이 화자의 정체성에 대한 또 다른 면이 추가된다. 즉 '나로 인해 모든 존재의 사슬이 다 이어졌다.'라는 것이다. 즉 신이 창조한 모든 존재의 사슬들을 한 데 묶는 역할을 하는 것이 바로 화자 자신 즉 인간이라는 것이다. 아무것도 아닌 인간의 정체성에서 존재 자체를 긍정하는 단계를 거쳐 이제는 인간이 하는 역할에 대해 논하고 있으며 그 내용은 다음 연에서도 계속된다.

제9연

시 속 화자의 정체성에 관한 논의가 계속되고 있는 만큼 이 연에서도 그의 정체성의 범위는 확대된다. 흥미롭게도 다른 연과 마찬가지로 10행인 이 연에서 '나'로 시작되는 행이 5행이며 '나'라는 단어가 주어로 사용된 경우는 10번이다. 그 정도로 '나'의 정체성에 관한 주장이 강한 연이다.

첫 행에서 '나는 온 사방에 존재하는 모든 세상을 연결하는 고리이다.'라고 하고 있다. 앞 연의 마지막 행에 대한 내용적 반복이라고 해도 과언은 아니다.

그 다음은 '나는 물질의 극단적 단계이다.'라고 하고 있다. 물질의 극단적 단계라고 말하는 것은 인간이 물질의 마지막 단계라는 것으로 결국은 무언가의 끝 부분이어야 다른 것과 연결이 될 수 있음을 생각하면 무슨 뜻인지 이해할 수 있을 것이다.

그 다음은 '나는 살아 있는 생명체들의 중심이다.'라는 것으로 인간이 살아 있는 생명체의 중심이라고 주장한다. 이 주장은 다음 행과 연관을 지어 이해를 하면 보다 용이하다. 다음 행의 내용은 '나는 신성을 나타내는 시초이다.'라는 것이다. 이 3행과 4행을 동시에 연계하여 이해를 하면 다음과 같은 내용이 된다. '나는 신성을 나타내 주는 시작으로서 다른 피조된 모든 살아 있는 생명체의 중심이다.' 앞 연인 8연의 7~8행에서 화자가 놓인 위치를 설명하면서 이 우주의 한 중앙에 위치하고 있다고 주장한 것과 맞물리는 주장이라고 할 수 있다.

'나는 육체적으로는 먼지 속에서 썩어지지만, 영적으로 나는 천둥에게 명령을 하는 자이다'라고 하고 이어 자신의 정체성을 드러내고 있다. 영과 육을 분리하여 영은 신성을 드러내는 단초로서, 육은 생명체의 중심으로서 신성과 인성을 동시에 가지고 있는 인간의 정체성을 잘 보여주고 있다.

시 속 화자의 정체성에 관해 극단을 보여 주는 것이 그 다음 행이다. '나는 황제다 – 나는 노예다 – 나는 구더기다 – 나는 신이다!' 이 행에서 '나'가 네 번이나 쓰이고 있듯이 '나'에 대한 정체성의 극치를 보여주고 있다. 그리고 '나'의 주어에 따르는 모든 술어 네 개가 다 단모음 명사이기 때문에 시를 읽는 리듬에서 강하고 빠른 템포를 가져다준다. 그만큼 정체성에 대한 단언을 보다 극명하게 해 주는 행이다. 내용적으로는 감정이 기복이 심해진다. 결론적으로 말하자면 '나'가 아무것도 아닌 것에서 '신'으로 변형되어야 하는 과정에서 감정의 기복 없이 순수 이성으로만 될 수 있는 것은 아니다. 그래서 이 한 행에서 황제–노예–구더기–신이라고 하는 일련의 자기 정체성을 대변하는 단어들이 사용되고 있다. 황제라고 함은 천둥에게 명령을 하는 '나'로 이해할 수도 있으며, 노예는 창조주의 노예로 이해를 하고, 구더기는 생명체를 대표하는 자로서 가장 저급한 생명체 중의 하나인 구더기를 대표할 수도 있다. 그러나 문제는 '나'가 곧 '신'이 되는 데는 역시 문제가 있을 수 있다.

그래서 나머지 세 행에서 자기의 정체성을 지나치게 과장했던 것에 대한 반성의 내용이 나오는 것도 무리는 아니다. 그 내용은 '그러나 미래에 내가 그토록 멋진 존재가 될 사람인데, 내가 어디에서 왔는가?' 라고 하는 것은 알려져 있지 않다. "나는 나 스스로 존재할 수는 없었다."이다. 인간이 미래에 멋진 존재가 될 것이라는 확신도 흥미롭지 않을 수 없다. 피조가 된 직후 인간은 별 볼일 없는 존재인데, 시간이 지날수록 더 멋진 존재가 될 것이라는 주장인데 세월이 많이 지난 지금의 인간의 존재를 살펴보고 동의할 수 있는 주장인지 되씹어 볼 일이다.

문제는 '나'는 '신이다'라고 했던 존재가 '자기 스스로가 어디에서 왔는지'를 모르겠다는 논리이다. 이 시를 읽는 독자는 다 알고 있는 것이다. 이 시의 내용과 주장에 의하면 인간은 신에 의해 창조된 존재이다. 그런데도 시 속의 화자만이 모르겠노라 하고 있다. 더 나아가 시 속의 화자는 '자기 스스로는 존재 할 수 없었다.'라고 하고 있다. 당연한 일이다. 신이 창조하지 않았다면 존재할 수 없었던 인간임은 자명한 일이기 때문이다. 그럼에도 불구하고 8행과 11행이 각운을 이루고 있는데 그 각운을 이루고 있는 단어의 조합을 보면 대단히 재치가 있다: бог–мог.

제10연

시 속 화자가 자기 정체성을 과장했던 단계에서 보다 현실적으로 이해를 하는 새로운 단계를 보여 주는 것이 이 연의 첫 행이다. '저는 신의 피조물입니다, 창조주시여!' 창조를 한 주체와 그에 의해 만들어진 관계 즉 주와 종의 관계를 적확하게 인식하는 표현이다.

이러한 정확한 인식은 그 다음 행에서도 계속된다. '저는 그대 신의 현명함의 산물입니다.' 신의 현명함으로 피조되었다는 것을 의미한다. 계속해서 화자는 자기의 정체성을 밝히고 있는데, '생의 샘물, 은총의 전달자, 내 영혼의 영혼이며 내 영혼의 황제이다!'라고 하고 있다. 이제는 신의 반열에 오르려는 오만이나 착각이 전혀 보이지 않고 자기 자신의 존재 내에서의 위치를 적절하게 설정하고 있음을 볼 수 있다.

이어지는 6행에서는 신의 권능을 부각시키는 내용이 나온다. '나의 존재가 죽지 않고 밑바닥이 없는 죽음을 뛰어넘기 위해서는 그대 신의 진실에 그것이 필요했었습니다. 제 영혼이 죽음의 옷을 입고 죽었다가 그 죽음을 딛고 다시 일어서기 위해서는 아버지시여! 그대의 불멸이 필요합니다.' 신의 선물인 영생에 대한 설명이다. 인간이 죽지 않는다는 것은 있을 수 없는 일이다. 기독교 철학에서도 인간이 영생을 얻기 위한 전제조건이 있다. 그것은 일단 이 육신을 가진 이 생명이 먼저 죽어야 한다는 것이다. 죽어야 부활이 가능해지기 때문이다. 한 번 죽고 끝이라고 한다면 문자 그대로 그것이 끝이다. 그러나 신의 불멸 즉 영생이 있다면 그것이 인간의 죽지 않는 삶을 죽은 후 부활하여 누릴 수 있게 되는 부활 후 영생을 누릴 수 있다는 기독교 교리를 설명하고 있다.

제11연

'설명의 대상이 아닌 존재여, 이해의 대상이 아닌 존재여!' 라는 감탄문으로 시작하는 상당히 긴 이 시의 마지막 연 첫 행이다. 신을 부르고 있음으로 내용적인 어려움은 없다. 다만, 설명과 이해가 인간이 하는 두뇌 활동의 근간이라고 한다면, 인간의 이성적 활동인 두뇌 활동의 범위를 초월하여 존재하는 신의 정체성을 잘 부각시키고 있는 시작이다.

이렇게 신을 부른 다음 화자는 다음과 같이 전제를 하고 있다. '그대 신의 그림자를 예측하는 것조차 제 영혼의 상상력은 너무도 빈약합니다.' 신의 보다 값어치 있는 긍정적 측면보다도 그림자 하나 예측하는 것에도 인간의 상상력이 너무도 빈약하다는 것이다. 하물며 신의 모든 것을 다 측량하기란 이 연의 첫 머리에서 신을 부를 때 사용하였던 표현대로 불가능 그 자체임을 보여주고 있다.

'그럼에도 불구하고 신을 칭송해야 하는 것이 의무사항이라면 죽음 앞에 약하디 약한 것으로는 불가능하며 그 어떤 것으로도 신을 칭송할 수는 없다.' 인간이 신의 한 피조물로서 창조주를 칭송해야 하는 것이 의무사항이라고 할지라도 죽음 앞에서는 연약할 수밖에 없는 것이 인간인 이유 때문에 그 어떤 것으로도 칭송이 불가능하다는 것이다. 신의 그림자를 예측하기에 인간의 상상력이 빈약했던 것처럼, 인간이 신을 칭송할 수 있는 그 어떤 방법도 수단도 없다는 것을 주장하고 있다.

인간이 할 수 있는 일은 그저 '신에게 다가가려고 노력을 할 뿐이고 그렇게 할 때조차도 측량이 불가능할 정도로 광대무변함 속에서 길을 잃게 될 뿐이며 그저 감사의 눈물을 흘릴 수 있을 뿐이다.'라는 것이다. 결국은 인간은 신의 피조물 한 개에 불과하며 신은 여전히 창조주 그 자신이라는 것을 명백히 하고 있다. 이런 결론에 도달하는 과정을 시인은 '신'이라는 이 긴 시를 통해 고도의 시적 표현을 통해 설토하고 있다. 고전주의 시대의 시답게 신과 인간이라는 존재의 정체성과 관계를 잘 설명하고 있어 고전주의 철학의 한 단면을 잘 이해할 수 있도록 도와주는 시이다.

낭만주의(Romanticism/Романтизм)

낭만주의는 고전주의 시학에 대한 반발로 문예사조사에 등장했다. 부른티어(Brunttiere)는 "고전주의가 배격한 것이면 무엇이건 존중하려는 운동"이라고 낭만주의를 정의하였다. 동일한 논리로 그는 "고전주의는 양식의 질서요, 절제 속의 완성인 반면에 낭만주의는 상상력 속의 무질서요, 부정확함의 광분이다."라고 했다. 고전주의가 질서정연한 양식을 추구했다고 한다면 낭만주의는 무질서를 추구한 것이라고 이해해도 된다. 그리고 고전주의가 절제를 통해 완성을 추구하고 있다고 한다면 낭만주의는 상상력과 부정확함 그리고 '광분'으로 표현되는 개인의 감정을 강조하고 있다. 세인츠버리(Saintsbury)도 이와 유사한 것을 주장한 바 있다. "고전적 작품에서는 사상이 직접적으로 또 되도록 정확한 형식의 적용을 통해 표현되지만, 낭만적 작품에서는 사상이 오직 암시와 상징의 도움만을 받는 가운데 독자의 예지력에 맡겨질 뿐이다." 낭만주의가 암시와 상징을 통해 사상을 표하려고 하는 것은 사실주의 이후에 나오는 상징주의와 맥을 같이할 수 있는 토대를 마련하고 있다.

빅토르 위고(Victor Hugo)는 "고전주의에 의해 금지된 바 있는 비극적이거나 장엄한 것에다 그로테스크한 것을 섞어 놓은 것이요 삶의 완벽한 진실"이라고 낭만주의를 정의한 바 있다. 비극적이고 장엄한 것은 고전주의에서 중시되던 문학의 주요 관심사였다. 그런데 위고는 이러한 고전주의 특징에 그로테스크를 섞어놓은 것이라고 하고 있다. 그로테스크는 주로 신체의 일 부분을 지나치게 강조하여 웃음을 자아내게 하며 그 웃음 너머에는 죽음을 전제로 하는 공포가 도사리고 있는 것을 말한다. 휴고의 정의에 또 하나 관심을 기울여야 하는 것은 '삶의 완벽한 진실'이라는 것이다. 삶의 완벽한 진실이란 있을 수 없다. 어떤 형태의 문예사조의 시학으로도 삶의 완벽한 진실 그 자체는 아니기 때문이다. 그러나 삶의 총체적인 재현이라는 차원에서의 예술 형식은 상대적인 인식의 결과이다. 차후에 등장하는 상징주의의 우주론과 유사하게 낭만주의에서 이미 현실세계와 비 현실세계를 이분하고 있음을 지적하는 것은 흥미로운 일이다.

괴테(Goethe)는 "낭만주의는 병폐이고, 고전주의는 건강이다."라고 했다. 이는 고전주의가 우주의 질서나 이성에 기반을 둔 철학적이고 명상적인 문학을 추구했음으로 '건강'이라는 평가를 받고 있다. 이에 반해 낭만주의는 '병폐'라는 평가를 받고 있는데 이는 낭만주의가 더 이상 국가나 공공 혹은 철학적인 명상이 아닌 인간 개인의 감정에 주안점을 두면서 사랑, 이별, 눈물, 죽음과 같은 인간 삶의 측면 즉 이제까지는 문학의 대상이 되지 못했던 시인의 내밀한 사적 감정을 시적으로 표현한 것이라고 할 수 있다.

하이네(Heine)는 고전주의와 낭만주의의 관계를 다음과 같이 정의하였다. "고전적 예술은 한정적인 것을 묘사하고, 낭만적 예술은 무한한 것을 암시한다." 낭만주의 문학의 특징을 이루고 있는 것이 '무한함'을 지적하고 있다. 개인의 감정이나 내면의 세계가 무한하기에 그것을 탐구하는 낭만주의 문학 역시 무한하다고 이해해도 큰 무리는 없다. '낭만적 주인공'이라는 용어가 낭만주의 소설에서 종종 사용된다. 이 '낭만적 주인공'의 특징 중 큰 것이 낯선 지역으로의 여행이다.

우선, 낯선 지역이 의미하는 것은 새로운 것을 추구하는 것을 말한다. 이는 고전주의의 '모방'이라는 시학과 전면적으로 대치되는 요소다. 이런 차원에서 낭만적 주인공은 독자적인 존재로 친구라든가 혹은 다른 사람이 이 낭만적 주인공과 지나치게 닮아가는 것을 허용하지 않는다. 개성이 독특한 인간으로 존재하여야 하므로 고전주의에서처럼 모방의 결과로 비슷한 혹은 유사한 다른 존재 자체를 허용할 수 없는 것이 낭만적 주인공의 특징이다. 아주 흔히 있는 경우처럼 결투로 이어지고 또 결투 이후에는 죽음이 뒤따름으로 적이 낭만적이다. 그 다음은 '여행'이다. 인생행로를 여행에 비유하는 것은 낭만주의에서 대단히 보편적이었다. 새로운 것을 끊임없이 추구하는 것이 낭만주의의 큰 특징 중 하나인데 낯선 곳으로의 여행은 언제나 새로운 것에 접할 수 있는 좋은 기제다. 따라서 낭만주의 문예사조에 해당하는 작품에서는 여행이라는 모티프가 자주 등장한다. 그리고 러시아 문학에서의 이러한 여행은 주로 '동양'으로의 여행인데 이때 '동양'은 한국, 중국, 일본으로 대표되는 우리가 익숙한 극동지방을 일컫는 것이 아니라 당시 서구인들에게 '동양'이라고 보편적으로 인식되던 곳 즉 코카서스와 같은 남부지방이나 중앙아시아 혹은 중동으로의 여행을 말한다. 낯선 곳으로의 여행에는 언제나 모험이 뒤따르게 된다. 따라서 모험 역시 낭만주의 문학의 대표적인 특징 중 하나이다.

남·여가 처음으로 만나 연애를 하고 사랑을 하는 것을 낭만적이라고 일컫는 이유가 새로운 것의 추구에 있다고 하는 것이 전혀 억지는 아니다. 서로가 익숙해진 자신의 성의 세계가 아니라 완전히 새로운 이성의 세계에 대한 탐구를 하고 궁금증을 풀어나가는 것이 바로 낭만적이기 때문이다. 하지만, 낭만주의에서 보편적인 새로운 것을 추구하는 것은 결국 죽음으로 연결될 수도 있다는 것을 간과해서는 안 된다. 낭만주의 시대에 귀족 남자들은 결투를 두려워하지 않았다. 동일 정체성을 인정할 수 없었기도 하려니와 제1인자는 하나여야지 둘이 될 수 없는 이유도 있었다. 또한 그 이면에는 결투의 잘못된 결과인 죽음을 이들은 '잘못 된 것'으로 받아들이지 않았다. 설령 결투의 결과로 죽는다고 해도 이 세상에서의 경험을 다 해 본 이상 이제는 죽음 이후의 세상을 경험해 보는 것도 완전히 새로운 것이 되기 때문에 죽음을 두려워 할 이유가 전혀 없었던 것이다. 낭만주의 문학 속의 여성 주인공 입장에서 생각해도 실패한 사랑의 결과로 자살을 하는 것 역시 기다리고 있는 새로운 세계로의 입장이라는 또 다른 차원의 사유가 있었기 때문에 보편화될 수 있었다.

낭만주의에 관한 정의를 내리는 것을 목적으로 한다면 책을 한 권 별도로 집필을 해야 할 것이다. 버검(E.B. Burgum)은 이와 관련하여 다음과 같은 혜안을 내 놓았다. "낭만주의라는 술어를 정의 내리고자 하는 사람은 이미 많은 희생자들을 낸 바 있는 위태로운 작업에 착수하고 있는 셈이다." 사실 대형서점에 가 문예사조를 다루는 책을 보면 낭만주의 항목이 없는 책이 없으며, 고전주의나 사실주의를 다루는 책에서도 낭만주의라는 용어는 반드시 언급되고 있다. 낭만주의 자체에 관한 서적만도 수없이 많다. 따라서 여기서는 이 정도의 개념 정의를 가지고 실제로 러시아 낭만주의 시를 읽고 감상하는 과정에서 낭만주의 자체에 관한 개별적인 개념 정의를 내릴 수 있도록 노력하시기 바란다.

참고로 러시아에서의 낭만주의는 각 시인별로 독특한 면이 있다. 예를 들어 주코프스키의 낭만주의는 시인 개인의 내면의 세계에 침잠하는 대단히 개인적인 낭만주의다. 12월 당원들의 낭만주의는 정치적 낭만주의다. 따라서 이들의 시는 시민의 목소리를 담아내려 한다. 이에 비해 푸시킨의 낭만주의는 동시대인들을 이해하는 하나의 형식으로서의 낭만주의다. 푸시킨의 낭만주의는 문명화로부터 존재의 본질적 차원으로 이동하고 있음을 볼 수 있다. 하지만, 푸시킨의 이러한 낭만주의는 푸시킨 자신에 의해 사실주의로의 완성을 기하게 되는 기제를 제공하기도 했다. 레르몬토프의 초기 시는 한 인간의 덕성에 대한 가장 차원 높은 감정을 내포하고 있다. 레르몬토프의 시에서 우리는 현실성과의 운명적 충돌을 경험할 수 있다. 따라서 레르몬토프의 시에서 강제된 비극적 죽음을 발견하는 것은 우연한 일이 아닐 뿐더러 적잖이 기대되는 일이기도 하다.

<참고 문헌>

«История романтизма в русской литературе: 1790~1825». 1979.

«История романтизма в русской литературе: 1825~1840». 1979.

«Проблемы романтизма». 1967.

«Русский романтизм». К.Н. Григорьян ed., 1978.

В.В. Ванслов, «Эстетика романтизма». 1966.

Dmitrij Chizhevsky, *On Romanticism in Slavic Literature*. The Hague, 1957.

L.G. Leighton, *Russian Romanticism: Two Essays.* The Hague and Paris, 1975.

Василий Андреевич Жуковский (1783~1852)

주코프스키

주코프스키는 원래 부유한 지주인 아파나시 이바노비치 부닌(Афанасий Иванович Бунин)과 포로로 잡힌 터키 여자 사이에서 태어났다. 툴라 현 미센스코예에서 아버지의 혼외정사로 태어난 그는 아버지의 성을 따르지 못하고 당시 아버지의 집에 살고 있던 가난한 지주인 안드레이 그리고리예비치 주코프스키 (Андрей Григорьевич Жуковский)의 양자가 될 수밖에 없었다. 초기에 그는 부닌의 가정과 시골 기숙학교에서 교육을 받았다. 1797년 모스크바 대학에 입학하면서 시 쓰기에 열중하게 되었다. 이때 그는 절친한 친구들을 사귀게 되어 평생 편지를 주고받게 되는데 그 중에는 투르게네프 형제도 포함이 되어있다. 이들과 함께 그는 1801년 "문학 우정회(Дружеское литературное общество)"를 결성한다. 이 단체는 독일과 영국의 초기 낭만주의 문학에 심취해 있었으며 이 시들을 번역하는데 주력하였다.

1802년에 그는 최초의 그의 주요 작품인 "시골 공동묘지" «Сельское кладбище»를 발표하였는데, 이것은 토마스 그레이

주코프스키(1980년대, 소콜로프 작)

의 비가를 번안한 것으로 카람진의 잡지인 『유럽통보』«Вестник Европы»에 실렸다. 카람진과 가까이 지낸 사실은 그의 문학 성향과 견해에 많은 영향을 미쳤다. 1808년에는 주코프스키 자신이 카람진의 잡지를 넘겨받아 경영을 하였고 자신의 주옥같은 시를 많이 발표하였다. 1812년 주코프스키는 군에 입대하여 보로디노 전투를 목격한다. 이 경험은 그의 애국적인 찬가인 "러시아 군부대에서의 시인" «Певец во стане русских воинов»에 잘 스며있다.

1813년 그는 아버지 쪽의 배다른 누이동생인 당시 17세이던 M.A. 프로타소바에게 청혼을 한다. 누이동생은 그의 사랑 받아들였다. 하지만 프로타소바의 어머니가 결혼을 허락하지 않았다. 그 이유는 외적으로는 서로 근친이라는 법적인 것이었지만, 사실은 주코프스키의 태생이 프로타소바의 어머니에게는 결혼을 승낙하지 않은 더 근본적인 이유였다.

이 개인적인 비극이 그의 삶과 시에 슬픈 그림자를 드리우게 했다. 이 해에 그는 페테르부르크로 이사를 가서 아주 오랫동안 근무를 하게 되는 궁정시인이 된다. 정직하고 명예로우며 대단히 재간이 있는 그는 다른 시인들의 어려움을 덜어주는데 그가 궁정에서 근무를 하고 있다는 사실을 적극 활용하였다. 그의 도움을 받은 사람 중 대표적인 사람이 푸시킨, 바라트인스키, 셰프첸코, 고골, 게르첸 등이 있다. 사실 주코프스키는 어렸을 때부터 키예프 루시의 블라디미르 공을 주제로 하여 장편 서사시를 쓰고자 했으나 결코 쓸 수 없었다. 아직 리쩨이를 다니고 있던 푸시킨과 알게 되자 주코프스키는 푸시킨에게 자신의 생각을 이야기하였다. 그러자 푸시킨은 유명한 『루슬란과 류드밀라』를 지었다. 이에 주코프스키는 자신의 초상화를 푸시킨에게 선물을 하면서 그 초상화에 역사적으로 길이 남아 있는 구절을 남겼다: "패배를 당한 선생으로부터 승리한 제자에게(Победителю ученику от побежденного учителя)."

1839년 그는 궁정의 근무를 마치고 외국으로 여행을 한다. 1841년 그는 예술가의 딸인 엘리자베스 라이턴과 결혼을 하고 독일에 영구 정착을 한다. 1852년 4월 12일 그는 독일의 바덴-바덴에서 숨을 거두고 페테르부르크에 안장되었다.

주코프스키는 러시아 문학에 있어서 초기 낭만주의의 대표주자였다. 그의 시의 대부분은 번역이거나 번안이다. 그는 이렇게 말을 한 적이 있다: "내 시의 거의 모든 것은 누군가 다른 사람의 것이거나 혹은 다른 사람에 관한 것이다. 그러나 그것은 오직 나만의 것이다."

주코프스키의 기본적인 장르는 사적이고 명상적인 엘레지이며 나중에는 짧은 비가로 변모했다. 그의 엘레지는 시인의 내면세계를 시적으로 표현하려는데 초점을 맞추고 있다. 자연은 명상을 위해 제재가 된다. 예를 들어 1806년에 쓴 그의 시 "저녁(Вечер)"에서 위로를 받는 감각은 한가롭고 순진무구한 자연의 단순한 경치로부터 생긴다. 이것은 사회의 인위적인 것으로부터 동떨어진 감각이다.

그의 후기 장르인 짧은 비가의 주된 주제는 후회에 대한 동정적인 감각으로 이 감각은 완전을 추구하고, 이상을 추구하고 순진무구함에 대한 향수에 관한 것이다. 이러한 예는 1818년에

씌어진 "노래"«Песня»와 "표현할 수 없는 것"«Невыразимое»에서 발견된다.

주코프스키의 문학세계에서 간과할 수 없는 활동을 하나 더 추가하자면 그의 서간이다. 그의 서간은 시의 차갑고 우울한 분위기와는 완전히 다르다. 그의 서간은 언제나 따뜻하며 재치가 넘친다. "아르자마스"의 초기 창시자로서 그는 이 "아르자마스"에 관계한 시인들의 면모를 재치 있게 그리고 있다. 일반적인 서간이 있는가 하면 시로서 대화를 하는 것도 있고 그저 수다를 떠는 듯한 비공식적인 어투, 깔끔한 문체 사고와 언어의 경쾌한 변화 등에 주목할 필요가 있다.

시인으로서 주코프스키의 업적은 시어의 창조와 번역 그리고 러시아 시를 유럽에 소개한 것에 있다고 할 수 있다. 그의 장점은 문체의 아름다움과 푸시킨의 표현대로 그의 음악의 "사로잡는 달콤함"에 있다.

<참고 문헌>

«Полное собрание сочинений в 12 томах». А.С. Архангелский ред., 1902.

Адриан Гижитский, "В.А. Жуковский и ранние немецкие романтики," «Русская литература 22». 1979, No. 1: 120~128.

П.А. Плетнев, «О жизни и сочинениях В.А. Жуковского». 1853.

Irina Mihkailovna Semenko, *Vasily Zhukovski*. Boston, 1976.

William E. Brown, "Vasily Andreevich Zhukovsky," *Russian Literature Triquarterly* 8, 1974: 295~328.

К ней

Имя где для тебя? ⊥ _ ⊥ _ _ ⊥
Не сильно смертных искусство _ ⊥ _ ⊥ _ _ ⊥ _
Выразить прелесть твою! ⊥ _ _ ⊥ _ _ ⊥

Лиры нет для тебя! ⊥ _ ⊥ _ _ ⊥
Что песни? Отзыв неверный _ ⊥ _ _ ⊥ _ ⊥ _
Поздней молвы о тебе! _ ⊥ _ ⊥ _ _ ⊥

Если б сердце могло быть _ _ ⊥ _ _ ⊥ ⊥
Им слышно, каждое чувство _ ⊥ _ ⊥ _ _ ⊥ _
Было бы гимном тебе! ⊥ _ ⊥ _ _ _ ⊥

Прелесть жизни твоей, ⊥ _ ⊥ _ _ ⊥
Сей образ чистый, священный, _ ⊥ _ ⊥ _ _ ⊥ _
В сердце, как тайну, ношу. ⊥ _ ⊥ _ _ ⊥

Я могу лишь любить, ⊥ _ ⊥ _ _ ⊥
Сказать же, как ты любима, _ ⊥ _ ⊥ _ _ ⊥ _
Может лишь вечность одна! ⊥ _ _ ⊥ _ _ ⊥
(1810~1811)

감 상

시작법

삼음보 돌리닉(трех-стопный дольник)이다. 순수한 강세 시로 시행 마다 강세가 있는 음절의 수만 동일하면 되는 시작법이다. 그리고 강세가 있는 음절 사이의 거리는 0에서 3까지로 연속해서 강세가 있는 것에서부터 3음절이 강세가 없는 것 까지 다양하다. 3행이 한 연을 이루고 5연으로 구성되어 있다.

각운은 남성-여성-남성이다. 3연에는 월행(перенос, enjambement, 越行)이 1행과 2행 사이에서 이루어지고 있다.

[제 목]

이 시는 제목은 "그녀에게"다. 여성단수 3인칭 단어에 전치사를 붙인 보편적 표현이다. 문제는 '그녀'가 누구냐는 것이다. 이는 시인의 생애와 비추어 해석을 해 볼 때 이루어질 수 없는 마리야 프로타소바에 대한 사랑으로 읽을 수 있을 것이다. 이 시에서는 러시아 시에서 아직까지 볼 수 없었던 개인의 깊고 진실된 감정 표현을 엿볼 수 있다.

제1연

첫 연의 첫 문장이 의문문이다. 의문의 내용은 "그대를 위한 이름이 어디에 있는가?"라는 것인데 이는 그대에게 합당한 이름이 없다는 것을 의미한다. 간과할 수 없는 것 중 하나는 그대를 'ты'로 사용하고 있다는 것이다. 그래서 이 질문을 하는 화자와 "그대"와의 관계는 공식적이거나 혹은 존경의 대상이 아닌 가족의 관계, 친구 혹은 연인의 관계로 보아 무방하다. 또

한 중요한 것은 “이름”에 관한 것이다. 유명론(唯名論)적인 관점에서 볼 때 연인의 정체성을 규정하기가 쉽지 않음을 알 수 있다.

두 번째 문장은 2행과 3행에 걸쳐 구성되어 있는데 내용은 ‘유한한 생명을 가진 사람들의 예술은 그대의 매력을 표현하기에 충분하지 않다는 것’이다. 이 내용은 감탄문으로 표시되어 있는데 세 가지 측면에서 고찰할 필요가 있다. 첫째는 유한한 생명을 가진 사람의 예술이라는 표현이 인간은 누구나 다 죽는다는 것을 전제로 하고 있고, 둘째는 전기적인 비평의 측면에서 볼 때 주코프스키와 그의 첫사랑인 프로타소바와의 사랑을 인정하지 않는 사람들 역시 모두 다 유한한 존재라는 것을 의미하기도 한다. 셋째는 유한한 인간의 예술 역시 유한하다는 것인데 이는 사랑하는 사람의 아름다움을 표현하기에도 한계가 있다는 것을 의미하므로 대단한 과장이라고도 할 수 있다.

그리고 단어 ‘прелесть’의 의미가 다양하여 매혹, 매혹적인 것, 매력, 좋은 점, 아름다운 점, (보통 복수로 쓰일 때)여성미, 매혹적인 여체를 나타낼 수 있음으로 연인의 전체적인 아름다움과 정신적인 고상함 그리고 육체적인 매혹도 내포된다.

제2연

제1연의 첫 문장과 같은 구문적인 구조를 가지고 있으나 의문문 대신 감탄문을 쓰고 있음이 다를 뿐이다. 이는 첫 연에서 확언할 수 없어 질문을 하였던 것에 비하면 둘째 연에서는 확언을 할 수 있음을 나타낸다. 그 내용은 그대를 위한 악기 하프는 존재하지 않는 다는 것이다. 제1연의 내용을 염두 해 볼 때 존재하지 않음은 실제로 존재하지 않을 수도 있고 또 존재할 수도 없다는 것을 의미할 수도 있다. 존재하지 않는 경우라면 아직까지 만들어지지 않아서 존재하지 않을 수도 있을 것이다. 또 존재할 수 없다는 것은 연인의 아름다움을 충분히 표현할 수 있는 인간의 산물인 하프는 있을 수 없음을 나타낸다고 할 수 있다. 이는 제1연에서 인간의 예술 전체에 빗대어 담론을 펴고 있는 것에 비하여 제2연에서는 인간의 예술 중 악기 혹은 연인의 아름다움을 표현하기 위한 음악이 존재할 수 없다는 것을 의미한다. 이 연은 세 문장으로 구성되어 있는데 제2행에 반구가 하나의 의문문을 내포하고 있다. 어떠한 노래들인가라는 의문문이다. 이는 노래는 무슨 노래라는 의미를 내포하고 있다. 바로 그 다음의 반구와 마지막 행에서 언급되고 있는 것을 끌어내기 위한 역할을 하고 있다. 마지막 부분의 내용은 그대에 관한 최근 소문의 평판은 근거가 없다는 것이다. 연인에 관한 세상 사람들의 수다를 일축하는 내용이다. 주위의 여론에 의해 이루어지지 않는 사랑에 대한 불만이라고도 볼 수 있다.

제3연

이 연은 한 문장으로 구성되어 있는데 내용은 만일 심장이 사람들에게 들릴 수만 있다면 각각의 모든 감정은 그대에게는 찬가가 될 터인데 이다. 즉 가정문(假定文)으로 바람을 나타내고 있다. 이러한 바람은 두 가지 모두가 실현 불가능한 바람에 불과함을 알 수 있다. 다시 말해서 사람들에게 심장소리가 들렸으면 하는 바람은 실제로 들리지 않는다는 의미로 사람들이 듣지 않거나 혹은 들려줄 수 없음 모두를 나타낸다. 이러한 실현 불가능한 바람을 이야기하면서 서정적 자아는 자신의 감정을 드러내고 있다. 그것은 서정적 자아가 이루어질 수 없는 바람을 한 행에서 마무리 짓지 못하고 월행이라는 시작법을 통하여 다음 행까지 내쳐 이야기를 함으로 자신의 안타까움을 표하고 있다. 그리고 감정의 모든 섬세한 부분들이 많이 있음에도 불구하고 그대에게 전달되지 않아 결코 찬미가 되지 않는다는 것을 알 수 있다.

제4연

이 연도 한 문장으로 되어 있는데 그 내용은 연인의 여러 가지 측면을 내가 간직하고 다니겠다는 것이다. 흥미로운 일은 1~3연에서 "그대"에 관한 이야기를 하고 있으나 실질적으로 화자인 "나"가 직접적으로 등장하지는 않았다는 점이다. 비로소 이 연에 와서 일인칭 단수 현재 시제의 동사가 나옴으로 "나"가 등장하고 있다. 이것은 마지막 연인 다음 연이 일인칭 대명사 'я'로 시작되는 혹은 될 수 있는 것과 무관하지 않다.

여하튼 서정적 자아인 "나"가 간직하고자 하는 연인이 측면들은 그대 인생의 아름다움, 청순한 이 모습이다. 이 측면들은 1연에서 분석되었던 'прелесть'와 연관이 있다. 즉 정신적인 측면과 육체적인 측면 모두가 포함되어 있다. 그리고 화자가 하고자 하는 행위에 비유가 있다. 화자는 연인의 측면을 "마치 비밀을 간직하듯이" 간직하겠다고 하고 있다. "비밀을 간직하듯이"라는 표현이 무엇을 의미하는 가는 분석을 필요로 한다. 어차피 이루어질 수 없는 사랑이라면 더 이상 주장을 하지 않고 혼자서 간직하겠다는 것을 의미한다. 그리고 화자가 간직하고자 하는 곳이 가슴속이라고 말하고 있어 이러한 의지를 보충하여 준다.

제5연

두 문장으로 구성되어 있는 연이다. 첫 문장은 "나"라는 일인칭 주어로 직설법을 사용하고 있다. 이는 화자의 주장을 매우 강하게 표현한 것이다. 더욱이 그 내용이 "나"는 오직 "사랑할 수밖에 없다"라는 것이다. 이는 할 줄 아는 것이 사랑밖에 없다는 뜻이 아니라 상황에 의해서 내가 할 수 있는 일이 사랑하는 것이라는 뜻이다. 그리고 이 직설법은 이러한 사랑밖에 할 수 있는 일이 없다는 것을 강하게 표현하고 있는 것이다.

마지막 두 행에서는 연인의 전반에 대한 가치 평가를 내리고 있다. 그 내용은 당신이 얼마나 사랑스러운 여자인가를 말한다는 것은 오직 영원성밖에 없다는 것이 감탄문으로 되어있다. 이는 앞의 1연에서 "죽을 자들 즉 한계를 지니고 있는 인간들"의 예술로는 연인의 아름다움을 표현할 수 없다는 내용과 일맥상통한다. 이 여인의 아름다움을 표현할 수 있는 것은 오직 한계성을 초월하는 영원성만이 가능하다는 것이다. 그리고 그 아름다움 자체가 다름 아닌 자신의 사랑하는 여인인 것은 자명한 일이다.

Песня

Минувших дней очарованье, _ ⊥ _ ⊥ _ ⊥ _ ⊥ _
Зачем опять воскресло ты? _ ⊥ _ ⊥ _ ⊥ _ ⊥
Кто разбудил воспоминанье \ ○ _ ⊥ _ ○ _ ⊥ _
И замолчавшие мечты? _ ○ _ ⊥ _ ○ _ ⊥
Шепнул душе привет бывалый; _ ⊥ _ ⊥ _ ⊥ _ ⊥ _
Душе блеснул знакомый взор; _ ⊥ _ ⊥ _ ⊥ _ ⊥
И зримо ей минуту стало _ ⊥ _ ⊥ _ ⊥ _ ⊥ _
Незримое с давнишних пор. _ ⊥ _ ○ _ ⊥ _ ⊥

О милый гость, святое Прежде, _ ⊥ _ ⊥ _ ⊥ _ ⊥ _
Зачем в мою теснишься грудь? _ ⊥ _ ⊥ _ ⊥ _ ⊥
Могу ль сказать: живи надежде? _ ⊥ _ ⊥ _ ⊥ _ ⊥ _
Скажу ль тому, что было: будь? _ ⊥ _ ⊥ _ ⊥ _ ⊥
Могу ль узреть во блеске новом _ ⊥ _ ⊥ _ ⊥ _ ⊥ _
Мечты увядшей красоту? _ ⊥ _ ⊥ _ ○ _ ⊥
Могу ль опять одеть покровом _ ⊥ _ ⊥ _ ⊥ _ ⊥ _
Знакомой жизни наготу? _ ⊥ _ ⊥ _ ○ _ ⊥

Зачем душа в тот край стремится, _ ⊥ _ ⊥ _ ⊥ _ ⊥ _
Где были дни, каких уж нет? \ ⊥ _ ⊥ _ ⊥ _ ⊥
Пустынный край не населится, _ ⊥ _ ⊥ _ ○ _ ⊥ _
Не узрит он минувших лет; _ ⊥ _ ⊥ _ ⊥ _ ⊥
Там есть один жилец безгласный, \ ⊥ _ ⊥ _ ⊥ _ ⊥ _
Свидетель милой старины; _ ⊥ _ ⊥ _ ○ _ ⊥
Там вместе с ним все дни прекрасны \ ⊥ _ ⊥ _ ⊥ _ ⊥ _
В единый гроб положены. _ ⊥ _ ⊥ _ ○ _ ⊥
(1818)

감 상

시작법

4음보 약강격(ямб)이다. 8행이 한 연을 이루고 있으며 3연으로 구성되어 있어 이 시의 총 행수는 24행이다. 4음보 약강격은 사랑이 주제인 시에 많이 사용되었음은 푸시킨에 의해서 확고하게 되었지만, 푸시킨 이전에도 이러한 시도가 있었음을 알 수 있는 시이다.

각운은 여성 남성 운이 교체 각운을 이루고 있으며 대부분의 각운은 완전 운이다. (불완전 운의 예: 1연의 5행과 7행의 운: [−alyj]/[−alə]이다. 강세가 있는 'a' 다음의 발음이 음성학적으로 완전히 일치하지는 않는다. 따라서 불완전 운이라고 할 수 있다. 그러나 각운을 이루지 못할 정도로 음성학적 자질의 차이가 나지는 않기 때문에 충분히 각운으로 볼 수 있다.) 때로는 각운의 기본 요건을 충족시키고 그 외의 것들도 음성학적으로 일치하거나 비슷하여 초과 완전 운(enriched rhyme: богатые рифмы)임을 알 수 있다. 예를 들면 2연의 6행과 8행의 각운은 [−tu]이다. 그러나 강세가 있는 모음 'u'와 그 앞의 자음이 't'로 완전 운을 이루고 있고 그 앞의 모음이 강세 없는 [a]로 동일하여 초과 완전 운이다.

[제 목]

이 시의 제목은 "노래"이다. 시인에게 있어서 노래는 시일 수도 있으며 이 단어가 가지고 있는 기본적인 의미인 노래를 의미할 수도 있다. 어느 쪽이든 제목은 이 시의 내용과 주제에 알맞은 것이라고 사료된다.

이 시는 당대 독자들에게 인기가 많았던 작품으로 사람들이 암송을 하고 다녔으며 앨범에 적어 넣기도 하였다. '사랑'이라는 주제가 두드러지며 화자의 가슴앓이를 볼 수 있다. 푸시킨의 『예브게니 오네긴』에 있는 타치아나가 오네긴에게 보낸 편지와 비교해서 읽어도 흥미를 배가시킬 수 있을 것이다.

제1연

이 연은 문법적으로 크게 두 부분으로 나누어진다. 전반부는 의문문으로 되어 있고 후반부는 평서문으로 서술이다. 첫째 의문문은 "왜 지난날의 매력 혹은 황홀함이 다시 부활하였는가?"이다. 이 의문문에서 몇몇 단어는 구체적인 분석을 요한다. 첫째는 'очарованье'이다. 이 단어는 매력이나 황홀함을 의미한다. 물론 현대 러시아어에서는 'очарование'로 써야 하지만 어미를 축약하여 사용한 것은 시작법에 맞게 하기 위함임을 알 수 있다. 이러한 매력이나 황홀함에 한정을 가하는 구문으로 "지나간 날들"이라는 것이다. 따라서 이 의문문은 잊어버리고 싶은 지난날의 황홀함이 여전히 잊히지 않고 다시 생각나고 있음을 엿볼 수 있는 것이다. 그리고 "다시"라고 말하고 있는 것은 한동안 잊혔다가 다시 생각나는 것을 의미할 수도 있고 "지나간 날들"에 해당되는 시기가 끝난 후 종종 다시 생각나고 있으며 이 경우도 그 중 한 경우로 볼 수도 있다. 어떤 경우이든 간에 서정적 자아에게는 지난날의 행복이 되살아나고 있으며 그 현상이 "왜 일어나는가?" 라는 의문의 구조를 가짐으로 화자 자신도 어쩔 수 없음을 나타내거나 혹은 원치 않은 과거임을 추측할 수 있다. 그러나 시가 진행됨에 따라 서정적 자아가 원치 않는 것은 아니라는 것을 알 수 있어 지난날의 추억 혹은 매력, 황홀함, 행복함에 대한 그리움이 더 절실함을 알 수 있다. 그리고 마지만 단어인 "너" 혹은 "그대"라는 인칭대명사는 문법적으로 'очарованье'를 지칭하고 있어 소위 말하는 "의인법" 혹은 "활유법"이 사용되고 있다. 이 의인법은 두 층위에서 해석될 수 있다. 첫째는 지난날의 매력이나 황홀함이 자유자재로 서정적 자아에게 찾아오는 주체로서의 성격을 지닐 수 있다. 두 번째는 지난날의 행복을 같이 창출하였던 서정적 자아와 함께 했던 인물에 대한 간접적인 지칭일 수 있다. 이 경우 지난날의 행복이 서정적 자아의 마음속에 나타난 것은 당연히 행복을 같이 만들었던 인물이 등장하고 있고 그 인물을 직접적으로 지칭하는 것이 아니라 "행복"을 의인화하여 그 인물을 대치하고 있다. 이렇게 간접적으로 대하는 것은 그 인물에 대한 화자의 조심스러움이나 신비스러움을 더해 주고 독자에게는 시인의 혹은 서정적 자아의 매우 개인적인 사랑의 시기를 엿보게 해주는 효과가 있다.

두 번째 의문문은 "누가 기억을 일깨웠으며 침묵하기 시작한 꿈들을 일깨웠는가?" 라는 것이다. 동사는 "일깨우다" 하나이고 이 동작의 목적어는 두 개다. '일깨우다'는 동사는 기본적으로 잠에서 '깨우다'라는 의미로 이 동작의 목적어가 되고 있는 '기억'이나 '침묵하기 시작한 꿈들'이 이제까지는 잠잠했었음을 알 수 있다. 첫 번째 의문문이 의인화되어 "황홀함이 부활하였는가?"라는 능동의 구문에 대해 두 번째 의문문은 의문대명사 '누가'가 있는 의문문으로 대상들이 단순한 목적어로 보어의 역할을 수행하고 있음을 알 수 있다. 두 의문문은 다 능동의 구문으로 되어 있지만 사물을 의인화하여 사용한 것과 의문대명사를 이용한 것은 서로 다른 관점을 제시해 주기에 충분하다.

이렇게 서정적 자아의 심경에 일어나고 있는 현상을 의문문으로 서술을 하고 난 후 구체적인 예를 들어 현상을 설명하고 있는 것이 이 연의 후반부이다.

첫째 현상은 익숙한 인사가 영혼에게 속삭이는 것이다. 물론 인사가 의인화되어 있다. 따라서 '익숙한 인사' 혹은 '늘 그러했던 인사'는 화자의 상대자가 했던 것이고 영혼은 화자의 영혼임을 알 수 있다. 그리고 속삭임은 그들의 사랑이 은밀하여 떠들썩한 것이 아니었음을 알 수 있다.

둘째 현상은 영혼에 잘 알고 있는 눈길이 빛난다는 것이다. 위의 행에서와 마찬가지로 화자에게 익숙한 눈길은 연인의 눈길이며 그 눈길이 화자의 영혼에 빛난다는 것으로 화자가 연인을 눈앞에 떠올리고 있음을 표현한 것이다.

이 두 번째 현상이 더욱 구체적으로 설명되고 있는 것이 마지막 두 행이다. 즉 화자의 영혼에 오래 전부터 보이지 않던 것들이 순간 보이게 되었다는 것이다.

제2연

모두가 의문문으로 구성되어 있는 연이다. 첫 번째 질문은 "사랑스러운 손님인 신성한 옛날이 왜 나의 가슴으로 밀려드는가?"이다. 과거를 회상하고 있으며 이제는 그 과거를 영혼 속에서만 느끼는 것이 아니라 가슴으로 느끼고 있음을 볼 수 있다. 흥미로운 일은 옛날을 대문자로 표기하며 이탤릭체로 쓰고 있는 것이며 이것을 의인화하여 '사랑스런 손님'으로 말하고 있다는 것이다. 즉 이전의 연인을 그리며 직접적으로 그 연인을 언급하는 것이 아니라 그 연인과 보낸 시절을 말하고 있다. 그리고 그러한 옛날이 가슴속에 밀려드는 것을 화자 자신도 어쩔 수 없음을 독자는 알 수 있다.

두 번째 질문은 화자가 '희망을 가지고 살아 라고 말할 수 있겠는가' 이다. 즉 할 수 없다는 것이다. 분석을 해 보아야 하는 것은 '희망'이 "무엇을 의미하는가?"이다. 즉 이들의 사랑이 결실을 맺어 결혼을 하고 행복한 인생을 살 수 있는 희망이다. 그리고 이것이 부정당하고 있음으로 그러한 희망이 없음을 나타낸다. 시인의 개인적인 경험을 상기하면 충분히 이해할 수 있는 표현이다.

세 번째 질문은 '이전에 있었던 것에게 미래에도 존재하라고 말할 수 있겠는가'이다. 역시 할 수 없음을 표현한다. 즉 지나간 과거를 미래까지 연장할 수 없음 즉 결과를 이룰 수 있는 사랑이 아니었음을 알 수 있다.

네 번째 질문은 '새로운 형태로 시들어버린 꿈의 아름다움을 내가 다시 볼 수 있겠는가'이다. 역시 대답은 부정적이다. 즉 이전에 했던 사랑의 아름다움을 새로운 형태로 볼 수 없다는 것으로 희망이 없는 사랑을 노래하고 있다.

그리고 마지막 질문은 '벌거숭이를 사회에서 통용되고 있는 망토로 다시 옷을 입힐 수 있겠는가'이다. 이 연에서 하고 있는 모든 질문에 대한 답이 부정적이듯 이 질문에 대한 답 또한 부정적이다. 즉 화자와 그의 연인이 했던 사랑은 사회의 통념으로 받아들여질 수도 인정될 수도 없는 사랑이라는 것이다.

이렇게 한 연 전부를 다섯 개의 질문으로 구성하고 부정적인 표현을 함으로 화자의 옛사랑에 대한 간절한 마음을 전달하고 있다. 일부는 화자 스스로가 할 수 있는 방법이 많지 않음과 일부는 사회가 이들의 사랑을 용납하지 않는 현실을 한탄하기도 하고 원망하기도 한다. 한탄과 원망이 큰 만큼 화자의 옛사랑에 대한 갈구는 더 강해진다.

제3연

3연의 시작 역시 의문문으로 시작하고 있다. 이는 2연에서의 감정이 3연까지 연장되고 있음을 표시한다. 질문의 내용은 2연의 질문과는 차원을 달리한다. 즉 이 연의 시작 부분에서 하고 있는 질문은 이제 화자 자신과 직접적으로 관련이 있는 질문이다. "왜 영혼이 이제는 더 이상 존재하지 않은 예전에만 존재했던 그런 쪽으로 자꾸만 달려가는가?"이다. 화자 자신의 심경을 토로하고 있는 것이다. 2연에서 성공할 수 없었던 자신의 사랑이 그토록 강조되었고 강조된 만큼 안타깝다는 것을 표현하였다. 그 안타까움이 외부의 원인에 기인하는 것뿐만 아니라 화자 자신의 마음속에서도 어쩔 수 없이 나타나고 있는 것이다. 그리고 주의를 기울여야 할 것은 "지나간 날들이 더 이상 존재하지 않는다."는 표현이다. 세상은 계속해서 존재하고 하루하루는 끊임없이 다가오고 지나간다. 따라서 하루하루는 존재한다. 그러나 이러한 하루하루가 질적인 면에서 이전에 연인과 사랑을 나눌 수 있었던 그러한 날들과는 다르다는 것을 알 수 있다.

예전의 사랑했던 날들이 존재하지 않는 그 황량한 세상에는 더 이상 아무도 살지 않는다. 그 세상은 지나간 세월을 알아차리지 못한다. 즉 서정적 자아의 사랑이 용납되지 않는 이 세상은 더 이상 사람이 사는 세상이 아니며 따라서 이 세상은 예전의 사랑했던 시절이 있었음을 알지 못한다는 것이다.

이 세상에는 말이 없는 단 한 사람의 주민이 있고 그 주민은 사랑스러운 지난날들을 본 증인이다. 이 표현에서 이해를 요하는 것은 '말이 없는' 주민이다. 말이 없다는 것은 죽은 사람을 의미한다. 죽은 자는 말이 없는 법이다. 그리고 한 사람이 이탤릭체로 인쇄되어 강조를 하고 있음은 화자의 옛 연인만이 사랑을 아는 사람이고 그 사람이 말이 없음으로 연인이 죽었음을 알 수 있다. 그리고 연인이 '주민'으로 표현되므로 남성으로 표시되어 있다. 이는 남자들 간의 사랑을 의미하는 것이 아니라 사회적으로 용납되지 않는 사랑의 대상 즉 화자의 연인이었기 때문에 이 시로 인해 화자의 연인이 누구인지를 독자들이 쉽게 알 수 있을 것에 대비하여 독자로 하여금 화자의 연인이 누구인지 쉽게 알 수 없게 해 놓은 장치이다.

19~го марта 1823 г.

Ты предо мною	_ ○ _ ⊥ _
Стояла тихо.	_ ⊥ _ ⊥ _
Твой взор унылый	_ ⊥ _ ⊥ _
Был полон чувства.	\ ⊥ _ ⊥ _
Он мне напомнил	_ ⊥ _ ⊥ _
О милом прошлом..	_ ⊥ _ ⊥ _
Он был последний	_ ⊥ _ ⊥ _
На здешнем свете.	_ ⊥ _ ⊥ _
Ты удалилась,	_ ○ _ ⊥ _
Как тихий ангел;	_ ⊥ _ ⊥ _
Твоя могила,	_ ⊥ _ ⊥ _
Как рай, спокойна!	_ ⊥ _ ⊥ _
Там все земные	_ ⊥ _ ⊥ _
Воспоминанья,	_ ○ _ ⊥ _
Там все святые	_ ⊥ _ ⊥ _
О небе мысли.	_ ⊥ _ ⊥ _
Звезды небес,	⊥ _ _ ⊥
Тихая ночь!...	⊥ _ _ ⊥

(1823)

감 상

시작법

이 시는 크게 두 부분으로 구성되어 있다. 첫 부분은 8행이 한 연을 이루고 있으며 두 연으로 구성되어 있다. 두 번째 부분은 2행 1연이다. 앞부분의 시작법은 약강 2보격(двухстопный ямб)이다. 그리고 각운은 모두가 여성 운이다. 그런데 흥미로운 것은 마지막 2행이다. 이 두 행은 강약 2음보와 약강 2음보가 한 행에 합쳐져 있는 시작법으로 호리-얌브(хори-ямб)에 해당된다. 이러한 시작법상의 큰 차이는 내용과 무관하지 않다. 구체적인 내용상의 차이와 시작법상의 차이는 각 연의 감상에서 논한다.

[제 목]

이 시의 제목은 "1823년 3월 19일"이다. 시인의 생애에 비추어 이 날자가 의미가 있음은 짐작하기 어려운 일이 아니다. 사랑하는 사람의 사망일이거나 혹은 사랑하는 사람의 무덤을 이 날에 방문하였음은 그 가능성들 중 하나다.

제1연

첫 문장은 두 행에 걸쳐 평서문 혹은 서술문으로 되어 있다. 내용은 '그대가 내 앞에 조용히 서 있었다.'는 것이다. 이것은 실제로 서정적 자아 앞에 그대가 서 있을 수도 있으며 혹은 예전에 서 있던 것을 서정적 자아가 상기하고 있을 수도 있다. 다만, 주의를 기울여야 하는 것은 서정적 자아 앞에 서 있었던 '그대'는 여성이라는 것이다.

두 번째 문장 역시 두 행에 걸쳐있는데 그 내용은 '그대의 슬픈 시선은 감정으로 가득 차 있었다.'이다. 여기에서 언급되고 있는 '그대의 슬픈 시선'은 앞 행에서 '조용히 서 있었다.'는 상태에 대한 연속적인 감정의 표현으로 서정적 자아의 감정 상태를 나타내고 있다. 또한 그대의 시선이 '감정으로 가득 차 있었다.'라는 표현에서 우리는 이 감정이 구체적으로 어떤 감정인지는 알 수 없으나 '조용히 서 있었다.'와 '슬픈 시선'으로 미루어 짐작하여 기쁜 감정은 아니라는 것을 알 수 있다.

세 번째 문장 또한 위의 두 문장과 같은 구조를 가지고 있다. 그 내용은 '그 시선이 내게 행복했던 과거를 상기시켜주었다'이다. 표현 기법의 차원에서 이 문장의 '의인화'된 '그대의 슬픈 시선'을 간과해서는 안 된다. 비록 3인칭 단수 대명사로 의인화되어 있는 '그것'의 선행사가 '그대의 슬픈 시선'이기 때문에 이것이 상기시켜주는 '행복했던 과거'와는 대조적인 관계에 놓이게 된다. 따라서 독자는 지금 서정적 자아와 그의 '그대'가 마주 보고 서 있는 상황이 마지막 만남이거나 혹은 이별을 위한 만남임을 짐작할 수 있다. 왜냐하면 그대가 슬픈 표정으로 서정적 자아 앞에 서 있고 그대의 슬픈 시선이 그에게 행복했던 과거를 회상하게 해 주고 있기 때문이다. 즉 과거의 행복이 미래에는 없을 것임을 알 수 있고, 따라서 서정적 자아의 그대가 슬픈 시선을 하고 있는 것이다. 또한 이별을 하고 있는 마당에 왈가닥처럼 굴 수도 없는 노릇이고 하여 서정적 자아의 연인은 그 앞에 조용히 서 있다.

이러한 상황은 이 연의 마지막 두 행에서 최고조에 이른다. "그대의 슬픈 시선은 이 지구상에 마지막으로 존재했었다." 즉 그대의 슬픈 시선은 이 세상에 더 이상 존재하지 않는다는 것인데 이는 서정적 자아의 마음속에 존재하지 않기 때문일 수도 있고 서정적 자아의 연인이 더 이상 이 세상에 존재하지 않는 즉 그 여인이 죽었을 가능성도 없지는 않다. 대조적인 감정의 병치는 독자로 하여금 서정적 자아의 심중이나 서정적 자아의 연인의 심중을 더욱 실감나게 느끼게 해 주는 표현 기법의 장치다. 이러한 대조는 서정적 자아가 남성이고 이 남자의 연인이 여성인데 실제로 여성의 일부분은 모두 남성 3인칭 단수 대명사로 받고 있어 그러한 감정이 더욱 더 크게 다가온다. 그러나 이러한 표현 기법과 내용상의 대조를 통한 남성 분위기가 이 연 전체를 지배하는 것은 아니다. 왜냐하면 주코프스키는 이 시 전체의 각운을 모두 여성 운으로 맞추고 있어 균형을 이루고 있기 때문이다. 남성 인칭 대명사의 활용으로 연인의 정체성에 대한 구체성을 피하는 한 편 여성 각운의 활용으로 그 연인에 대한 여성성을 확보하고 있는 천재적인 시 작법의 한 예다.

제2연

2연의 전반부는 비교구문이며 감탄문이 사용되고 있으며 후반부는 평서문으로 두 개의 서술 구문으로 이루어져 있다. 첫 비교 구문의 내용은 '그대가 조용한 천사처럼 이 세상에서 사라졌다'이다. 이 2연의 두 행을 보면 1연의 마지막 부분에서 '그대의 슬픈 시선은 이 세상에서 마지막 것이었다.'는 것은 화자의 연인이 죽었음을 알려주는 근거이다. 이 표현에서 사용된 동사는 'удалить'를 재귀 형태로 사용하고 있다. 이 동사의 기본적인 의미는 "멀리하다", "없애다"의 의미이다. 이렇게 볼 때 재귀의 의미는 "스스로를 멀리하다" 혹은 "스스로를 없애버리다"의 의미로 이 지구상의 존재하는 다른 많은 것들로부터 자기 스스로를 멀리해버렸다는 의미로 해석할 수 있고 또는 스스로를 없애버렸다는 것으로 해석할 수도 있다. 은둔이나 자살을 의미할 수도 있고 아니면 자연사이지만, 이들의 사랑을 인정하지 않는 세상에 함께 머무를 수 없음을 의미할 수도 있다.

두 번째 비교는 '그대의 무덤은 마치 천국처럼 고요하다'이다. 무덤이 시끄러울 수는 없는 노릇이다. 그러나 그러한 단순한 의미보다는 이 풍진 세상에서 사랑으로 몸살을 앓다가 죽은 그대의 무덤이 평화스럽고 고요하다는 것이다. 더욱이 그 비교가 천국과 같음으로 이 평화와 고요는 더 이상의 고통이 없는 것이다. 따라서 그대는 더 이상 사랑으로 인해서도, 그 사랑을 용인하지 않는 사회적인 통념이나 인습으로 인해서도 고통을 받지 않아도 되는 상태에 가 있다는 것이다. 문제는 살아 있으면서 이러한 고통으로부터 해방되면 더 없이 좋은데 그러한 상태에 가 있기 위해서는 "삶", 혹은 "생"을 희생으로 치러야 한다는 것이다.

'그대가 머무른 곳에서는 모든 지상의 것들이 기억에 불과하다'라는 서술문을 앞의 두 비교 구문 바로 뒤에 위치시킴으로 이 지상의 것들이 그대에게는 그 어떤 불행한 영향도 미칠 수 없음을 단언해 주고 있다.

그리고 '그대가 머무는 곳에서는 모든 신성한 사고들이 천상에 관한 것이다'라고 한 번 더 단언하고 있다. 물론 이 구절은 다른 내용으로 이해할 수도 있다: '그대가 머무는 그 곳에서 모든 천상에 관한 사고들은 다 신성하다.' 그러나 어느 방법으로 이해를 하든, 이 시 전체가 가지고 있는 내용상의 일관성과 또는 이제까지 논지를 펴 온 것을 크게 다르게 하지 않기 때문에 큰 문제가 되지 않는다.

제3연

이 연은 앞에서도 언급한 것과 마찬가지로 단지 두 행으로 구성되어 있으며 끝 부분에는 생략 부호가 첨부되어 있다. 이것은 앞의 두 연의 구성과 비교하여 볼 때 완전한 연이 아님을 알 수 있다. 그리고 이 연의 시작법은 앞의 두 연과 완전히 다른 강약격과 약강격의 혼합 형태인 호리-얌브다. 이는 내용과 시작법과의 긴밀한 관계를 말해주고 있다. 서로 상반되는 내용을 담고 있기 때문에 시 작법을 달리하고 있다.

이 두 행의 내용은 '하늘에는 별들이 가득하고 밤은 고요하다'이다. 앞의 두 연에서 화자와 연인간의 애틋한 사랑과 연인의 죽음을 시적으로 표현하고 있다고 한다면 이 두 행은 단순한 주위 환경에 대한 묘사이다. 물론 별들이 있음을 느끼고 밤이 고요하다는 것을 느끼고 있음으로 보아 화자의 감정이 없는 것은 아니나 이 감정은 화자의 연인에 대한 것이 아니라 자연현상 혹은 환경에 관한 것이다. 따라서 내용상 이렇게 차이가 나는 것을 동일한 시작법으로 쓰지 않고 다른 방법을 선택한 것은 시인의 천재성이라고 할 수 있다. 또한 다른 시작법을 사용한 것 중 일부는 강약 격과 약강 격을 조합함으로 운이 남성으로 끝나게 되어 위의 두 연과는 또 다른 뉘앙스를 주고 있다. 전체적으로 볼 때 화자가 연인의 무덤 앞에서 그대의 마지막 시선을 느끼고 있으며 많은 시간이 흘러 자신의 감정을 시로 승화시킨 후 자기가 서 있는 환경에 주의를 기울이는 구조를 가지고 있음을 알 수 있다. 생략 부호를 사용하여 이 연을 마무리 짓지 않은 것은 환경에 대한 화자의 관심이 연인의 무덤 앞에서 느끼는 연인에 대한 관심과는 아무런 상관도 없으며 또한 크지도 않다는 사실을 알 수 있다.

Константин Николаевич Батюшков (1787~1855)

오래된 귀족 가문에서 태어났으며 M.N. 무라비요프의 조카이다. 바듀시코프는 상트페테르부르크에서 프랑스와 이탈리아 학교에서 개인 교습을 받았다. 이곳에서 수학하는 동안 그는 프랑스어와 이탈리아어를 완벽하게 익혔고 독일어와 라틴어도 완전하게 습득했다. 첫 사회생활은 교육부에서 시작하였으나 그 후 프랑스, 스웨덴에서 근무했고 1812년에는 나폴레옹 전쟁에 참가했다. 바듀시코프 역시 프랑스 파리에 입성하였었으며 이 때 그는 그네디치, 크릴로프, 주코프스키 그리고 뱌젬스키와 친분을 맺게 되었다. 제대를 하고 난 후에는 공공도서관에서 근무를 했다. 그리고 "아르자마스"에 가입했다. 아르자마스 활동 기간에 그는 그리스 문학 선집을 러시아어로 번역하여 1820년에 출판했다. 바듀시코프는 주코프스키와 함께 새로운 문학 조류 즉 낭만주의의 창시자로 칭송을 받게 되었다.

바듀시코프

바듀시코프의 초기 시들은 카람진 학파의 영향을 받아 "작은 장르"와 "즉흥적인 주제"를 담고 있다. 하지만

바튜시코프

바튜시코프는 완벽하고 적확하며 인간의 감정과 인생을 표현하기 위한 조화로운 언어를 사용하였고 신세대 시인으로서 그는 자신만의 시 분야를 개척하였다. 새로운 분야의 개척은 주로 번역을 통하여 이룩하였는데 그가 번역한 작가로는 파르니, 페트라르크, 타소 그리고 고대 로망스 시인들이었다. 바튜시코프의 장점은 재빠른 변환에 따른 고도의 동적인 성향과 명사들을 연결시키고 유사한 문장 구조를 연결하는데 있어 정확함에 있다. 모음조화를 잘 사용하고 조화로운 음성을 오케스트라 연주와 같이 하는 바튜시코프의 시가 동시대 시인들을 놀라게 했다.

1810년대와 1820년대에 바튜시코프를 모방한 시인들은 많이 있었으며 그 중 푸시킨도 포함된다. 페트와 마이코프 등도 바튜시코프에게서 영향을 받았으며 20세기 상징주의 이후의 시인들 특히 만델슈탐에게 영향을 미쳤다. 만델슈탐은 1932년에 "바튜시코프"라는 시를 쓰기도 했다.

바튜시코프의 "서정시가 언어에 미치는 영향"(1816)이라는 논문은 바튜시코프의 문화와 시에 대한 견해를 대변해 주는 논문이다. 또한 "시인과 시에 관하여"(1815)는 동시대 시인들이 어떻게 그에게 영향을 받았고 그를 모방하였는지를 교묘하게 표현한 글로 유명하다. 이 논문에서 그는 이렇게 주장했다: "쓰는 것처럼 살아라, 그리고 사는 것처럼 써라."이는 삶과 시를 분리시키려 하지 않았던 바튜시코프의 시에 대한 진지한 태도를 극명하게 보여주고 있다.

<참고 문헌>

«Полное собрание стихотворений». сост. Н.В. Фридман, 1964.

I.Z. Serman, *Konstantin Batyushkov*. New York, 1974.

N.V. Fridman, *Poeziya Batyushkova*. 1971.

__________ , *Proza Batyushkova*. 1965.

Мой гений

О, память сердца! Ты сильней	_ ⊥ _ ⊥ _ ⊥ _ ⊥
Рассудка памяти печальной	_ ⊥ _ ⊥ _ ○ _ ⊥ _
И часто сладостью своей	_ ⊥ _ ⊥ _ ○ _ ⊥
Меня в стране пленяешь дальной.	_ ⊥ _ ⊥ _ ⊥ _ ⊥ _
Я помню голос милых слов,	_ ⊥ _ ⊥ _ ⊥ _ ⊥
Я помню очи голубые,	_ ⊥ _ ⊥ _ ○ _ ⊥ _
Я помню локоны златые	_ ⊥ _ ⊥ _ ○ _ ⊥ _
Небрежно вьющихся власов.	_ ⊥ _ ⊥ _ ○ _ ⊥
Моей пастушки несравненной	_ ⊥ _ ⊥ _ ○ _ ⊥ _
Я помню весь наряд простой,	_ ⊥ _ ⊥ _ ⊥ _ ⊥
И образ милый, незабвенной	_ ⊥ _ ⊥ _ ○ _ ⊥ _
Повсюду странствует со мной.	_ ⊥ _ ⊥ _ ○ _ ⊥
Хранитель гений мой – любовью	_ ⊥ _ ⊥ _ ⊥ _ ⊥ _
В утеху дан разлуке он:	_ ⊥ _ ⊥ _ ⊥ _ ⊥
Засну ль? Приникнет к изголовью	_ ⊥ _ ⊥ _ ○ _ ⊥ _
И усладит печальный сон.	_ ○ _ ⊥ _ ⊥ _ ⊥

(1815)

감 상

시작법

16행 1연 시이다. 약강 4보격이며 남성 운과 여성 운이 교차 각운을 이루고 있다. 다만, 6행과 7행은 여성 운으로 인접 각운을 이루고 있다. 따라서 5행과 8행이 자연스럽게 환상 각운을 이루고 있다. 시작법의 차원에서 5행과 8행 그리고 6행과 7행이 예외적임은 앞으로 연구의 대상으로 남는다.

[제 목]

"나의 수호신"이라는 제목의 시이다. 물론 수호신이 남성이며 시의 내용에 따라 어떠한 수호신인지 밝혀볼 필요가 있는 제목이다.

내 용

첫 행의 반구(полустишие, hemistich)는 한 문장으로 감탄문이다. '내 마음의 기억이여!'를 외치고 있어 무엇인가 화자의 경험에 관한 이야기를 하고 있음을 알 수 있다. 첫 행의 나머지와 그 다음 3행이 한 문장을 이루고 있다. 내용은 '내 마음의 기억은 이성의 슬픈 기억보다도 강하며 자주 자신의 달콤함으로 나를 먼 지역에서 포로로 사로잡는다.'이다. '기억'이 2인칭 단수 대명사로 표현되어 의인화되어 있으며 이러한 의인화는 두 번째 문장의 주동사인 "포로로 사로잡는다."의 주어이다. 내용에 따르면 기억은 '달콤함'을 간직하고 있다. 따라서 이 시의 첫 부분은 매우 밝은 어조를 띠고 있음을 알 수 있다.

그 다음 부분은 기억의 구체적인 면들을 제시해 주고 있다.

첫째는 사랑스러운 말들의 목소리를 화자가 기억하고 있다는 것이다. 이는 화자와 수호천사가 나눈 대화 중 수호천사가 한 말들이 사랑스러운 말들이었으며 그 소리를 화자가 기억하고 있는 것이다. 두 번째 기억의 내용은 파란 눈동자이다. 아무런 수식어 없이 '파란 눈동자'라고만 말하고 있어 특별한 것을 밝혀낼 수는 없지만 긍정적인 느낌을 전달해 주는 것은 사실이다. 사족일지도 모르지만 러시아인들의 눈동자 색을 얘기할 때 "голубые глаза"라는 표현은 그들 특유의 하늘색에 가까운 '푸른' 눈동자를 지칭하는 것을 염두에 두자. 세 번째 기억하고 있는 것은 자연스러운 곱슬머리의 황금 빛 머리채이다. 이 표현에서는 단순히 "황금 빛 머리채"가 아니라 '자연스러운 곱슬머리'라는 수식어가 붙어 있다. 따라서 화자와 수호천사가 만난 것은 수호천사가 성장을 차리고 있는 상태가 아니라 평상시의 모습을 하고 있음을 알 수 있다.

이러한 일상성은 다음 구문에서도 나타난다. '나는 비교된 적이 없는 나의 목동의 단순한 차림새 전체를 기억하고 있으며, 잊히지 않는 사랑스러운 모습은 온 사방으로 나와 함께 편력하고 있다.' "단순한 차림새"라는 표현인 "사랑스러운 모습" 역시 성장이라고 하기보다는 단출하고 소박하며 꾸밈없는 모습임을 알게 해 준다.

"수호자"와 "수호천사"가 이중으로 쓰이고 있다. 이는 간절하게 부르는 소망의 표현이라고 볼 수 있다. 그리고 이 수호천사는 이별에 있어서 사랑으로 위안을 주었다는 것이다. 즉 이별을 하는 순간에도 사랑을 주었다고 보아야 한다.

그런 다음 마지막 부분은 화자 자신에 관한 이야기이다. 즉 첫째로 화자 자신이 잠들고 있는가? 라고 묻고 있다. 다시 말해 이 서정적 자아는 잠자리에 들어 자신의 수호천사에 대한 기억을 더듬고 있다고 할 수 있다. 그리고 그런 화자에게 슬픈 잠이 머리맡으로 살며시 다가오고 달콤하게 해 준다. 잠들기 직전의 상황이다. 그런데 흥미로운 것은 "슬픈 잠"이 "달콤하게 한다", "유쾌하게 한다", "위안을 준다."라는 표현이다. 서로 상반된 감정이 한 표현에 사용됨으로써 화자의 감정이 교차하고 있음을 알 수 있다. 즉 잠이 들게 됨으로 수호천사와 이별을 하여야 하게 되어 슬픈 잠이지만 이렇게 잠이 들기 전에 수호천사에 대한 기억을 할 수 있음이 위안이며 또한 단언할 수는 없지만, 꿈속에서 수호천사를 다시 볼 수 있게 되기를 희망하고 있는 서정적 자아의 심경이라고도 할 수 있다.

Федор Иванович Тютчев (1803~1873)

튜체프

튜체프는 낭만파 시인 가운데서 가장 낭만주의적 시인이다. 유서 깊은 귀족의 가문에서 태어난 튜체프는 훌륭한 교육을 받은 후 모스크바 대학의 문학부에서 배우고 오도예프스키 서클의 일원이 되었지만 외교관의 길을 택하여 1822년부터 뮌헨 대사관 등 22년에 걸쳐 오랜 외국 생활을 계속했다. 그 때문에 러시아 문단과의 직접적인 접촉은 없었으나, 셸링, 하이네, 괴테 등 그의 지기 범위는 매우 넓었다. 외교관을 그만두고 러시아로 돌아온 후에도 외국 문서 검열관의 직책에 있었으므로 튜체프 자신에게는 시인으로서의 뚜렷한 의식이 희박했다. 동시대인 사이에서 남아 있는 튜체프의 이미지는 아포리즘의 명수, 사교계의 멋쟁이 그리고 슬라브주의자 논객이었다.

러시아에서 최초로 방대한 '튜체프 전기'를 쓴 슬라브주의자 악사코프(И.С. Аксаков)는 튜체프를 푸시킨 성단의 한 별로 보고 그의 작품에서 '푸시킨 시대의 표시'를 지적했다. 또한 튜체프의 시가 처음으로 한데 묶여서 발표된 것이 푸시킨의 『동시대인』지였기 때문에 그를 푸시킨 성단에 포함시키는 관점이

튜체프

당연하게 여겨지게끔 되었다. 그러나 『동시대인』지에 발표된 24편의 "독일에서 보낸 시" «Стихотворения, присланные из Германии 1836»가 비평가들의 시선을 끌게 된 것은 '산문의 1840년대'를 훨씬 지나서였다.

1850년 시인 네크라소프는 자신이 편집하고 있던 잡지 『동시대인』지에 '러시아의 이류 시인들'이라는 제목의 글을 기고하여 최근의 시의 혼미 상태를 개탄하면서 시의 부흥을 위하여 일류 시인 발굴에 착수했다. 네크라소프가 그 글에서 많은 지면을 할애하여 논한 것이 14년 전 푸시킨의 편집 하에 『동시대인』지에 게재되었던 튜체프의 시였다. 네크라소프가 다시 4년 후에 『동시대인』지의 부록에 90여 편의 튜체프의 작품을 일거에 발표하고, 같은 해 그것을 기초로 최초의 튜체프 시집을 편집 간행하기에 이르렀다.

그러나 페트(A. Фет)가 '만 권의 책보다 무거운 것'이라고 칭찬했던 이 자그마한 시집은 많은 독자의 관심을 끌지 못했다. 시인을 이해하고 애독하는 독자층은 변함없이 소수의 지식인 속에서만 존재했기 때문에 두 번째 시집의 간행도 사태를 호전시키지 못했다. 튜체프의 명성은 그가 죽은 후 세기말 상징주의가 등장하면서부터였다.

메레쥬코프스키, 브류소프 등은 자신들의 시조(詩祖)로서 튜체프에게 푸시킨과 필적하는 위치를 부여해 주었고, 그의 시의 독자적 의의를 강조하기에 이르렀다. 튜체프의 시는 그 자체만으로도 복잡한 현상이었다. 그 이유는 시인이 살았던 시대의

튜체프 동상

격동의 소용돌이 속에서 민감하게 반응했던 지식인 튜체프의 모순과 분열 때문이었다. 청년 시절 온건한 데카브리스트의 혁명 사상을 지녔던 튜체프는 '관청과 군대'의 전제 러시아에 대하여 혐오감을 품고 있었으나, 1830년 7월 이후 유럽 전체가 혁명적 상황 속에 휩쓸리자 서서히 슬래브 주의적 신념에 기울기 시작하고, 끝내는 범 슬래브 주의적 기대감을 시 속에도 끌어들이게 되었다. '전제와 정교'의 러시아를 '혁명과 무신론'의 서구와 대치시켜 혁명의 파도에 휩쓸리지 않고 폭풍 속에 우뚝 서 있는 절벽인 러시아(«Море и утес»)의 비호 밑에 슬래브 제국과 정교권의 통일을 호소하고, 거대한 그리스, 러시아, 동방 제국의 건설을 호소하고 있다(«Русская география»). 그러나 그의 꿈이 크리미아 전쟁의 패배로 인해 덧없이 무너지자, 튜체프는 황제 니콜라이 1세에게 "그대가 섬겼던 것은 신도 아니고 러시아도 아니오." 하고 풍자의 붓을 들기도 하였다.

튜체프는 18세기의 시나 주코프스키의 시에서 출발하여 17세 전후에는 독자적인 시적 성숙의 경지에 이르렀으나, 예민한 감수성, 수치심, 강한 자기 비평의식으로 해서 많은 글을 남기지 못했다. 그러나 에피그람 등을 제외하면 350편 가량의 시작품을 남기고 있고 대표적인 작품은 거의가 10행 내지 20행의 짧은 시이다. 튜체프의 시의 대부분은 '자연'을 주제로 하고 있다. 남러시아나 독일의 바바리아의 아름다운 풍경과 더불어 특징적인 것은 '밤의 풍경'이다. 서구 낭만주의가 즐겨 노래한 세계의 '밤의 측면'을 시의 주요 테마로 삼은 시인은 러시아에서는 튜체프뿐이었다. "그대 밤바람이여! 그대는 무엇 때문에 울부짖고 있는가?"«Что ты воешь, ночной ветер» 라는 시에서 보면 낮은 밤을 가리는 장막에 지나지 않으며, 그 저편에는 세계의 존재의 근원인 카오스가 미친 듯 날뛰며 암흑의 힘으로 인간을 마계로 유인하고 있다.

그는 또한 밤을 '이루 표현할 수 없는 우수의 시간'이라고 말하고 있다. 튜체프의 시의 주제는 어느 것이나 이원적 양극적 대립 속에서 구가되고 있다. 낮과 밤, 밝은 색채와 어두운 색채의 대립, 세계를 창조하는 원동력인 생과 질서와 미의 세계인 코스모스와, '만물의 어버이'이며 참된 실재인 '무'의 세계인 카오스와의 대립이다. 혼속에는 카오스가 숨겨져 있고, 혼은 언어에 의해 스스로를 나타낼 수가 없다. 그는 시 "침묵"«Silentium»에서 "말로 나타난 사상은 거짓이다/ 침묵을 지켜라, 몸을 숨겨라/ 감정도 사상도 마음 속 깊이 묻어 두라./ ... 혼속에서야말로 전 세계가,/ 신비스러운 매혹의 사념의 세계가 나타난다."고 하고 있다.

때문에 러시아에 대한 튜체프의 태도도 '양극적'이다. 푸시킨은 러시아 자연의 수치스러움에 가득 찬 매력, 단조로움과 가난 속에 있는 아름다움을 찬미했지만 세브이료프(Шевырев), 네크라소프와 마찬가지로 튜체프도 러시아를 '초라하고 가난한' 어머니로 보았다. 그에게 러시아는 '가난한 마을, 초라한 자연, 꾸밈없는 순박한 모습'으로 비쳐졌지만, 이 땅을 또한 그리스도가 '노예의 모습으로 십자가의 무거운 고통의 짐을 짊어지고 축복을 내리며 편력을 거듭했던' 땅으로 찬양하고 있다.

튜체프는 푸시킨의 경우처럼 언어학적 관점에서 보면 매우 흥미로운 현상이다. 공적으로나 사적으로 그는 프랑스어만을 사용했고, 사교계에서의 재담은 물론 정치 논문이나 명문으로 알려진 서한도 모두 프랑스어가 표현 수단이었다. 그는 두 번 결혼을 했는데 두 사람의 바바리아 귀족 출신의 아내도 러시아어를 못했다. 튜체프에게 러시아어는 민중과의 의사소통, 그리고 시의 용어로만 사용되었다. 그러나 그로서는 '산문의 용어'였던 프랑스어로 쓴 시에는 걸작이 드물었다는 사실과, 죽음 직전까지도 두뇌의 힘이 쇠퇴하지 않았던 튜체프에게 끝까지 남아 있었던 것은 프랑스어의 능력이었다는 사실은 매우 흥미로운 일이다. 그는 푸시킨 시대를 훨씬 지나서 러시아 사실주의 문학의 절정기에 세상을 떠났다.

<참고 문헌>

«Полное собрание сочинении». П.В. Быков, 1913.

«Полное собрание стихотворении». Г.И. Чуков, 1933.

И.С. Аксаков, «Биография Федора Ивановоича Тютчева.» 1886.

Borys Dilokur, *A Concordance to the Russian Poems of Fedor I. Tiutchev*. 1975.

R.A. Gregg, *Fedor Tiutchev: The Evolution of a Poet*. 1965.

Бессонница

I	
Часов однообразный бой,	_ ⊥ _ ○ _ ⊥ _ ⊥
Томительная ночи повесть!	_ ⊥ _ ○ _ ⊥ _ ⊥ _
Язык для всех равно чужой	_ ⊥ _ ⊥ _ ⊥ _ ⊥
И внятный каждому, как совесть!	_ ⊥ _ ⊥ _ ○ _ ⊥ _

II	
Кто без тоски внимал из нас,	\ ○ _ ⊥ _ ⊥ _ ⊥
Среди всемирного молчанья,	_ ○ _ ⊥ _ ○ _ ⊥ _
Глухие времени стенанья,	_ ⊥ _ ⊥ _ ○ _ ⊥ _
Пророчески−прощальный глас?	_ ⊥ _ ○ _ ⊥ _ ⊥

III	
Нам мнится: мир осиротелый	_ ⊥ _ ⊥ _ ○ _ ⊥ _
Неотразимый Рок настиг −	_ ○ _ ⊥ _ ⊥ _ ⊥
И мы, в борьбе, природой целой	_ ⊥ _ ⊥ _ ⊥ _ ⊥ _
Покинуты на нас самих;	_ ⊥ _ ○ _ ⊥ _ ⊥

IV	
И наша жизнь стоит пред нами,	_ ⊥ _ ⊥ _ ⊥ _ ⊥ _
Как призрак, на краю земли,	_ ⊥ _ ○ _ ⊥ _ ⊥
И с нашим веком и друзьями	_ ⊥ _ ⊥ _ ○ _ ⊥ _
Бледнеет в сумрачной дали;	_ ⊥ _ ⊥ _ ○ _ ⊥

V	
И новое, младое племя	_ ⊥ _ ○ _ ⊥ _ ⊥ _
Меж тем на солнце расцвело,	_ ⊥ _ ⊥ _ ○ _ ⊥

А нас, друзья, и наше время　　_ ⊥ _ ⊥ _ ⊥ _ ⊥ _
Давно забвеньем занесло!　　_ ⊥ _ ⊥ _ ○ _ ⊥

VI

Лишь изредка, обряд печальный　　_ ⊥ _ ○ _ ⊥ _ ⊥ _
Свершая в полуночный час,　　_ ⊥ _ ○ _ ⊥ _ ⊥
Металла голос погребальный　　_ ⊥ _ ⊥ _ ○ _ ⊥ _
Порой оплакивает нас!　　_ ⊥ _ ⊥ _ ○ _ ⊥
(1829)

감 상

시작법

이 시는 약강 4음보 율격의 4행 1연 시이다. 그리고 총 6연으로 구성되어 있어 전체 시행은 24행이다. 특별히 주의를 기울여 분석해야 할 율격이 아니다. 다만, 각운은 별도의 언급이 있어야 한다. 우선 이 시의 각운 전체를 살펴보면 다음과 같다. aBaB cDDc EfEf GhGh IjIj KlKl. 모두 6연인데 앞의 두 연과 마지막 네 연의 각운이 다르다. 그리고 뒤 4연의 각운 형태가 동일한 것에 비해 앞 두 연의 각운형태는 그마저 서로 다르다. 결국 제1연과 제2연의 각운이 다르고 나머지 4연의 각운 형태가 동일하다고 결론지을 수 있다. 즉 첫 연의 각운은 남성과 여성이 교차 각운을 이루고 있다. 제2연의 각운은 남성 각운이 여성 각운을 감싸고 있는 환상 각운이다. 그리고 나머지 4연의 각운 형태는 여성 운과 남성 운이 교차 각운을 이루고 있음을 알 수 있다. 대단히 다양한 형태를 조합하고 있는데 그 이유를 시의 내용에서 찾아야 함은 이 시를 진지하게 읽는 독자의 몫이 될 것이다.

[제 목]

이 시의 제목은 "불면"이다. 내용과 불가분의 관계에 있는 제목이므로 내용을 구체적으로 분석함으로써 그 뜻이 저절로 드러날 것을 기대한다.

제1연

첫 행의 해석은 두 가지로 할 수 있다. 즉 '시계의 소리가 단조롭다.'라는 완전한 문장으로의 해석과 '단조로운 시계의 소리'라는 명사구로 해석을 할 수도 있다. 이는 러시아어의 형용사 장어미형의 활용 덕분이다. 형용사의 장어미형은 술어의 기능을 가지고 있어 이 행의 첫 번째와 같은 해석을 가능하게 한다. 그리고 형용사의 장어미형이 수식의 기능을 할 때에는 두 번째와 같은 해석이 가능해 진다. 문법적으로 가능한 이 두 가지 해석 중 필자가 선호하는 것은 당연 두 번째 해석이다. 그 이유는 두 번째 해석이 훨씬 더 시적이기 때문이다. 일정하게 나는 시계 소리가 단조로운 것에 주의를 기울이고 있는 화자의 심적 상태를 엿볼 수 있다.

두 번째 행도 마찬가지 구문이다. 따라서 보다 시적인 해석을 해 보면 '밤의 싫증나는 이야기!'이다. 여기에서 이야기를 수식하는 형용사 'томительный' 의 해석은 논쟁거리가 될 수 있다. 사실, 이 단어의 기본적인 의미는 '지치게 하는', '괴로운', '싫증나는'으로 그 어떤 것을 선택하더라고 문법적인 차원에서의 해석에는 아무런 지장이 없다. 선택은 독자의 몫이며 어떤 의미로 이해를 하느냐에 따라 시 전체를 이해하고 감상하는데 미묘한 차이를 만들 것임은 분명하다. 아무튼 이 시의 첫 두 행에서 나란히 병치시키고 있는 내용은 '밤에 규칙적인 시계소리가 들리고 늘 오가는 그런 얘기들이 오가고 있는 상황'을 설정하고 있다.

나머지 두 행은 복문을 이루고 있다. 세 번째 행의 내용은 '언어는 모든 사람에게 다 똑같이 낯설다'이다. 즉 사람들이 모여 하고 있는 언사는 서로서로에게 다 동일한 수준에서 익숙지 않다는 것인데, 밤에 모여 함께 대화를 나누는 사람들이 서로 아는 사이임을 전제해 볼 때 흥미롭지 않을 수 없다. 이는 모르는 사람들이 모인 저녁을 그리는 것이 아니고 우리가 비록 알고 있다고 생각하는 사람들끼리 나누는 대화일망정 일상적이고 피상적이어서 내적인 어떤 교감이 있을 수 없음을 지적하고 있다. 그렇기 때문에 화자는 마지막 행에서 '마치 양심처럼 모든 사람에게 다 명료하다.'고 하고 있다. 자칫 자기모순적인 발언처럼 보일 수도 있겠으나 각 개인마다 자신의 양심이야말로 가장 잘 알고 있기 때문에 서로가 나누는 대화가 내밀한 감정이 없는 정도가 자기의 양심만큼이나 명백하다는 비교를 하고 있어 두 가지 내용이 상통하고 있음을 알 수 있다.

제2연

이 연은 하나의 커다란 의문문을 이루고 있다. 화자가 이 연에서 묻고 있는 것은 '우리들 중 누가 들었는가?'의 문장 구조이다. 결론은 우리들 중 아무도 들은 사람이 없다는 것이다. 물론, 이 문장을 보충하고 있는 다른 정보를 분석해 보아야 한다. 무엇을 들었는가는 두 가지이다. 첫째는 '신음의 귀먹은 시간들'이고 둘째는 '예언적으로 이별을 고하는 목소리'이다. 낭만주의 시답게 두 가지 모두가 시인의 내밀한 감정의 표현이기에 선뜻 정확한 뜻을 집어내기가 쉽지 않다. '신음의 시간'이라고 한다면 충분히 이해할 수 있는 표현이다. '신음을 하고 있던 시간' 정도로 이해를 하면 된다. 하지만, '귀먹은 시간'을 이해하는 것은 난해한 일이다. 실제로 러시아어 표현에서 형용사 'глухой'가 시간을 나타내는 말들과 조합될 때 다양한 뜻을 지닌다.

예를 들어 'глухое время года'라는 것은 '철이 지나 시들한 때'를 말한다. 그리고 'глухая ночь'는 '모든 것이 깊은 잠에 빠진 밤'을 뜻하며 'глухая пора' 는 '야간', '늦가을', '쇠퇴기' 등의 의미를 지닌다. 이제는 '신음의 귀먹은 시간들'에 대한 일말의 추측이 가능해 졌다. 이 시의 제목이 시사해 주듯 화자는 불면을 겪고 있으며 밤 시간에 탄식의 시간을 보내고 있는데 그 시간을 '신음의 귀먹은 시간들'로 표현하고 있다. 여기에는 현실적으로 오가는 사람들의 피상적 대화가 귀에 들어오지 않음도 포함되어 있다. 두 번째 들은 것은 '예언적으로 이별을 고하는 목소리'이다. 평소에 하던 사람의 인사가 마치 '예언적으로 이별을 고'하고 있음을 직감하는 것이다. 즉 평상시와 다름없는 인사이겠지만, 화자의 직감으로는 그 인사가 이제는 영원한 안녕을 고하고 있는 것이다.

다시 첫 행으로 돌아가 이런 '신음의 귀먹은 시간'과 '예언적으로 안녕을 고하는 목소리'를 들은 사람이 우리들 중 누구인가라는 질문에서 듣는 행위에 대한 보충 정보가 있다. 듣는 동작의 대상이 이토록 부정적이기 때문에 듣는 사람의 행위 역시 단순할 수 없다. 따라서 우리들 중 누가 이런 두 가지 대상을 '우수 없이' 들었는가 하고 묻고 있다. 즉 누구든 우리 모두는 '신음의 귀먹은 시간들'과 '예언적으로 이별을 고하고 있는 목소리'를 우수를 느끼며 들었다는 주장이 된다. 그리고 이런 관계를 더욱 심화시키기 위해 화자가 듣고 있는 시간적 배경을 설명해 주는 것이 바로 제2행의 내용이다. '온 누리가 침묵하고 있는 가운데'에서 듣고 있는 것이다. 밤의 시간이다. 따라서 '신음의 귀먹은 시간'은 현재 화자가 처하고 있는 시간적 환경과도 간접적으로 연관 지어 이해를 한다면 시의 내용이 보다 풍요로워질 수 있다.

제3연

이 연에서 화자는 일반론을 펴고 있다. '고아가 되어버린 이 세상은 반박하기 어려운 운명에 처한 것처럼 우리에게 여겨진다.'이다. 일상적인 저녁을 보내면서 사람들 사이의 공허한 얘기들, 그저 시계 소리만 단조롭게 들리는 이 저녁에 화자에게 이 세상은 고아가 되어버렸다. 외롭다. 부모를 잃은 어린아이다. 그리고 외롭고 부모를 잃어버린 그 세상은 반박하기 어려운 운명에 처하게 되었다. 운명 자체도 어거(馭車)하기 어렵거니와 시인은 그 운명이 '반박하기 어려운', '어거하기 어려운' 운명이라고 지칭하고 있다. 그 운명을 표기하기 위하여 시인은 이 단어를 대문자로 쓰고 있음에 주의를 기울이자.

'그래서 우리는 투쟁 속에서 온 자연으로 인해 우리 스스로에게 던져져 버렸다.'라고 하는 것이 나머지 두 행의 내용이다. 세상이 고아가 되어버렸고 거역하기 어려운 운명에 처해버렸으므로 우리 인간들도 자연과도 분리되어 인간 스스로만 남는 처지에 이르게 되었다는 화자의 주장이다. 문제는 인간이 '투쟁 속에서' 그렇게 되었다는 것인데, 여기서는 어떤 투쟁을 말하는지 구체적인 어떤 투쟁이 존재하는지의 여부를 알 수 없다는 것이다. 가장 보편적인 해석은 인간의 존재 자체를 투쟁으로 보고 자연 속에 위치한 인간의 삶 전체를 투쟁으로 보는 견해다. 따라서 인간은 살아오면서 혹은 존재하면서 자연으로부터 완전 분리되어 인간 스스로에게 던져진 존재가 되었다는 내용이라고 할 수 있다.

제4연

'그래서 우리의 인생은 마치 땅 끝에 서 있는 망령처럼 우리

앞에 서 있다.' 이것이 이 연의 첫 두 행의 내용이다. 인간이 존재함으로 자연스럽게 인생을 맞대고 사는 것은 당연한 일이다. 그런데 그 인생이 지금은 망령처럼 우리 앞에 서 있다. 물론, '땅 끝에 서 있는 망령'이 구체적으로 무엇을 의미하는지 혹은 무언가의 상징으로 사용되고 있는지는 알 수 없다. 다만, '환상', '환영', '유령', '망상', '환상'으로도 번역될 수 있는 이 'призрак'은 최소한 실체적이지 않으며 구체적이지도 않아서 손에 쥐거나 만지거나 명확하게 이해 할 수 있는 그 어떤 것이 아님은 분명하다.

이 연의 나머지 두 행에서도 시인의 내면을 드러내는 개인적인 감정의 측면은 계속된다. '그리고 우리의 그 인생은 우리의 시대와 우리의 친구들과 함께 어슴푸레 어두운 먼 곳에서 창백해져 가고 있다.' 첫 행의 '인생'이 여전히 주어이며 술어는 '창백해져 가고 있다'라는 현재 시제의 동사이다. '시대'와 '친구들'이 함께 하는 것은 이 세상의 삶에서 시간과 공간의 요소를 달리 표현하고 있다. 따라서 3차원적인 즉 우리의 일상적인 삶은 또렷이 볼 수 있는 곳이 아닌 희미한 먼 곳에서 꽃으로 활짝 피어나는 것이 아니라 시들어 간다는 논지다. 생에 대한 상당히 의기소침한 태도이다. 그렇기에 이 서정적 자아는 잠을 이룰 수 없다. 삶의 의미가 퇴색하고 있기에 평안한 휴식을 취하는 저녁 시간이 아니다. 내일 일어나서 활기차게 그리고 희망에 차서 하루를 시작할 그 어떤 것도 없는 인생이기 때문이다.

제5연

시대가 바뀌고 그에 따른 세대교체에 관한 내용이 이 연에서 이어지고 있다. '그리고 새롭고 젊은 종족은 그러는 사이 태양에서 꽃을 피웠다.' '그런데, 친구들이여, 그 종족은 우리와 우리의 시대를 이미 오래 전에 망각 속으로 데려가 버렸다오!' 'племя'를 '종족'으로 번역 할 것인가 아니면 '세대' 번역할 것인가는 사전적 의미로는 큰 차이를 만들지 않는다. 다만, 화자가 살고 있는 세상이 고아가 되어버렸고 또 삶이 시들어가고 있기에, 이것을 대체하는 이 단어의 해석은 '종족'도 그다지 나쁘지 않다고 사료된다. 물론, '태양에서 꽃을 피우고'의 표현 역시 문자 그대로 이해를 해서는 곤란하다. 이글이글 타오르는 태양에서 그 어떤 것도 꽃을 피울 수는 없기 때문이다. 다만, 앞에서 언급한 '세상'이라는 단어와 연관을 지어 생각해 볼 때 태양 아래의 세상을 의미하는 것은 당연하다. 따라서 새 세대는 태양 아래의 세상에서 번성했다라고 이해를 하면 될 것이다. 그리고 새로이 세대를 교체하는 신세대는 우리와 우리의 시간을 망각 속에 넣어버렸다는 것은 세대교체로 인한 자연적인 현상이다. 오로지 이 서정적 자아가 그것을 인식하고 있음으로 독자들 역시 그 사실을 상기하지 않을 수 없다는 것만 지적하면 충분하다.

제6연

이 시의 마지막 연이다. 화자의 세상에 대한 인식 차원에서 내밀한 마음을 드러내고 있는 이 시에서 마무리를 짓기 위한 역할을 하는 마지막 연으로 이 연은 다시 첫 연에서와 마찬가지로 주변에 대한 묘사를 하고 있다. '그저 가끔, 자정의 시각에 슬픈 장례식을 치르면서, 장례식 쇠 종소리가 때로 우리의 죽음을 애도하고 있다!' 저녁 시간에 시작된 이 시가 이제는 자정에 이르렀음을 추측할 수 있다. 시간의 흐름을 잘 표현하고 있다. 화자의 세대가 신세대에 의해 교체가 되고 있음으로 화자의 세대가 죽었음을 드러내고 있다. 자정이라는 시각 역시 하루의 마지막 순간으로 화자 세대의 종말과 일치하는 순간이다. 또한 자정이 지나고 나면 새 날이 시작됨으로 그 또한 새로운 세대의 출현에 대한 상징으로 역할을 할 수 있다. 분명한 것은 새로운 세대의 출현에 대한 희망, 새 시대를 축하하는 것이 아니라 화자의 세대가 사라짐에 대한 안타까움을 표현하고 있다는 사실이다. 개인적으로 세대교체를 이토록 처절하게 인식하고 있음으로 화자는 잠을 이룰 수 없을 것이다. 흥미로운 것은 70세까지 산 시인의 생애 중에서 26세에 이 시를 썼다는 시인의 인생에 대한 깨달음의 깊이다.

세대의 교체와 세월의 흐름에 대한 화자의 아쉬움, 밤에 잠을 이루지 못하고 있는 복잡다단한 심리상태, 인생의 무의미함 등으로 인해 이 시의 각운 형태가 복잡하게 조합되어 있다고 해도 지나친 해석은 아니다.

Silentium

Молчи, скрывайся и таи	_ ⊥ _ ⊥ _ ○ _ ⊥
И чувства и мечты свои –	_ ⊥ _ ○ _ ⊥ _ ⊥
Пускай в душевной глубине	_ ⊥ _ ⊥ _ ○ _ ⊥
Встают и заходят оне	_ ⊥ _ ○ _ ⊥ _ ⊥
Безмолвно, как звезды в ночи, –	_ ⊥ _ ⊥ _ ⊥ _ ⊥
Любуйся ими – и молчи.	_ ⊥ _ ⊥ _ ○ _ ⊥
Как сердцу высказать себя?	_ ⊥ _ ⊥ _ ○ _ ⊥
Другому как понять тебя?	_ ⊥ _ ⊥ _ ⊥ _ ⊥
Поймет ли он, чем ты живешь?	_ ⊥ _ ⊥ \ ⊥ _ ⊥
Мысль изреченная есть ложь.	\ ○ _ ⊥ _ ○ \ ⊥
Взрывая, возмутишь ключи,–	_ ⊥ _ ○ _ ⊥ _ ⊥
Питайся ими – и молчи.	_ ⊥ _ ⊥ _ ○ _ ⊥
Лишь жить в себе самом умей –	\ ⊥ _ ⊥ _ ⊥ _ ⊥
Есть целый мир в душе твоей	\ ⊥ _ ⊥ _ ⊥ _ ⊥
Таинственно–волшебных дум;	_ ⊥ _ ○ _ ⊥ _ ⊥
Их оглушит наружный шум,	_ ○ _ ⊥ _ ⊥ _ ⊥
Дневные разгонят лучи, –	_ ⊥ _ ○ _ ⊥ _ ⊥
Внимай их пенью – и молчи!	_ ⊥ _ ⊥ _ ○ _ ⊥

(1830)

감 상

시작법

6행이 한 연을 이루고 총 3연으로 구성된 시어서 총 시행은 18행이다. 약강 4보격이 이 시의 율격이며 각운은 흥미롭게도 모두 남성 각운이다. 그리고 이 남성 각운이 모두 인접하게 되어 있어 aabbcc의 형태를 띠고 있다.

이 시의 내용과 각운형태와는 절대로 무관하지 않다. 이 시의 첫 단어와 마지막 단어가 동일한 것이며 '침묵하다'라는 동사의 2인칭 단수 명령형이다. 따라서 시 전체의 분위기가 남성적인 분위기의 '명령'이 주된 정조를 이루고 있음으로 시인은 이 시의 각운을 모두 남성으로 처리하고 있다.

더더욱 흥미로운 것은 각 연의 마지막 행이 모두 이 시의 첫 단어와 동일한 'молчи'이다. 그럼에도 불구하고 이 단어와 각운을 이루고 있는 단어는 세 연 모두에서 다르게 구성되어 있어 시인의 천재성을 확인할 수 있다는 점이다. 제1연에서는 'ночи'가 각운을 이루고 있고 제2연에서는 'ключи'가, 그리고 제3연에서는 'лучи'가 각운을 이루고 있다. 한 행의 각운을 이미 고정시켜 놓고 다른 행의 각운을 시의 내용과 정확하게 맞아떨어지게 하면서 각운의 다양성을 추구하고 있다.

[제 목]

라틴어로 제목을 달았다. 이 제목의 뜻은 '침묵'이다. 러시아어 단어에도 '침묵'을 표현하는 단어는 엄연히 있다. 그런데도 시인은 이 시의 제목을 라틴어로 달고 있는데, 그 이유는 아무래도 철학적인 뉘앙스를 보다 더 심화시키기 위함이 아닐까 조심스럽게 짐작해 본다.

第1연

제1연에서 활용되고 있는 모든 동사는 다 명령형이다. 사용된 동사는 7개이며 그 중 두 개만 3인칭 명령형이고 나머지 5개는 모두 2인칭 단수 명령형이다. 따라서 이 연의 내용은 기본적으로 '해라!'이다.

첫 행에서 세 가지 명령이 내려지고 있다. '침묵하라', '감춰라', '숨겨라'가 그것이다. 여기에서 점잖게 첫 명령을 해석하여 '침묵하라'고 하였지만, 시 전체를 읽어보면 차라리 '입 닥쳐'가 더 적절한 우리말 해석임을 부인할 수 없다. 명령을 받는 객체 즉 이 시 속에서 대화를 하고 있는 화자와 그의 상대, 그리고 시인과 이 시를 읽고 있는 독자의 관계가 '너'의 관계다. 따라서 2인칭 단수 명령을 하고 있다. 아주 친밀하고 가족이나 연인과 같은 사이이거나 신과 인간과의 관계처럼 분리하여 생각하거나 존재할 수 없는 사이다.

그 다음 행에서는 앞 행에서 내린 명령 즉 '감추고', '숨기는 것'의 내용에 해당되는 목적어들인데 두 가지가 복수 대격으로 제시되고 있다. 첫 목적어는 '자신의 감정들'이다. 그리고 두 번째 목적어는 '자신의 꿈들'이다. 그러니까 '자신의 감정들을 감추고 숨기고 또 자신의 꿈들도 감추고 숨기라'고 명령하고 있다. 우선은 입을 닥치고 말을 하지 말며, 그 다음에는 자기의 마음속에서 생겨나는 감정이나 꿈들을 남들에게 드러내 보이지 말라고 명령하고 있다. 가히 침묵을 지키는 완벽한 상태이다.

그 다음 두 행에서는 자신의 마음속에서 일어나는 감정들과 꿈들을 어떻게 하면 좋은지에 대한 명령을 하고 있다. 즉 '자신의 마음속에서 일어나는 감정들과 꿈들은 영혼의 깊은 속에서 일어났다가 사라지게 내버려 두라'는 것이다. 드러내어 남들에게 말하고 호들갑을 떨지 말고 그저 마음속에, 영혼의 깊은 곳에서 그런 감정들과 꿈들이 생기게도 내버려 두고 또 사라지거든 그 또한 내버려 두라는 언술이다.

그리고 마지막 두 행에서도 논리적으로 동일 연장선상에서 화자가 상대에게, 시인이 독자에게 명령을 내리고 있다. '마치 밤하늘의 별들을 즐기듯이 그렇게 말없이 자신의 감정들과 꿈들을 그저 즐기기만 해라'고 명령하고 있다. 시끌벅적하게 밤하늘을 별을 즐길 수도 있겠으나, 별들은 말이 없다. 밤은 고요하다. 별들이 총총한 밤은 더더욱 그렇다. 밤하늘 하나 가득한 별들이 수없이 많고 수없이 많이 반짝여도 소리는 없다. 별들의 본질이 그러하듯 그렇게 조용히 즐길 일이다. 자신의 마음속에서 일어나는 온갖 종류의 감정들과 꿈들도 마치 밤하늘의 별을 즐기듯 그렇게 즐기라는 명령이다. 절대로 시끌벅적 남들에게 자랑하고 고백하고 할 일이 아니라는 주장이다. 그리고 이 연의 마지막 단어 역시 첫 단어와 동일하게 '입 닥쳐!'라고 명령 내리고 있다. 즐기기만 하고 입은 닥치라는 뜻이다.

제2연

이 연은 세 개의 연속되는 질문으로 시작하고 있다. 그 첫 번째 질문은 '마음이 어떻게 스스로를 말 할 수 있겠는가?'이다. 이는 우리가 일상사에서 '내 마음을 꺼내어 보여줬으면 속이 시원하겠다.'라고 답답한 심정을 표하는 것처럼 말은 입이 하는 것이지 마음이 하는 것은 아니다. 그리고 마음을 말로 표현하여서는 그 마음 전체를 이루 다 드러낼 수 없음을 말하는 것과 동일한 질문이다.

두 번째 질문은 '다른 사람이 너를 어떻게 이해할 수 있겠니?'이다. 첫 질문에 대한 답이 명백히 부정적이었듯이 이 질문에 대한 답 역시 부정적이다. 즉 '다른 사람이 너를 이해 할 수 없다.'라는 내용이다. 서로가 서로를 속속들이 이해하고 산다고 여기는 부부들이 종종 이혼을 하는 것을 보고, 경제가 좋아지고 산업이 발달할수록 이혼율이 더 증가하는 것을 볼 수 있다. 서로가 서로를 이해한다고 하는 것은 일종의 바람이요 또는 착각에 불과하다.

세 번째 질문 역시 두 번째 것과 맥을 같이한다. '네가 무엇으로 살아가는지 그 사람이 이해를 하겠는가?'이다. 답은 역시 '그 사람은 절대로 네가 무엇으로 살아가는지 이해 할 수 없다.'이다. 네게 소중한 것이 다른 사람에게는 하찮은 것이 될 수도 있고, 네게는 하찮은 것이 다른 사람에게는 존재 자체를 좌지우지하는 요소가 될 수도 있다. 그러니 '나'를 기준으로 무엇이든 판단을 하게 되어 있는 인간에게 그것이 얼마나 어불성설인지의 교훈을 시인은 주고 있다. 여기에서 '그 사람'은 마치 '너'에게 명령을 내리는 것이 시를 읽는 모든 독자를 설정하듯이 일반인을 지칭한다.

다음 행은 이 시의 내용상 가장 중심이 되는 행이다. '말로 표현된 사상/진리는 다 거짓이다.' 대단히 흥미로운 구절이다. 인간이 불완전 존재라는 전제가 있어야 논리적으로 정 명제 선언이 된다. 불완전한 인간의 산물인 언어 역시 불완전할 수밖에 없게 된다. 이렇게 불완전한 존재인 인간이 그가 만들어 낸 도구인 역시 불완전한 언어로 '완전함' 그 자체인 '진리'를 표현할 수는 없는 법이다. 따라서 '인간의 언어로 표현된 진리는 다

거짓'이라고 시인이 단언하고 있다. 철학적으로 대단히 깊이가 있는 명제이다.

그리고 시인 튜체프와는 아무 상관이 없는 즉 간텍스트성이 존재하기 어려운 다른 텍스트에서도 이와 유사한 진리 선언을 발견할 수 있다. 첫 번째 것은 중국의 철학자 노자에게서다. 노자는 그의 저서 『도덕경』의 첫 구절에서 "道可道 非常道, 名可名 非常名"이라고 선언했다. 한학자들과 철학자들의 구구절절한 해석이 있지만, 공통적인 해석은 '어떤 것을 도 즉 진리라고 할 수 있다면, 그 도는 영원히 변하지 않고 늘 그러한 도가 아니며, 어떤 것을 이름 지을 수 있다면 그 이름 지어진 것은 늘 그러하여 영원히 변하지 않는 그런 이름이 아니다.'라는 것이다. 무엇이든 말로 표현을 해 놓고 보면 그 말로 인해 표현되어진 실체는 다른 모습으로 변해버리기 때문에 '언제나 그러한 즉 변하지 않는 것'은 없음을 지적하고 있다. 따라서 변하는 범주를 초월하는 진리는 한계를 속성에 담고 있는 인간의 언어로는 표현할 수 없다는 것이 이 구절의 핵심이다.

우리는 부처님의 "염화미소(拈華微笑)"(대범천왕문불결의경(大梵天王問佛決疑經))에서도 유사한 교훈을 얻어야 한다. 이 경전의 진 · 위라든가 이 용어와 관련된 "교외별전(敎外別傳)" 혹은 "불립 문자(不立文字)"와 같은 것을 논하고자 함이 아니다. 다만, 결론적으로 얘기해서 '이심전심(以心傳心)'을 설명하기 위해 부처님께서 사용했던 방법 그 자체에 초점을 맞출 필요가 있다. 부처님께서 득도를 하신 내용을 제자들에게 말로 설명할 수 없었다. 인간의 말로 도를 가르칠 수 없는 한계를 누구보다도 부처님께서 절감하셨을 것이다. 그래서 고안한 방법이 꽃을 들어 시중에게 보여주신 것이다. 도는 말로 전해지는 것이 아

니다. '말로 표현된 진리/사상은 다 거짓이다.'

그러니까 '샘물을 휘저으면 구정물만 되는 법. 그저 그 샘물 한 모금 마시고 입 닥칠' 수밖에 없다. 진리를 말로 가르치려 하고 표현하려고 하면 결국은 진리만 지저분해져 보인다. 그저 진리를 느끼고 명상하였다면 그 한 모금의 진리에 감사하고 만족해야지 그 자체를 더럽히려 해서는 안 된다는 것이다. '말로 표현된 진리는 거짓이다.'

제3연

이 연의 첫 명령은 '자기 스스로 안에서 사는 법을 익히기나 해라.'이다. 다른 사람에게 사는 법을 가르치려 들거나 강요하려 들지 말고 '너나 잘 살아라'라는 얘기이다. 사람마다 다 개성이 있고 사는 법이 다르기 때문에 스스로 사는 법을 터득하라는 주장이다. 다른 사람에게서 본을 받아 그 사람처럼 똑같이 살 수 있는 것도 아니다. 어차피 인생은 개개인의 몫이다. 스스로 인생을 살아가야지 다른 사람에게 의지해서 살 수는 없는 노릇임을 주장하고 있다.

그래서 시인은 '너의 영혼 속에 비밀스럽고도 마법적인 생각의 온전한 세상이 존재하고 있다.'는 것을 지적해 준다. 하나의 온전한 세상이 너의 영혼 속에 있다. 다른 사람의 영혼 속에 있는 것은 그 사람의 것이지 너의 것이 아니다. 그 사람에게 달라고 할 수도 없고 너의 것을 줄 수도 없는 것이 인생이다. 그래서 너의 영혼 속에 있는 온전한 세상은 비밀스럽다. 그리고 그 세상에서는 모든 것이 다 가능하다. 그래서 '마법적'인 세상이 너의 영혼 속에 존재하는 것이다. 따라서 제1연에서 명령을 했던 것처럼 너의 생각이나 꿈들이 네 영혼 속에서 생겨

났다가 사라지도록 내버려 두라고 명령한다.

'겉으로 들리는 소음이 비밀스럽고도 마법적인 생각들을 귀먹게 할 뿐, 낮의 빛이 그것들을 보이지 않게 쫓아버리는 법. 그러니까 그것들의 노래에 귀를 기울이고 그리고 입 닥쳐라!'고 명령하고 있다. 우리가 귀로 듣는 것을 진실한 것 또는 실체라고 믿는다. 우리가 눈으로 백일하에서 눈으로 보는 것을 진실한 것 또는 실체라고 믿는다. 그러나 귀와 눈에 의지하지 않고 마음의 귀로 듣고 마음의 눈으로 보아야 진실한 실체를 볼 수 있는 것이다. 따라서 인간의 오감 기관 중 귀와 눈에만 의존하여 느끼는 것을 전부인 양 치부해서는 안 된다. 오히려 실체를 들을 수도, 볼 수도 없게 된다. 자기 자신의 생각에 주의를 기울여 보고 그리고 침묵해야 한다!

***

В душном воздуха молчанье,   ⊥ _ ⊥ _ ○ _ ⊥ _
Как предчувствие грозы,   ⊥ _ ⊥ _ ○ _ ⊥
Жарче роз благоуханье,   ⊥ _ ⊥ _ ○ _ ⊥ _
Звонче голос стрекозы...   ⊥ _ ⊥ _ ○ _ ⊥

Чу! за белой дымной тучей   ⊥ _ ⊥ _ ⊥ _ ⊥ _
Глухо прокатился гром;   ⊥ _ ⊥ _ ○ _ ⊥
Небо молнией летучей   ⊥ _ ⊥ _ ○ _ ⊥ _
Опоясалось кругом!..   ○ _ ⊥ _ ○ _ ⊥

Жизни некий преизбыток   ⊥ _ ⊥ _ ○ _ ⊥ _
В знойном воздухе разлит   ⊥ _ ⊥ _ ○ _ ⊥
Как божественный напиток,   ⊥ _ ⊥ _ ○ _ ⊥ _
В жилах млеет и горит!   ⊥ _ ⊥ _ ○ _ ⊥

Дева, дева, что волнует   ⊥ _ ⊥ _ ⊥ _ ⊥ _
Дымку персей молодых?   ⊥ _ ⊥ _ ○ _ ⊥
Что мутится, что тоскует   ⊥ _ ⊥ _ ⊥ _ ⊥ _
Влажный блеск очей твоих?   ⊥ _ ⊥ _ ⊥ _ ⊥

Что, бледнея, замирает   ⊥ _ ⊥ _ ○ _ ⊥ _
Пламя девственных ланит?   ⊥ _ ⊥ _ ○ _ ⊥
Что так грудь твою спирает   ⊥ _ ⊥ _ ⊥ _ ⊥ _
И уста твои палит?..   ○ _ ⊥ _ ⊥ _ ⊥

Сквозь ресницы шелковые   ○ _ ⊥ _ ○ _ ⊥ _
Проступили две слезы...   ○ _ ⊥ _ ⊥ _ ⊥
Иль то капли дождевые   ○ _ ⊥ _ ○ _ ⊥ _
Зачинающей грозы?..   ○ _ ⊥ _ ○ _ ⊥

(1836)

감 상

시작법

이 시는 4행 1연 총 6연 시로 총 행의 수는 24행이다. 율격은 강약 4보격이며 각운은 여성 운과 남성 운이 교체되고 있다. 율격에서 특이한 것 하나는 마지막 연인 제6연의 첫 음절이자 익투스에는 강세가 하나도 없다는 점이다. 긴장이 풀린 자연 상태나 화자의 심적 상태를 적절하게 표현하여 느슨해진 느낌을 잘 전달하고 있다.

[제 목]

제목이 없는 이 시는 한 여름 낮 시 속 화자의 심경을 고스란히 하나의 화폭에 그려낸 멋진 낭만주의 시이다. 화자의 심경과 주위 환경과의 변화를 면밀히 관찰함으로 이 시를 이해하는데 그 폭과 깊이를 더했으면 하는 바람이다.

제1연

하나의 조건과 하나의 비유 그리고 두 가지 현상을 묘사하고 있는 연이다. 첫 번째 조건은 '공기의 숨 막힐 듯한 침묵 속'이다. 보통은 우리가 '공기가 숨이 막히는 것'으로 인식을 하는데 시인이 '숨 막힐 듯한 침묵'이라고 표현하면서 '공기'를 같은 표현에 넣음으로 우리의 보편적 인식 체계 위에 새로운 감정을 창출하고 있다. 이런 시적 표현들로 인해 이제는 '침묵'도 '숨이 막힐 정도'가 되어 우리의 인식의 폭이 넓어진 것이다. 하나의 비유 내용은 '마치 천둥의 전조처럼'으로 첫 두 행의 내용으로 보아 계절과 시간대가 명확해졌다. 계절은 공기가 숨이 막히는 여름이고 시간은 천둥의 전조를 볼 수 있는 낮 시간대이다.

첫 번째 현상은 '장미향이 더 강하고'인데 위대한 시인다운 관찰이라고 할 수 있을 것이다. 공기가 숨이 막힐 지경으로 바람 한 점 없으며 주변에 사람 하나 없어 침묵 자체도 숨이 막힐 지경이다. 사변은 꼼짝 않고 있다. 모든 것이 멈춰버린 여름 한낮에 아무나 눈치 채지 못하는 현상 두 개가 일어나고 있다. 그 첫째가 이 고요함 속에 장미꽃 향이 화자의 감각에 더 짙게 느껴진다. 바람이 불어 장미 꽃 향을 다른 곳으로 날라 가기도 하고 대신 다른 냄새를 날라 오는 것에 비해 고요 그 자체 속에서 장미꽃 향을 더 짙게 맡고 있다.

두 번째 현상은 '잠자리 날고 있는 소리가 더 크게 들린다.'는 것이다. 위의 장미꽃 향기가 더 진하게 맡아지는 것과 같은 맥락이다. 잠자리가 나는 소리를 들어보았는가? 주변이 얼마나 조용해야 잠자리의 날갯짓을 들을 수 있겠는가를 상상해 보면 시인의 귀가 대단함을 알 수 있을 것이다. 시인의 오감은 다 이렇게 범부의 한계를 뛰어넘어 작동한다.

제2연

'잘 들어 보라!'라고 이 연의 첫 행에서 화자가 외치고 있다. 이 행의 나머지와 다음 행에서 들어보아야 할 내용이 전개되고 있다. 그것은 '하얀 뭉게구름 너머로 천둥이 들릴 듯 말 듯 우르릉 거렸다.' 폭풍 전야라는 말이 의미하듯 지금 이 시의 시간적 배경은 천둥 직전의 고요함을 느낄 수 있는 때다. 그 고요함 속에 포함되는 것이 아직은 하얀 뭉게구름이다. 하얀 뭉게구름은 비를 동반하지 않는다. 그러기에 화자는 그 뭉게구름 너머의 현상에 주의를 기울이고 있다. 그러기에 화자는 저 멀리서 치는 천둥소리를 '들릴 듯 말 듯'하다고 표현했다. 여기에서 러시아어의 특징 중 하나를 엿볼 수 있다. 우리말에는 의성어나 의태어가 참 잘 발달되어 있다. 하지만, 러시아어에서는 동사의 활용이 자유롭고 풍부하기 때문에 의성어나 의태어가 그렇게 많지 않다. 여기 이 표현에서 사용되고 있는 것 역시 동사 'прокатился'이다. 이 동사의 기본적인 의미 중 이 시행에 가장 잘 맞는 것이 '우르릉 거리다'이다. 따라서 그렇게 해석을 한 것이었다. 하지만, 이 시행과 관련하여 다른 의미에도 주의를 기울일 필요가 있다. 즉 이 동사에는 '굴러가다'의 의미도 있다. 천둥소리가 우르릉 거리는 것이 마치 무언가가 굴러가면서 나는 소리와도 유사함을 지적하고자 한다. 러시아어에서 의성어를 만들어 쓰는 경우보다 이렇게 동사를 활용함으로써 의성과 의태를 동시에 표현할 수 있는 장점이 있다.

이 연의 나머지 두 행에서는 앞에서 천둥소리를 들은 근거를 제시하는 내용이 나온다. '하늘이 날아가는 번개로 자신의 허리에 동그랗게 띠를 둘렀다!' 물론, 번개가 하늘에서 길게 친 현상을 나타낸다. 문제는 여기에서 하늘을 의인화 시켜 마치 하늘 스스로가 번개를 가지고 허리띠를 두른 것처럼 표현하는 데 있다. 따라서 독자들은 시인의 언어를 일상의 언어로 바꾸어 그 내용을 먼저 이해하고 그 다음에 그 표현의 매력에 빠지는 것이 생산적인 시 읽기 방법임을 터득해야 한다.

이 연을 시작하면서 '잘 들어 보라!'라고 화자가 외친 것은 나름대로 이유가 있다. 너무도 멀리 떨어진 곳에서 천둥이 일었음으로 화자는 실제로 그 소리를 듣지 못했을 수도 있다. 듣기가 쉬운 일이 아니었기에 '잘 들어 보라!'라고 외쳤던 것이다. 그러나 그에 대한 확신은 있다. 왜냐하면 번개를 보았기 때문이다. 흥미로운 일은 인간은 번개를 먼저 인식하게 되고 그 다음에 천둥소리를 듣게 된다. 그런데 이 연에서는 천둥을 들은 것에 대해 먼저 얘기하고 그 사실에 의구심이 생기자 번개를 근거로 들고 있다는 논리에 주의를 기울여야 한다.

제3연

'삶의 그 어떤 여분으로 넘쳐흐름이 이 답답한 공기 속에서 사방으로 흐르고, 삶의 그 어떤 여분으로 넘쳐흐름이 혈관 속에서 마치 신의 음료처럼 갈피를 못 잡고 어리둥절해 하며 타고 있다.' 문자 그대로 해석을 하면 이와 같이 무슨 뚱딴지 소리처럼 들린다. 외국어로 된 시를 우리말로 번역할 때의 난점이 그대로 노정되었다. 그러나 차근차근 감상을 해 보면 시인의 혹은 화자의 의도를 알 수 있게 되고 또 그 맛을 느낄 수 있게 된다.

우선, '삶의 그 어떤 여분'이라는 것이 무엇을 말하는지 생각해 보아야 한다. 그게 무엇인지 아직은 몰라도 여름 한낮의 '이 답답한 공기 속에서 사방으로 흐르고 있는 것'은 사실이다. 쉽게 얘기를 풀어가자. 삶의 잉여분이라는 게 무엇이겠는가? 게으름이나 낮잠이 될 수 있을 것이다. 결코 필수불가결한 인생의 요소가 아니라 때로 즐기고 때로 피워볼 수 있는 것이기에 인생의 잉여분이 된다. 그렇다면 게으름이나 낮잠이 '이 답답한 공기 속에서 사방으로 흐르는가?' 선뜻 동의하기 어려울 것이다. 하지만, 여름 한 낮에 비가 한 줄기 세차게 퍼부으려고 온 사방이 고요하고 나뭇잎 하나 까딱하지 않는 정적이 흐르고 있다. 이런 상황에서 낮잠을 한숨 자는 것은 참으로 필요하기도 하려니와 자연스럽기까지 하다. 문제는 낮잠을 자려고 누우니까 사지가 사방으로 퍼지고 있는 서정적 자아의 모습에 대한 묘사다. 인생의 잉여분에 해당하는 게으름을 피우는 것과 낮잠을 청하는 형상을 첫 두 행에서 이렇게 시적으로 표현하고 있다.

나머지 두 행의 내용 역시 이제는 이해하기가 어렵지 않게 되었다. '신의 음료'란 간단히 말해 술을 말한다. 인생의 잉여분이 마치 술처럼 여겨진다는 것이다. 술을 마시면 정신이 혼란스러워지고 신열이 올라가게 된다. 그 사실을 시인은 '인생의 여분이 혈관 속에서 신의 음료처럼 혼란스러워 하고 또 타고 있다'라고 표현한 것이다. 마치 술을 먹은 것처럼 낮잠이 오려고 하는 화자의 심적 육체적 상태를 시적으로 표현하고 있는 연이다.

제4연

화자는 지금 정서적으로나 육체적으로 인생의 잉여분에 취해 있는 상태이다. 이런 상태에서 화자는 다른 사람에게 주의를 기울인다. '아가씨, 아가씨, 젊은 처자 가슴의 안개를 무엇이 뒤흔드나요? 그대 눈동자의 촉촉이 젖은 반짝임을 무엇이 괴롭히고 슬프게 만드나요?', '젊은 처자 가슴의 안개'를 제외하고는 이해하기 어려운 표현이 없다. 내용적 측면의 분석에 앞서 언어적 측면에서 논하여 명백히 할 것이 있다. '여자의 가슴'을 뜻하는 'перси'는 대단히 시적인 단어이다. 또한 여기에서 문제가 되는 것이 '안개'라는 단어로 그것도 지소형(дымка)으로 표현되어 있다. 이 단어의 기본적인 의미는 시적인 표현으로는 아지랑이도 가능하고, 안개, 운무 또 애매모호한 표현도 가능한 의미이다. 시적으로 이해를 하자면, 모든 의미가 다 적용 가능한 것이 사실이다. 처녀의 가슴에는 아무것도 명확하거나 정확하게 정해진 것이 없다. 사랑에 대해서도, 인생에 대해서도 정해진 것이 없기에 또 처녀의 가슴에는 온갖 상념이 생겼다 사라지곤 하기에 이 단어를 활용한 것은 대단히 적절하다. 그리고 감정의 기복이 심한 사춘기 처녀들은 아주 하찮은 일이나 현상만으로 웃기도 하고 울기도 한다. 따라서 여기에 등장하는 처녀의 눈시울 역시 붉어져 촉촉해져 있는 상태이다. 그 이유는 이 처녀의 마음이 괴롭고 또 슬프기 때문이다. 구체적으로 무엇 때문에 이 처녀가 괴로워하고 슬퍼하는지는 전혀 중요하지도 않을 뿐만 아니라 그 이유를 알 수도 없다. 처녀의 마음이 원래 그런 것이기 때문이다. 물론, 이 처녀가 마음이 괴롭고 슬퍼서 눈동자가 젖어 있는 것이 현실적인데 그것을 이 시에서는 이렇게 주객을 전도시켜 표현하고 있다.

제5연

이 연에서도 앞 연에서 언급되고 있는 처자에 관한 내용이 계속되고 있다. 계속되는 구체적인 질문을 두 개 함으로 화자의 심경이나 혹은 이 처녀의 심경을 대변하고 있다. 첫 번째 질문은 '가엾은 처녀여, 무엇이 그대 처녀 뺨의 타오르는 불꽃을 사라지게 하는가?'이다. 역시 이 표현에서도 '뺨'을 나타내는 단어 'ланита'가 일상에서보다는 시에서 더욱 적절하게 사용되는 것이다. 얼굴이 창백해지니 뺨에 뛰던 홍조가 사라진 것은 적이 논리적이다. 다만, 이 처녀가 무엇 때문에 홍조를 잃고 창백해졌는가가 분명하지 않다. 역시 젊은 처자의 마음, 감정의 기복이 심하고 또 이유 없는 웃음과 울음이 혼재하는 처녀의 마음이기에 얼굴에서 홍조가 사라진 것 또한 논리적이거나 구체적인 정황이 없이 전개되는 현상이다.

두 번째 질문은 '그대의 가슴을 무엇이 그렇게 짓누르고 있으며 무엇이 그대 입술을 그렇게 태우는가?'이다. 역시 처녀의 알 수 없는 마음 상태와 그에 따른 처녀의 상태를 표현하고 있다. 이 처녀의 가슴은 짓눌리고 있다. 마치, 온 세상이 숨이 막힐 정도로 고요한 것과 유사한 마음 상태이다. 이 처녀의 가슴이 짓눌리고 있는 정도로 미루어 짐작해 보면 이 처녀의 입술이 바짝 타들어 가는 것 역시 짐작이 가능하다. 가슴은 답답하고 입술은 타들어 가는 처녀의 마음이다. 그것이 실제로 화자의 상상 속이나 화자의 눈앞에 있는 처녀의 모습일 수도 있고, 아니면 현재 화자가 낮잠에 눌려 비몽사몽간에 느끼고 인식하는 여름 한 낮의 더위와, 나른함과, 고요함에 대한 상징적 표현이라고 해도 무난하다.

제6연

이 연에서 드디어 그 처녀의 상황과 자연 현상이 접점을 찾고 있다. '이 처녀의 숱 많은 비단 같은 속눈썹 사이로 눈물 두 방울이 새어 나왔다... 아니면 혹시 이제 막 시작되는 폭풍우의 두 방울 빗물인가?' 여자의 속눈썹 사이로 새어 나온 눈물 두 방울. 한 눈에 한 방울씩이라고 해 두자. 아무런 근거는 없음에도 불구하고 말이다. 그리고 이 눈물과 첫 연에서 언급하였던 아득히 먼 곳에서 울려 퍼진 천둥소리의 결과인 첫 빗방울 두 방울이 만나고 있다. 첫 연에서 제6연의 마지막 두 행에 이르기까지 걸린 시간 안에 그토록 멀리서 들린 천둥이 비가 되어 내리고 있다. 우리나라보다는 평야지대가 더 많은 러시아에서의 자연현상은 더 자주 그리고 더 빨리 변한다. 아주 맑은 하늘을 보이다가도 저 멀리 비구름인 듯 보이면 어느 새 비가 되어 내리는 것을 종종 경험할 수 있다. 그 시간의 흐름 속에 이 시 전체가 들어 있다.

그리고 폭풍 전야의 고요함 속에서 느낄 수 있는 답답함과 공기의 무게감을 처녀의 답답한 마음과 일치시켜 한 폭의 그림을 그리고 있는 시인의 천재적인 시이다.

***

День вечереет, ночь близка,   \ ○ _ ⊥ _ ⊥ _ ⊥
Длинней с горы ложится тень,   _ ⊥ _ ⊥ _ ⊥ _ ⊥
На небе гаснут облака...   _ ⊥ _ ⊥ _ ○ _ ⊥
Уж поздно. Вечереет день...   _ ⊥ _ ○ _ ⊥ _ ⊥

Но мне не страшен мрак ночной,   _ ⊥ _ ⊥ _ ⊥ _ ⊥
Не жаль скудеющего дня,－   _ ⊥ _ ⊥ _ ○ _ ⊥
Лишь ты, волшебный призрак мой,   _ ⊥ _ ⊥ _ ⊥ _ ⊥
Лишь ты не покидай меня!..   _ ⊥ _ ○ _ ⊥ _ ⊥

Крылом своим меня одень,   _ ⊥ _ ⊥ _ ⊥ _ ⊥
Волненья сердца утиши,   _ ⊥ _ ⊥ _ ○ _ ⊥
И благодатна будет тень   _ ○ _ ⊥ _ ⊥ _ ⊥
Для очарованной души.   _ ○ _ ⊥ _ ○ _ ⊥

Кто ты? Откуда? Как решить,   \ ⊥ _ ⊥ _ ○ _ ⊥
Небесный ты или земной?   _ ⊥ _ ⊥ _ ○ _ ⊥
Воздушный житель, может быть,   _ ⊥ _ ⊥ _ ⊥ _ ⊥
Но с страстной женскою душой.   _ ⊥ _ ⊥ _ ○ _ ⊥
(1851)

감 상

시작법

약강 4보격 4연이 한 연을 이루고 있고 총 4연 시이므로 총 시행은 16행이다. 약강 격에 별다른 논의를 필요로 하지는 않지만, 제1연의 첫 행과 마지막 연인 제4연의 첫 단어에 율격에 맞지 않는 강세가 있음을 주의해야 한다. 전체적인 구조를 파악하지 못하고 이 두 곳만 보고 판단한다면 자칫 강약 격으로 오해를 할 수도 있다.

흥미롭게도 각운은 모두 남성 각운이며 교체 각운을 이루고 있어 abab의 형태를 띠고 있다. 모든 각운을 남성으로 채운 것에 대한 나름대로의 근거를 찾는 것 역시 독자의 몫으로 남긴다.

[제 목]

제목이 없는 시이다. 꼼꼼히 읽고 감상을 한다면 낭만주의 세계관과 튜체프의 밤을 선호하는 경향을 잘 이해할 수 있는 시임을 알게 된다.

제1연

'낮이 밤이 되어 가고 있다.'라는 것이 첫 행의 전반부 내용이다. 당연히 낮이 의인화 되어 있다. 하지만 이 행의 후반부는 밤에 관한 얘기인데 의인화 되어 있지 않음을 보아 낮과 밤을 대비하고 있음이 명확하다. '밤이 가깝다.' 해가 저무는 시간대를 묘사하고 있는데 밤이 저녁대의 시간을 넘어 가까이 있다고 인식하고 있는 것으로 보아 화자는 낮이 끝나고 밤이 오는 것을 기대하고 있음을 짐작할 수 있다. 실제로 낮이 저무는 것을 보충설명하고 있는 것이 바로 다음 행인 2행의 내용이다. '산으로부터 그림자가 더 길게 드러눕고 있다.' '산으로부터'라는 표현은 산의 그림자를 의미하며 그 그림자가 산꼭대기에서부터 해가 지는 각도에 따라 점점 더 길게 퍼지는 것을 묘사하고 있다.

제3행에서는 '하늘의 구름들이 불이 꺼지고 있다...'라고 자연묘사가 계속되고 있다. 하늘의 구름은 원래 불이 없다. 다만, 지는 노을이 붉게 타오르듯 태양이 반사되어 마치 그 자체가 발광체인 것처럼 보일 수는 있다. 그것들이 태양의 반사각도가 없어지므로 점점 발광체로서의 기능을 상실해가고 있음을 알 수 있다. 그리고 여기서 간단해 보이지만 주의를 기울여야 할 요소는 생략 부호이다. 이 생략 부호는 시간의 흐름을 직접적으로 보여주고 있다. 즉 시간이 흘러갔음을 의미한다.

그래서 마지막 연의 전반부에서 '이미 늦은 시간이다.'라고 말하고 있다. 그리고 이 행의 후반부는 첫 행의 전반부를 반복하고 있다. 하지만 어순이 바뀌었음을 놓치지 말자. '낮이 밤이 되어가고 있다.' 어순을 바꾼 것은 두 가지 차원에서 이해되어야 한다. 첫째는 둘째 행의 마지막 단어와 각운을 이루기 위해서 이 시의 첫 표현을 문자 그대로 반복할 수는 없다. 다만, 어순을 바꿈으로 완벽하게 율격도 맞출 수 있고 각운도 맞출 수 있게 된 것이다. 두 번째는 첫 행에서는 주어-술어의 구문이었다. 그런데 이 마지막 행에서 어순이 바뀜으로 인해 술어-주어의 구문이 되었다. 따라서 단순 어순의 도치뿐만 아니라 의미상의 중요도 역시 바뀌었음을 느낄 수 있다.

제2연

이 연에서는 첫 두 문장이 동일 구문을 형성하고 있고 나머지 두 문장 역시 다른 종류의 구문을 형성하고 있다. 첫 두 문장은 '내게는 무섭지도 않고 아쉬울 것도 없다.'라는 구문이다. 무섭지 않은 대상은 '밤의 그림자'이다. 즉 낮이 어두워지고 밤이 되어도 그것이 화자에게는 두려움의 대상이 아니라는 주장이다. 이것이 첫 행의 내용이다.

둘째 행의 내용은 '시들어 가는 낮이 내게 안타깝지 않다.'이다. 낮이 어두워져 밤이 된다고 해도 낮이 사라짐에 대한 아쉬움이 화자에게는 없다는 것이다.

재미있게도 바로 앞 행과 비교해 볼 때 밤은 일반적으로 사람들에게 두려움의 대상으로 여겨진다는 전제가 저변에 깔려 있으며 이 행에서 전제되고 있는 것은 낮이 사라진다는 것에 사람들은 안타까움을 느낀다는 것이다. 하지만, 이 두 가지 전제에 대해 화자는 그 반대 입장을 취하고 있음을 알 수 있다.

제3행과 제4행에서는 '밤의 어둠'을 의인화하여 대화상대로 설정하고 있다. '나의 마법적인 환영인 그대는 오직, 오직 그대만은 나를 버리지 말아다오!' 밤의 특징을 묘사하고 있는 이 표현에서 화자의 인식을 또 하나 엿볼 수 있다. 밤의 어둠을 '나의 마법적인 환영'이라고 하고 있다. '마법적인' 어둠은 바로 낮에 눈에 의해 겉모습만 보이고 그 본질들을 알 수 없게 하였던 모든 사물들을 어둠이 감싸고 그로 인해 현상 파악만 가능한 겉모습을 보이지 않게 감추기 때문이다.

그리고 이 밤의 어둠으로 하여금 화자는 자기를 버리지 말아 달라고 부탁을 하고 있다. 화자가 밤을 거부하는 위치에 있는 것이 아니라 밤이 화자를 버릴 수 있는 위치에 있음으로 이들 둘 간의 관계가 자못 흥미롭다. 인간과 자연과의 관계에서 튜체프가 설정하고 있는 것을 들여다 볼 수 있기 때문이다. 누가 누구에게 무엇을 부탁하고 있는가를 파악하면 자명해지는 일이다. 그리고 화자는 밤의 어둠에게 '그대'로 지칭을 하고 있어 대단히 친밀한 관계임을 나타내 주고 있다.

제3연

이 연에서도 화자는 계속해서 밤의 어둠에게 부탁을 하고 있다. 그 첫 번째 부탁은 '밤의 그림자의 날개로 나에게 옷을 입혀다오.'이다. 어둠으로 하여금 자기를 감싸 달라는 것을 '옷을 입혀 달라'고 시적으로 표현하고 있다. '의복이 날개다'라는 우리 표현과 흡사하다고나 할까... '날개로 옷'을 입혀달라고 하고 있다.

두 번째 부탁의 내용은 '내 가슴의 흥분을 차분히 가라앉혀다오.'이다. 물론 방법은 밤의 어둠으로 하여금 그 어둠의 날개로 해 달라는 것이다. 따라서 어둠의 이 날개에는 두 가지 기능이 있다. 첫째는 의복이 되어 옷을 입혀 줄 수도 있고 둘째는 가슴의 흥분을 가라앉힐 수도 있다.

이렇게 옷을 입혀주고 흥분을 가라앉혀주면, '그때는 매혹당한 내 영혼에게 그 그림자가 은총을 베푸는 것이 될 것이다.' 여기에서 화자는 자기의 영혼이 '매혹 당했다'고 하고 있다. 무엇에 의해 매혹을 당했는지는 구체적으로 언급되어 있지 않다.

결론적으로 이 연에서 화자는 자신의 몸이 벌거벗어서 옷을 입을 필요가 있고, 마음이 흥분되어 있어 위안을 받을 필요가 있으며 영혼은 매혹당하여 은총이 필요하고 있음을 알 수 있다. 그리고 이 모든 문제를 해결할 수 있는 것이 바로 밤의 어둠이라는 것이다.

제4연

이렇게 소중하고 화자에게는 이렇게 큰 힘을 지닌 밤의 어둠에 관한 본질적 질문 세 개로 이 연을 시작하고 있다. 첫 번째 질문은 '그대는 누구인가?'로 엄연히 밤의 어둠에게 묻고 있으면서도 '누구'라는 인칭대명사를 활용함으로 의인화를 하고 있다. 그만큼 밤의 어둠은 화자에게 친밀한 것으로 인간과 자연과의 분리 차원이 아니라 자연과 사람의 동일 차원의 인식임을 알 수 있다.

두 번째 질문은 '그대는 어디서 왔는가?'이다. 밤의 어둠이 어디서 오는가에 대한 과학적 질문이 아니다. 태양이 자전하고 지구가 태양 주변을 자전하면서 공전하기 때문에 생기는 각도에 따라 밤과 낮이 바뀌는 것을 의아해 하는 것이 아니다. 그것을 해결책으로 제시한다면 결국 밤은 낮의 산물이 될 수도 있기 때문이다. 밤과 낮 중 어느 하나를 선호하는 화자에게 이런 논리는 필요도 없을 뿐만 아니라 인식 체계에 받아들여질 수도 없는 것이다.

오히려 그 다음 질문에서 밤의 어둠에 대한 본질을 좀 더 구체화 하고 있다. 즉 '그대가 천상의 존재인지 이 지구상의 존재인지 어떻게 알 수 있겠는가?'이다. 흥미롭다. 밤의 어둠이 하늘에 존재하는가? 땅 위에 존재하는가? 사실은 땅 위에서 하늘까지 존재한다. 그런데 여기서 화자가 궁금해 하는 것은 이 어둠의 소속이 어디인가? 하는 것이다. 결국은 인간이 땅 위의 존재이고 밤의 어둠은 인간과는 다른 차원의 천상의 존재라는 것을 암시하기 위해 수사적 질문을 던지고 있다.

그래서 마지막 두 행에서 화자의 입장을 명확히 하고 있다. 그대는 '공중에 사는 자이다.' 여전히 확신을 할 수는 없고 '아마도'라는 양보 구문을 달고 있다. 그리고 또 하나의 구체화를 시도하는데 그것은 '하지만 틀림없이 여성의 열정적 영혼을 지닌 존재'라는 것이다. 밤의 어둠이 여성적임을 주장하고 있다. 여성과 밤, 여성과 어둠의 관계는 마치 동양철학의 음과 양의 철학과 유사성을 지니고 있다고도 할 수 있다. 상호 연관이나 영향 관계는 차치하고라도 말이다. 흥미로운 것은 밤의 어둠과 여성을 단순 동일시하는 것이 아니라 '여성의 열정적 영혼을 지닌' 존재로 인식한다는 것이다. 독자의 경험과 지식을 총 동원하여 '여성의 열정적 영혼'을 규정하여야 하며 그것이 남성에게 미치는 영향이나 차지하는 의미 등을 모두 고려하여 이 구절을 감상하고 이해해야 한다.

***

Я очи знал, — о, эти очи!   _ ⊥ _ ⊥ _ ⊥ _ ⊥ _
Как я любил их — знает бог!   \ ⊥ _ ⊥ _ ⊥ _ ⊥
От их волшебной, страстной ночи   _ ⊥ _ ⊥ _ ⊥ _ ⊥ _
Я душу оторвать не мог.   _ ⊥ _ ○ _ ⊥ _ ⊥

В непостижимом этом взоре,   _ ○ _ ⊥ _ ⊥ _ ⊥ _
Жизнь обнажающем до дна,   \ ○ _ ⊥ _ ○ _ ⊥
Такое слышалося горе,   _ ⊥ _ ⊥ _ ○ _ ⊥ _
Такая страсти глубина!   _ ⊥ _ ⊥ _ ○ _ ⊥

Дышал он, грустный, углубленный,   _ ⊥ _ ⊥ _ ○ _ ⊥ _
В тени ресниц ее густой,   _ ⊥ _ ⊥ _ ⊥ _ ⊥
Как наслажденье, утомленный   _ ○ _ ⊥ _ ○ _ ⊥ _
И, как страданье, роковой.   _ ⊥ _ ⊥ _ ○ _ ⊥

И в эти чудные мгновенья   _ ⊥ _ ⊥ _ ○ _ ⊥ _
Ни разу мне не довелось   _ ⊥ _ ⊥ _ ○ _ ⊥
С ним повстречаться без волненья   _ ○ _ ⊥ _ ○ _ ⊥ _
И любоваться им без слез.   _ ○ _ ⊥ _ ⊥ _ ⊥
(1852)

감 상

시작법

약강 4보격으로 4행이 한 연을 이루며 4연으로 구성되어 있어 총 16행 시다. 율격에 특이한 것은 없으며 각운은 여성 각운과 남성 각운이 교체되고 있다. 각운에서 완전 각운에만 익숙한 한국의 독자들을 위해 색다른 각운을 하나 설명한다. 제 4연의 2행과 각운을 이루고 있는 4행의 마지막 단어를 주의 깊게 분석해 보자. 2행의 마지막 단어는 'довелось'이고 4행의 마지막 단어는 'слез'이다. 자칫 각운을 이루지 못하거나 아니면 최소한 불완전 각운이라고 주장할 이도 있을 것이다. 그러나 이 각운은 오히려 완전 각운에 해당된다.

이 두 단어의 음성학적 측면을 살펴보면 [dovelos']와 [sljos]이다. 따라서 우다레니예가 있는 마지막 음절 'o' 이후의 음성학적 환경은 [-os']와 [-os]이다. 차이점은 마지막 자음이 연자음이냐 경 자음이냐의 여부이다. 이 정도의 차이로 불완전운으로 취급하기에는 무리가 따른다. 게다가 우다레니예가 있는 앞의 환경을 보면 자음 'l'이 있어 일종의 초과운을 형성하고 있다. 따라서 끝 자음의 차이를 극복하고도 남음이 있다. 이러한 종류의 각운은 러시아 시의 발달에서 상당히 보편화 되며 이후에는 훨씬 더 과감한 각운들이 활용됨으로 여기에서 미리 경험을 해 두실 것을 권해드린다.

[제 목]

제목이 없는 이 시는 사랑하는 여인의 눈동자에만 초점을 맞추고 그 여인의 아름다움은 물론이고 얼마만큼 화자가 그 여인을 사랑하는지 잘 표현한 시이다. 물론, 여기에서 화자가 눈동자에만 초점을 맞추고 있는 것은 시적 표현법 중 제유법 즉 일부로서 전체를 표시하는 기법임은 자명한 일이다.

제1연

'나는 이 눈동자를 알고 있었다. 오! 이 눈동자!' 첫 연 첫 행의 이 내용에서 화자는 남자임을 알 수 있다. 동사 과거에 남성 단수가 활용되고 있음이 이를 증명해 준다. 물론, 이 동사는 불 완료상 과거 시제를 사용함으로 이 행위 즉 알고 있는 행위가 오래전에 시작되어 지금까지 완료되지 않은 상태로 남아 있음을 말해준다. 이 첫 행의 후반부는 감탄문으로서 자신이 알고 있던 눈동자를 상기하면서 저절로 나오는 감탄이다. 그리고 제3연의 두 번째 행의 '그녀의 짙은 눈썹 그늘에서'라는 표현을 보면 상대가 여성인 것도 사실이다.

'내가 그 눈동자들을 어떻게 사랑했었는지는 신께서만 아신다!' 화자가 마음속에 그리고 있는 눈동자를 감탄문으로 첫 행에서 서술하고 바로 그 다음 행에서 화자가 그 눈동자를 얼마나 사랑했는지 직접 서술하고 있다. 그리고 그가 사랑한 정도는 인간의 말로 표현하기가 어렵고 다른 사람의 이해가 필요한 것도 아니고 오로지 신께서만 아신다는 것이다. 한량이 없는 사랑이었음을 이렇게 표현하고 있다.

'그 눈동자의 매혹적이고 열정적인 밤으로부터 나는 내 영혼을 분리시킬 수 없었다.' 이것이 제3행과 제4행의 내용이다. 흥미로운 것은 눈동자가 '매혹적'이고 '열정적'인 것이 아니라 그 눈동자가 만들어낸 '밤'이 매혹적이고 열정적이라는 주장이다. 물론, 전자를 당연히 포함하면서도 한 걸음 더 나아간 시인의 내밀한 정서를 표현하고 있다. 게다가 이 눈동자는 제유법으로 활용되고 있기 때문에 사실은 이 눈동자의 소유자인 여인이 '매혹적'이고 '열정적'임 또한 당연한 일이 된다.

제2연

'인생을 밑바닥까지 노정시키고 있는 이 이해하기 어려운 눈길 속에서 그런 고뇌가 들렸었고 열정의 그런 깊이가 있었다!' 제2연 전체의 내용이 이것이다. 제1연에서 눈동자에 대해 논한 것으로부터 이제는 그 눈동자의 '눈길'로 마음이 시선이 확장되었다. 이 '눈길'을 한정하고 있는 특징이 두 개 있다. 첫째는 '이해하기 어려운' 것이다. 여인의 눈길이 무슨 의미를 가지는지 파악하기가 어려운 것은 19세기 러시아 시인에게도 마찬가지였나 보다. 두 번째 특징은 이 눈길 속에 '인생의 밑바닥까지 노정시키는 것'인데, 그녀의 눈길 속에 인생 전체가 들어 있다는 주장이다. 눈이 마음의 창이고 그 마음의 창을 통해 볼 수 있는 것이 그녀의 인생일 수 있다. 그런데 여기서는 '그녀의 인생'이라고 한정하지 않고, 인생 일반을 논하고 있다.

문제는 이러한 시선 속에서 '고뇌가 들렸다'라는 것이다. 온전한 사랑을 노래하고 있는 것이 아님을 알 수 있는 대목이다. 슬픈 사랑이다. '듣는' 동작과 '고뇌'는 서로 어울려 활용하는 일상적 표현이 아니다. 즉 두 가지 감각을 혼용하는 공감각적 표현이다. 이 고뇌가 더 커지는 것은 바로 그 다음 행의 내용인 '열정의 그토록 깊은 깊이'라는 표현에서 기인한다. 여전히 '깊은 열정'이라는 진부한 표현보다는 '열정의 깊이가 그토록 깊다'라고 표현하고 있음에 주목하자.

제3연

이 연에서도 계속해서 그녀의 눈길에 대해 말하고 있다. 첫 행의 남성 인칭 대명사 'он'의 선행사는 앞 연의 'взор'만이 가능하기 때문이다. 이 연의 가장 주된 문장은 '그 눈길이 숨을 쉬었다.'이다. 이 표현은 의인법에 해당될 뿐만 아니라 두 가지 감각을 혼용한 공감각적 표현이다. 즉 숨을 쉬는 것은 코나 폐가 하는 기능이다. 그런데 시인은 여기에서 '눈길이 호흡했다'라고 한다. 눈길은 던지거나 감추거나 하는 동작의 대상이다. 호흡과는 아무런 상관이 없음에도 이렇게 공감각을 활용함으로 실제로는 시각과 호흡이라고 하는 두 가지 기능을 동시에 표현할 수 있게 되는 효과를 보고 있다.

이 주된 문장에서 '눈길'을 한정하는 요소들이 여러 개 있다. 첫째는 '슬픈'이라는 것이다. 앞 연에서의 '고뇌'라는 단어와 관련하여 이 '슬픈 눈길' 역시 희망에 차고 행복한 사랑의 결과는 아니다. 즉 불행한 사랑이다. 그 다음은 '진지한'이다. 진지한 눈길에 대한 보충 설명이 필요할 까닭이 없다.

그런데 이런 슬프고 진지한 눈길이 숨을 쉰 곳에 대한 한정이 제2행에 나타난다. '그녀의 짙은 속눈썹의 그림자에서'이다. 눈길과 속눈썹과의 관계는 대단히 자연스럽다. 그녀의 속눈썹이 짙다는 것은 신체적인 특징이기도 하려니와 아름다움과 깊이를 동시에 표현한다. 문제는 '그림자'이다. 속눈썹이 짙기에 생기는 자연스러운 그림자를 의미하기도 하지만, 결국은 부정적 뉘앙스를 떨쳐버릴 수 없는 표현이다.

이 연의 3행과 4행의 문장 구조는 특이하다. 여전히 '눈길'을 한정하고 있는데, 비유의 대상을 중성 명사로 들고 있으며 한정어를 활용하고 있다. '마치 큰 만족과도 같은 지친 눈길'과

'고난과도 같은 운명적인 눈길'이 그것이다. 여기에서 '만족'으로 번역을 한 'наслажденье'는 '즐거움', '큰 만족', '쾌락', '향락'의 의미가 있다. 단어의 기본적인 의미가 동일 계열이므로 어떤 것으로 해석을 해도 큰 무리는 따르지 않는다. 다만 이 단어와 그 다음의 한정어인 '지친 눈길'과는 서로 상응하는 인간의 감정 상태가 아님을 알 수 있다. 그리고 이 단어의 어미가 축약형으로 된 것은 당연히 시 작법상의 이유 때문이다. 마지막 행의 비유는 3행의 비유보다는 보편적이라고 할 수 있다. '고난을 받는 것'과 '운명적인 눈길'은 서로 상통하는 면이 있다. 운명적으로 고난을 받을 수밖에 없는 눈길로 이해하면 자연스럽다.

이 연의 언어적 특징은 아주 단순한 하나의 문장을 근간으로 나머지는 모두 한정하거나 비교를 하고 있다.

제4연

첫 행에서 '그리고 이 기적적인 짧은 순간에'라고 하고 있어 어떤 순간임을 정확히 알아내는 것이 그렇게 용이하지는 않다. 다만, 이 연의 제3행의 내용을 고려하면 이 순간은 화자가 그녀의 눈동자를 응시하고 그녀의 눈길을 의식하는 짧은 순간임을 알 수 있다. 제2행의 내용은 3행과 4행에 나타나는 동사 원형의 동작을 하기에 '나는 단 한 번도 성공을 해 본 적이 없다.'라는 것이다. 즉 나머지 행들에서 나타나는 동작을 할 때면 언제나 조건이 붙을 수밖에 없었다는 것이다. 제3행의 동사 원형은 '만나다'이다. 즉 그 눈동자들을 만날 수 없었다는 것인데 어떤 조건이 없는 경우인가를 보면 '흥분하지 않고'라는 것이다. 따라서 화자는 그녀의 눈동자들을 볼 때마다 흥분하지 않을 수 없었다는 것을 고백하고 있다.

그리고 마지막 행의 동사 원형은 '도취되다'이다. 즉 그 눈동자들에 도취 될 때면 언제나 조건이 붙을 수밖에 없었다는 것이다. 그 조건은 '눈물 없이'이다. 결론적으로 화자는 그녀의 눈동자를 감탄하여 아껴 볼 때면 언제나 눈물을 흘릴 수밖에 없었다는 결과를 논리적으로 추론할 수 있다.

각 연의 주제를 무리수를 두어서라도 정리해 보면 새로운 것을 볼 수 있다. '내가 그녀의 눈동자를 사랑했다 – 그녀의 눈동자는 슬펐다 – 그녀의 눈길은 지치고 운명적이었다 – 나는 그녀의 눈동자에 도취되면서 늘 흥분했고 또 눈물을 흘렸다.' 시점의 변화를 명백히 볼 수 있겠는데 1연과 4연에서는 화자인 '나'의 시점이고 2연과 3연에서는 '그녀'의 시점에서 시를 쓰고 있다. 즉 시 작법 상에서는 여성 운과 남성 운이 교체하고 있어 서로 사랑하는 관계를 드러냈지만, 내용적으로는 슬픈 사랑 앞에 남성이 여성을 감싸고 있는 내적 구조를 형성하고 있다. 내용과 형식이 조화를 이루게 한 시인의 천재성을 발견할 수 있는 대목이다.

***

Она сидела на полу	_ ⊥ _ ⊥ _ ○ _ ⊥
И груду писем разбирала,	_ ⊥ _ ⊥ _ ○ _ ⊥ _
И, как остывшую золу,	_ ⊥ _ ⊥ _ ○ _ ⊥
Брала их в руки и бросала.	_ ⊥ _ ⊥ _ ○ _ ⊥ _
Брала знакомые листы	_ ⊥ _ ⊥ _ ○ _ ⊥
И чудно так на них глядела,	_ ⊥ _ ⊥ _ ⊥ _ ⊥ _
Как души смотрят с высоты	_ ⊥ _ ⊥ _ ○ _ ⊥
На ими брошенное тело...	_ ⊥ _ ⊥ _ ○ _ ⊥ _
О, сколько жизни было тут,	\ ⊥ _ ⊥ _ ⊥ _ ⊥
Невозвратима пережитой!	_ ○ _ ⊥ _ ○ _ ⊥ _
О, сколько горестных минут,	\ ⊥ _ ⊥ _ ○ _ ⊥
Любви и радости убитой!...	_ ⊥ _ ⊥ _ ○ _ ⊥ _
Стоял я молча в стороне	_ ⊥ _ ⊥ _ ○ _ ⊥
И пасть готов был на колени, –	_ ⊥ _ ⊥ _ ○ _ ⊥ _
И страшно грустно стало мне,	_ ⊥ _ ⊥ _ ⊥ _ ⊥
Как от присущей милой тени.	_ ○ _ ⊥ _ ⊥ _ ⊥ _

(1858)

감 상

시작법

이 시는 약강 4보격이며 4행이 한 연을 구성하고 4연으로 되어 있어 총 16행시다. 율격에 있어 특이한 점은 없다. 각운도 남성 운과 여성 운이 교체하고 있다.

[제 목]

제목이 없는 시이다. 이 시는 사랑했던 연인들의 처지를 잘 묘사하고 있다.

제1연

이 시를 감상함에 있어 도치법이라든가 다른 수사적 표현들이 많지 않아 각 행 별로 이해를 하면 무난하다. 첫 두 행은 이 시에 등장하는 연인이었던 그녀가 사랑했던 사람으로부터 받아 모아 두었던 편지 다발을 꺼내 바닥에 풀에 헤치는 장면 묘사이다. '그녀가 바닥에 앉아 편지 무더기를 풀어 흩트렸다.' 감상을 함에 있어 놓치지 말아야 할 것은 이 시의 등장인물이 여자이고 이 여자의 행동을 관찰하여 독자에게 전달해 주는 서정적 자아가 별도로 존재한다는 사실이다. 여자가 편지 다발을 꺼내 바닥에 풀어헤치는 것은 중립적인 묘사일 수 있으나 시가 전개됨에 따라 중립적인 의미에서 벗어나 실연의 상태로 가고 있음을 알 수 있다. 그리고 여자가 바닥에 앉는 것 역시 보편적이지 않음을 알 수 있어야 한다. 책상이나 식탁 혹은 소파나 침대에 앉는 것이 아니고 바닥에 앉는다는 사실이다.

나머지 두 행에서도 화자는 이 여자의 행동을 계속해서 관찰하여 독자에게 전달해 주고 있다. '그녀는 그 편지들을 마치 식어버린 재를 움켜쥐듯이 그렇게 손에 움켜쥐더니 던져버렸다.' '식어버린 재'의 상징으로 말미암아 이 여인이 받은 편지를 보낸 사람과의 사랑이 더 이상 불타고 있지 않음은 명백해진다. 그러기에 이 여인은 예전의 사랑했던 사람에게서 받은 편지들을 손에 쥐는 것 까지는 좋으나 그 다음에 던져버리는 것이다. 여인의 안타까움이나 지나가버린 사랑에 대한 아쉬움이라고 할 수 있다. 따라서 이 편지들은 타고 남은 사랑의 잔존물인 재에 불과하다.

제2연

'그녀는 눈에 익은 편지 낱장들을 손에 쥐고 마치 기적을 보기라도 하는 듯 그렇게 그 편지 낱장들을 보고 있다.' 그 기적의 내용은 '마치 영혼이 자기가 빠져나와버린 육체를 위에서 내려다보는 것 같다.' 패트릭 스웨지와 데미 무어가 주연한 영화 『사랑과 영혼(Ghost)』(1990)를 본 사람이라면 여기의 이 표현을 쉽게 짐작할 수 있을 것이다. 이 영화에서 사람이 죽으면 육체는 죽은 그 자리에 그대로 있고 동일한 형상의 영혼이 그 육체에서 빠져 나와 자기 스스로를 관찰하는 모습이 자주 등장한다. 여기에서 화자가 관찰하고 있는 이 여인이 편지의 낱장을 쳐다보는 것이 마치 그와 동일하다는 것이다. 문제는 튜체프는 이 시를 1858년에 썼다. 영화는 비교적 오래된 영화이기는 하지만 시가 쓰인 연대에 비해 굉장한 시차가 있음을 알 수 있다. 비록 직접적인 영향 관계를 논할 게재는 아니라 하더라도 시인의 이러한 죽음 이후의 현상에 대한 통찰이 후대 영화에서 하나의 기법으로 활용되고 있는 것은 흥미롭다.

결과적으로 그녀가 이 편지들의 낱장을 보고 있는 것은 여인 자신이 편지를 주고받으면서 나눴던 사랑의 영혼으로서이다. 즉 편지의 이 낱장들이 사랑의 시체로 은유되고 있다.

제3연

제1연과 제2연에서와는 달리 제3연의 내용은 상당히 중립적이다. 즉 이 시에 등장하는 여인의 심적 상태를 대변해 주기도 하려니와 다른 한편으로는 이 서정적 자아에게로 시점을 바꾸기 위한 장치로서 기능하기도 한다. 따라서 일부는 화자 자신의 심적 상태에 관한 단언일 수도 있다.

두 개의 감탄문으로 구성되어 있는 연이다. 첫 번째 감탄문의 내용은 '오! 여기에는 얼마나 많은 삶이 있었던가, 이미 살아진 인생은 되돌릴 수가 없다!'이다. '여기'라 함은 등장인물인 여인이 바닥에 앉아 있는 방도 될 수 있고, 편지의 낱장들도 될 수 있다. 물론, 화자와 등장인물 여인 사이에 있었던 사랑 그 자체를 지칭할 수도 있다. 어떤 것이든 내용적 차이를 만든다기 보다는 모든 가능성을 다 고려함으로 오히려 시의 내용을 보다 풍요롭게 해 준다.

그 다음 감탄문의 내용은 다음과 같다. '오! 얼마나 슬픈 순간들이 있었던가, 사랑과 이미 깨어져버린 기쁨의 슬픈 순간들!' 사랑을 하면서도 슬픈 순간을 맞이할 수는 있을 것이다. 그리고 사랑이 식어가는 과정에서의 슬픈 순간들이야 한없이 많을 수 있다. 사랑으로 인해 느낄 수 있었던 기쁨이 다 깨져가는 과정에서의 슬픈 순간들은 헤아리기가 차라리 어려울 것이다. 그러한 심정을 노래하고 있는데 느낌에 대한 이러한 평가의 주체는 등장인물인 여인도 가능하고 그것을 관찰하고 있는 화자도 가능하다.

제4연

이 연에서는 편지를 보냈던 당사자인 화자가 직접 전면으로 나오고 있다. '나는 말없이 한 쪽에 서 있다. 그리고 무릎을 꿇을 준비가 되어 있다.' 1~3연 사이에 화자의 존재를 늘 인식하고는 있었지만, 등장인물의 행동을 관찰하는 화자가 실제 이 여인이 있는 공간에 동시에 있었음이 여기에서 분명해 진다. 다만, 그 여인이 이 화자를 보지 못하고 있음은 쉽게 짐작할 수 있다.

화자는 이 여인 앞에서 무릎을 꿇을 준비가 되어 있다. 다시 사랑을 이어갈 의지와 바람이 충분히 있다. 또한 여인 역시 편지를 들고 안타까워하고 있음도 사실이다. 그러나 여기에서 이 사랑이 계속되리라는 보장은 전혀 없다. 왜냐하면 여인의 손에 들려 있는 화자의 편지 낱장들, 즉 사랑을 속삭이고 있는 그 편지들은 '식어버린 재'이고 '영혼에 의해 버려진 시체'에 불과하기 때문이다. 여인에게 안타까운 것은 사실이지만, 이 사랑은 이미 죽은 사랑 또는 식어버린 사랑에 불과하기 때문이다.

이런 상황을 화자가 잘 인식하고 있기 때문에 화자는 '그러자 사랑스런 그림자의 존재로 인해 나는 무지무지하게 슬퍼졌다.'고 탄식을 하고 있다. 화자 역시 이 여인이 안타까워함을 눈치 채게 된 것이다.

한 때는 무척이나 사랑했을 연인들, 편지를 주고받았던 연인들, 남자인 화자가 보낸 편지를 고스란히 모아 두었던 여인, 이제 그 편지를 처분하려고 하는 여인, 그러면서도 그 편지들로 인해 옛 사람에 대한 아쉬움과 안타까움을 느끼고 있는 여인,

이 모든 행동을 옆에서 지켜보면서 관찰하고 있는 화자, 아직도 사랑을 이어가기를 간절히 바라고 있는 화자, 옛 연인 앞에 무릎을 꿇을 준비가 된 화자, 하지만 그 사랑이 다시 이어질 수 없다는 것에 무한한 슬픔을 느끼는 화자. 이렇듯 여인과 화자의 입장이 무척이나 섬세하게 잘 그려진 시이다.

***

Умом – Россию не понять,   _ ⊥ _ ⊥ _ ○ _ ⊥
Аршином общим не измерить: _ ⊥ _ ⊥ _ ○ _ ⊥ _
У ней особенная стать –   _ ⊥ _ ⊥ _ ○ _ ⊥
В Россию можно только верить!   _ ⊥ _ ⊥ _ ⊥ _ ⊥ _
(1866)

감 상

시작법

약강 4보격으로 4행 한 연 시이다. 대단히 짧은 시다. 모음 34개로 '러시아'의 특성을 규명했다. 그만큼 내용이 축약되어 있음으로 한 단어 한 단어를 곱씹어 감상해야 한다.

각운은 남성 운과 여성 운이 교체하고 있어 aBaB의 형태를 띠고 있다. 1,2,4행의 각운이 모두 동사 원형을 사용하고 있어 자칫 쉬운 각운 형태라고 폄하할 수도 있을 것이나 시의 내용에서 필수 불가결하게 동사 원형의 활용이 필요하므로 그 필요성이 오히려 부각된다는 해설도 가능하다.

[제 목]

제목이 없이 짧은 시지만 러시아의 특성을 단 네 줄에 압축시킨 천재적인 시다.

제1연

4행 1연 시로 러시아의 정체성에 대해 시인 튜체프가 갈파한 시이다. 첫 두 행은 부정문으로 러시아를 이해함에 있어서 일반적인 방법은 불가능함을 설하고 있다. 첫째 행에서 지적하는 불가능함은 '러시아를 머리로 혹은 이성적으로 이해할 수 없다'는 것이다. 이는 러시아를 아무리 이론적으로 설명하고 두뇌를 활용하여 이해하려고 해도 결코 러시아를 이해할 수 없다는 내용이다. 인간은 스스로가 이성적인 동물로 생각하여 무엇이든 이해할 수 있다고 생각한다. 그러나 시인은 최소한 러시아에 관해서는 그것이 불가능하다는 것을 설파하고 있다. 이는 러시아가 인간의 이성의 범위내로 한정되는 것을 부정하고 있는 것이다. 러시아는 인간의 이성의 범위를 벗어나는 그러한 존재라는 담론이다.

둘째 행에서 시인이 부정하고 있는 것은 '러시아의 크기를 일반적인 측정의 단위로는 잴 수 없다는 것'이다. 이는 러시아의 크기가 단순히 큰 것을 의미할 수도 있으나 첫 행에서 시인이 부정하였던 것의 연장선상 혹은 그 구체적인 예로 작용함으로 그 의미는 확장된다. 즉 그 어떤 측정하는 단위로 러시아를 재려고 해도 그 단위가 인간의 창조물 혹은 인간의 이성의 산물인 이상에는 결코 러시아를 잴 수 없다는 논리이다. 인간의 이성 자체로 이해할 수 없는 러시아를 이성의 산물인 측정 단위로 잰다는 것은 당연히 불가능하다. 시인은 이러한 구체적인 예를 들어줌으로 첫 행에서 하였던 부정을 설명할 뿐만 아니라 그 불가능을 강조하고 있다.

세 번째 행은 러시아의 특성을 논하고 있다: '러시아는 특별한 형상을 가지고 있다.' 여기에서 중요한 것은 '특별한 형상'인데 이를 시인은 구체적으로 설명하지 않고 있다. 시인의 천재성을 유감없이 발휘하고 있는 행이다. '특별한 형상'의 포괄적이고 애매모호하며 전체적일 뿐만 아니라 '그 모든 것'을 내포함은 '러시아가 이성으로 이해되어질 수 있는 대상이 아님'을 다시 한 번 더 천명하고 있다. 이성의 또 다른 산물인 언어로 한없이 나열하고 설명하여도 그 모든 것이 러시아의 형상을 구성하고 있다. 그렇다고 해서 러시아를 언어로 다 설명할 수 없음은 시인의 천재적 시작법으로 이미 설명되었다.

마지막 행은 시인이 러시아를 대함에 '이렇게 하라'라는 것을 말하고 있다. 즉 '러시아는 그저 믿을 수밖에 없다.'라는 것이다. 러시아를 이성으로 이해할 수도 없으며 일반적인 길이 단위로 잴 수도 없다는 것이다. 그 이유는 러시아가 특별하기 때문이다. 그렇다면 무엇을 할 수 있겠는가? 시인은 그저 '믿는 것'만이 가능하다고 설파한다. 러시아의 지리, 역사, 문화, 문학, 예술, 건축, 언어 등 인간 이성의 산물인 모든 학문을 동원하여도 다 설명되어지지 않는 러시아! 그래서 '믿을 수밖에 없는 러시아!'를 시인 튜체프는 강변하고 있다. 단 네 줄의 시로, 단 열 일곱 개의 단어로, 단 서른 네 개의 모음으로 그 거대한 러시아를 이토록 단순 명료하게 설명하고 그런 러시아를 대하는 방법을 다 표현할 수 있는 것은 오로지 튜체프의 이 시에서만 가능하다.

Михаил Юрьевич Лермонтов (1814~1841)

27년간 살다가 간 레르몬토프의 생애는 푸시킨의 그것보다 10여 년이 짧았지만, 푸시킨 못지않은 파란 만장한 인생을 살았다. 1814년 10월 2일 자정 퇴역 보병 유리 페트로비치와 부유한 귀족 가문 출신의 마리야 미하일로브나 레르몬또바[아르세니예바](Мария Михайловна Лермонтова [Арсеньева])사이에서 태어났다. 그의 어머니 마리야 미하일로브나는 19세에 레르몬토프를 낳고 22세가 되던 해 레르몬토프가 세 살이 아직 안된 1817년에 세상을 떠났다. 이후 레르몬토프는 아버지와 외할머니(Е.А. Арсеньева) 손에서 자라는데 주로 외할머니가 돌보았다. 1820~25년에는 외할머니와 함께 카프카스로 여행을 했다. 외할머니는 외동딸이었지만 마리야를 무척 사랑했는데 딸이 일찍 죽자 그 사랑을 외손자에게 쏟았다. 계산적이었던 외할머니는 돈을 아끼지 않고 어머니를 일찍 여읜 외손자에게 좋은 교육을 위한 가능한 모든 것을 주었다. 레르몬토프는 불

레르몬토프

레르몬토프 동상(타르한 소재)

어, 독일어 그리고 영어를 잘했고 그림을 아주 잘 그렸으며 독서를 많이 한 소년이었다. 그의 영어 실력은 바이런을 원어로 읽을 정도였다. 태어난 이듬해 모스크바에서 타라한으로 이사를 했다가 1827년에는 다시 모스크바로 이사를 왔다. 1828년에는 모스크바 국립 대학교 부속의 기숙 중등학교에 입학을 하였다. 이듬해인 1829년에 "악마" «Демон» 집필을 착수하였다. 1830년에는 모스크바대학에 입학을 하였다. 붙임성이 없는 그였지만, 실력이 없는 교수로 평이 나 있던 말로프 교수를 추방하는 공개적인 데모에 적극 가담하기도 하였다. 1830년에는 그의 나이 17세에 아버지 유리 페트로비치(Юрий Петрович)가 세상을 떴다. 대학 교육에 염증을 느끼고 독학을 더 선호하였던 그는 1832년에는 모스크바 대학을 자퇴하고 특무기병학교에 입학을 하였다.

레르몬토프의 연애도 성공적인 것이 못되었다. 처음에는 이바노바(Н.Ф. Ивановна)에게 사랑을 느꼈으나 화답이 없었다. 레르몬토프는 이 여인에게 바치는 연작연시를 짓기도 하였다. 그 다음 여인은 로푸히나(В.А. Лопухина)이었는데 역시 화답은 없었고 레르몬토프는 이 여인을 평생 마음속에 간직하였다. 수쉬코바(Е.А. Сушкова)에게 애정을 가졌던 것 또한 근거가 있는 일이었다. 그는 이 여인에게도 연시를 바쳤다.

1834년에 특무기병학교를 졸업하고 군무를 시작하였다. 그는

레르몬토프 결투 장소에 세워진 기념비(퍄티고르스크 소재)

기병학교의 교육 역시 달갑게 받지는 않았다. 그는 "지독한 2년간"이라고 기병학교 교육 기간에 대해 말을 했었다. 그가 23세 되던 해인 1837년에는 푸시킨의 죽음에 부치는 "시인의 죽음"«Смерть поэта»를 발표하여 일약 명성을 얻었다. 이 시로 인해 그는 체포되고 카프카스로 추방을 당하였다. 카프카스에서 그는 12월 당원인 오도예프스키와 만나 친구가 되었다. 쉽게 친구가 될 수는 없었으나 문학에 대해 그들은 열띤 토론을 벌였고 크라예프스키가 운영하던 『조국 잡기』 «Отечественные записки»에 같이 동참하여 진정한 우정의 관계를 가질 수 있었다. 벨린스키가 레르몬토프의 '강하고 독자적'인 시적 자질을 높이 평가하였다.

이듬해 그는 카프카스로부터 모스크바로 왔다가 페테르부르크로 가서 소피아에서 군무를 계속하였다. 1839년에는 "악마"를 완성하였는데 이는 그가 거의 평생을 바쳐 8번을 교정하여 완성한 것이다. 기병 중위에서 육군 중위로 배속을 옮겼다. 1840년에는 그의 대표작인 『우리 시대의 영웅』 «Герой нашего времени»가 세상이 빛을 보았다. 이 해에 프랑스 외교관의 아들인 바란트(де Барант)와 결투에서 가벼운 상처를 입고 체포되어 추방되었다. 그리고 이 해에는 『레르몬토프 시집』«Стихотворения М. Лермонтова»가 출판되었다. 1841년에는 페테르부르크로 휴가를 갔다가 수도를 떠나라는 명령으로 카프카스로 다시 갔다. 카프카스에서 그는 베르질린느예의 집에서 7월 13일 마르트이노프(Мартынов)와 사소한 싸움을 하였다. 결투의 얘기가 오갔으나 레르몬토프는 싸움이 너무도 사소하여 결투 자체가 성립되지 않으리라고 생각을 하였다. 그러나 마르트이노프가 결투를 성사시켰다. 이 결투로 그는 죽었다. 사실은 이러한 뒷이야기가 있다. 레르몬토프가 "시인의 죽음"«Смерть поэта»에서 바실치코프(И.В. Васильчиков)에 대해 아주 좋지 않게 묘사를 하였었다. 바실치코프는 차르의 신임을 이용하였다. 12월 당원들의 반란이 있었던 때에 그는 니콜라이 1세에게 충성을 하여 백작의 칭호를 얻고 그 이후에는 공작 위를 얻었으며 나중에는 황제의 조언위원회장이 된 인물이다. 그는 카프카스에 있는 아들에게 편지를 써서 "황제는 레르몬토프가 카프카스에서 페테르부르크로 돌아오는 것을 원치 않는다."고 했다. 그리고 어떻게 해서건 자신의 능력으로 레르몬토프에게 자갈을 물려 조용해지도록 하라고 말했다. 마침 마르트이노프와 결투가 있자 그는 마르트이노프의 후견인이 되어 결투를 진두지휘 하였다. 1841년 7월 15일 저녁 7시에서 8시 사이에 젤레즈노보드스크의 마슈크 산에서 결투를 벌였다. 레르몬토프는 권총을 들어 목표물 대신 허공에 대고 발사한다. 이어 마르트이노프가 천천히 권총을 들어 한 치의 오차도 없이 정조준하여 발사한다. 레르몬토프는 쓰러지고 움직이지 않았다. 총알이 심장을 관통하였다. 사실 레르몬토프의 결투는 결국 짜인 각본에 의해 그대로 수행된 것이라고 볼 수밖에 없다. 레르몬토프는 퍄티고르스크에 묻혔다가 1842년에 가족의 묘지가 있는 타르한으로 옮겨졌다.

<참고 문헌>

«Собрание сочинении в четырех томах». 1979~1981.

И. Андроникво, «Лермонтов: Исследованная и находки». 1977.

Б. Эихенбаум, «М. Лермонтов: Опыт историко-литературной оценк и». 1924.

Janko Lavrin, *Lermontov*. New York, 1959.

Ангел

По небу полуночи ангел летел, _ ⊥ _ _ ⊥ _ _ ⊥ _ _ ⊥
И тихую песню он пел; _ ⊥ _ _ ⊥ _ _ ⊥
И месяц, и звезды, и тучи толпой _ ⊥ _ _ ⊥ _ _ ⊥ _ _ ⊥
Внимали той песне святой. _ ⊥ _ _ ⊥ _ _ ⊥

Он пел о блаженстве безгрешных духов _ ⊥ _ _ ⊥ _ _ ⊥ _ _ ⊥
Под кущами райских садов; _ ⊥ _ _ ⊥ _ _ ⊥
О боге великом он пел, и хвала _ ⊥ _ _ ⊥ _ _ ⊥ _ _ ⊥
Его непритворна была. _ ⊥ _ _ ⊥ _ _ ⊥

Он душу младую в объятиях нес _ ⊥ _ _ ⊥ _ _ ⊥ _ _ ⊥
Для мира печали и слез; _ ⊥ _ _ ⊥ _ _ ⊥
И звук его песни в душе молодой _ _ _ _ ⊥ _ _ ⊥ _ _ ⊥
Остался – без слов, но живой. _ ⊥ _ _ ⊥ _ _ ⊥

И долго на свете томилась она, _ ⊥ _ _ ⊥ _ _ ⊥ _ _ ⊥
Желанием чудным полна; _ ⊥ _ _ ⊥ _ _ ⊥
И звуков небес заменить не могли _ ⊥ _ _ ⊥ _ _ ⊥ _ _ ⊥
Ей скучные песни земли. _ ⊥ _ _ ⊥ _ _ ⊥

(1831)

감 상

시작법

이 시의 율격은 3음절을 한 단위로 하는 약강약 격이다. 그리고 4행이 한 연을 이루고 있는데 홀수 행에서는 약강약 4음보이고 짝수 행에서는 약강약 3음보이다. 각운은 모두 인접 각운이며 모든 각운이 다 남성 각운이다. 제목이 알려 주듯이 남성의 이미지가 강한 시이며 선과 악에 관한 주제에 걸맞게 하기 위함이다. 그리고 모든 각운이 남성 각운으로 단조로운 것을 보완하기 위해 행의 길이를 조절하고 있음을 알 수 있다.

또 한 가지 중요한 사실은 3음절을 한 단위로 하는 율격에서는 모든 익투스가 다 차게 된다. 하나라도 생략되면 그 간격이 지나치게 커지기 때문이며 또 러시아어에서 다섯 음절에 우다레니예가 없이 시에서 자주 활용되는 단어가 많지 않음도 하나의 요인이 될 수 있다.

[제 목]

이 시의 제목은 '천사'이다. 단어 자체가 남성임에 주의를 기울이자. 그리고 기독교 신앙과 서구 문화에서 천사는 남성이다. 자칫 우리나라 정서에 비추어 '천사 같은 여자'라고 비유하는 것으로 오해해서는 안 된다.

제1연

이 연은 천사의 강림에 관한 묘사이다. '자정의 하늘을 따라 천사가 날고 있었다.' 천사도 밤을 좋아하는지 여부도 흥밋거리이다. 그것도 한밤중인 자정에 하늘을 날고 있었기 때문이다.

그리고 여기서 '날다'라는 동사가 정태동사이므로 천사가 날고 있었던 것은 한 방향을 가리키고 있음을 염두에 두어야한다. 불 완료상이 활용된 것은 천사가 날아오고 있던 과정에 초점을 맞추기 위함이다. 그리고 이 천사는 날아오면서 '고요한 노래를 부르고 있었다.' 이 노래에 관한 구체적인 것은 시가 진행되면서 그 정보를 모아 분석하고 규정해야 할 일이다.

이 연의 마지막 두 연에서 천사가 부른 노래와 관련하여 일말의 정보가 제공되어 있다. '달도, 별들도 구름도 떼로 그 신성한 노래에 주의를 기울였다.' 하룻밤에 달도 뜨고 별들도 뜨고 구름도 떼로 몰려다니는 현상을 보기는 힘들 것이다. 그러나 이 표현에는 시간의 흐름이 포함되어 있기 때문에 자정에 천사가 날아오는 시간이 상당히 길었음을 표시한다. 그리고 하늘의 모든 자연 구성 인자들이 이 노래에 주의를 기울인 것으로 보아 천사의 노래가 상당한 것이었음을 짐작할 수 있다. 이 노래를 결정적으로 특징지어주는 것이 바로 '신성한 노래'라는 것이다. '주의를 기울인' 동사 역시 불 완료상이다. 천사의 노래가 한 순간에 끝난 것이 아니라 날아 온 상당한 시간에 걸맞게 오래 지속되었음과 또 주의를 기울인 주체가 하나 이상이기 때문에 불 완료상 동사의 활용이 적절하다.

제2연

이 연 대부분도 천사가 부른 그 노래의 특성을 규정하는 내용으로 되어 있다. '천사는 천국의 정원 나무 아래에서 죄가 없는 영혼들의 더없는 행복에 대해 노래를 불렀다.' 이것이 첫 행과 둘째 행의 내용이다. 이 노래의 주제는 '더없는 행복'이다. 이 더없는 행복을 누리고 있는 주체는 '죄가 없이 맑은 영혼'들이다. 그리고 '천국의 정원 나무 아래서'는 천사가 노래를 부른 장소도 될 수 있으며 이 영혼들이 그 행복을 누리고 있는 곳도 될 수 있다. 그러나 천사가 지상으로 날아오면서 노래를 부른 것이 제1연에서 밝혀졌음으로 이 연에서의 장소 한정은 영혼들의 처소로 보는 것이 합당하다. 죄가 없는 맑은 영혼들이 천국에 거하고 있음은 지극히 기독교적이다. 생각해 봄직한 것은 천국의 양태이다. 천국에는 정원도 있고 그 정원에는 나무들이 있다는 것이다.

'천사는 신의 위대함에 대해 노래를 불렀다.' 이것이 제3행 반구의 내용이다. '신의 위대함'에 대한 구체적인 내용 언급은 없으나, 기독교 교리를 생각해보면 전혀 어려운 것이 아니다. 이 연의 나머지 내용은 '천사가 신을 찬미한 것은 위선적인 것이 아니었다.'이다. 천사가 신의 위대함을 진실 되게 찬미하였다는 내용으로 이해할 수 있다.

제3연

'천사는 슬픔과 눈물의 세상을 위해 어린 영혼을 품에 안고 왔다.', '슬픔과 눈물의 세상'은 두말할 나위 없이 이 인간들의 세상을 의미한다. 문제는 '어린 영혼'이다. 천사의 품에 안겨야 하는 존재인 것은 분명하다. 천국에서 데려온 영혼이기에 죄가 없는 깨끗한 영혼이기도 하다. 그리고 이 인간 세상의 슬픔을 달래주고 눈물을 닦아 줄 능력이 있고 또 그렇게 할 주체적 임무를 부여받고 있는 존재라고도 할 수 있다.

'그리고 천사의 노래 소리는 이 어린 영혼 속에 말없이 그러나 생생하게 남아 있었다.' 천사의 품에 안겨 내려온 어린 영혼 역시 천사의 노래에 주의를 기울였고 더 나아가 기억에 생생하게 담아 두었다는 내용이다. 따라서 어린 영혼 역시 신의 위대함에 대해 잘 알고 또 스스로 죄가 없는 영혼이라는 것도 잘 인식하고 있을 것이며 이 인간 세상은 슬픔과 눈물의 세상인 것도 잘 알고 있을 것이다. 진일보하여 자신의 임무도 자각하고 있다고 해도 지나치지는 않는다.

제4연

이 연은 지구상에 내려온 어린 영혼에 관한 얘기다. '그리고 이 지구상에서 그 어린 영혼은 오랫동안 괴로워했다.' 지구상의 슬픔을 달래고 눈물을 닦아주는 일이 그렇게 쉽지는 않은가 보다. 이 어린 영혼에게도 시간이 많이 필요했고 또 스스로 괴로워하고 있으니 말이다. 하지만 이 어린 영혼은 여전히 '기적적인 소망으로 가득 차 있다.' 결국은 인간 세상의 슬픔을 없애고 인간들의 눈물을 닦아주는 것이 '기적'에 해당됨을 알 수 있다. 천사나 신이 할 수 있는 일이다.

'그리고 이 땅의 무료한 노래 소리가 그 영혼이 부르는 천상의 소리를 어떻게 해서도 대체를 할 수는 없었다.' 이 땅에도 노래는 있다. 천사가 부르는 노래와 동일하지 않은 것이 문제이다. 왜냐하면 이 땅의 노래는 '무료하기' 때문이다. 의미가 없는 노래이다. 그리고 여기에서 이 '노래'는 인간 삶의 총체로 보아도 무방하다. 이런 인간의 삶은 어린 영혼이 전하는 천상의 소리를 대체할 수 없음은 당연한 일이다.

그래도 희망은 있다. 천사가 데려온 이 어린 영혼이 계속해서 하늘의 소리를 이 지구상에 전해 주고 있기 때문이다.

이 시는 낭만주의의 전형을 잘 보여주는 시로서 지상세계와 천상세계를 대비시키고 있다. 이 두 세계를 잇는 중간자의 역할을 '천사'가 하고 있으며 신의 의지에 따라 천사가 '어린 영혼'을 이 지구상에 내려 보내 인간의 슬픔을 달래고 눈물을 닦아 주려는 것이다. 신의 영역과 관련이 있는 대부분의 단어 및 용어는 밝고 긍정적이다. '성스러움', '하늘', '달과 별', '더없는 행복', '죄 없는 순수한 영혼', '천국', '하나님', '하늘의 소리' 등이 이에 해당되는 반면, 지상세계와 관련하여서는 대부분 부정적인 단어들이 활용되고 있다. 즉 '슬픔과 눈물의 세계', '지구', '땅의 무료한 노래' 등이 그것들이다.

Парус

Белеет парус одинокий	_ ⊥ _ ⊥ _ ○ _ ⊥ _
В тумане моря голубом!..	_ ⊥ _ ⊥ _ ○ _ ⊥
Что ищет он в стране далекой?	\ ⊥ _ ⊥ _ ⊥ _ ⊥ _
Что кинул он в краю родном?..	\ ⊥ _ ⊥ _ ⊥ _ ⊥
Играют волны — ветер свищет,	_ ⊥ _ ⊥ _ ⊥ _ ⊥ _
И мачта гнется и скрыпит...	_ ⊥ _ ⊥ _ ○ _ ⊥
Увы, — он счастия не ищет	_ ⊥ _ ⊥ _ ○ _ ⊥ _
И не от счастия бежит!	_ ○ _ ⊥ _ ○ _ ⊥
Под ним струя светлей лазури,	_ ⊥ _ ⊥ _ ⊥ _ ⊥ _
Над ним луч солнца золотой...	_ ⊥ \ ⊥ _ ○ _ ⊥
А он, мятежный, просит бури,	_ ⊥ _ ⊥ _ ⊥ _ ⊥ _
Как будто в бурях есть покой!	_ ⊥ _ ⊥ _ ⊥ _ ⊥

(1832)

감 상

시작법

약강 4보격을 율격으로 하면 4행 한 연이다. 3연으로 구성되어 있어 총 행수는 12행이다. 각운은 여성 운과 남성 운이 교체되고 있다.

[제 목]

이 시의 제목은 '돛'이다. 돛은 배의 일 부분이다. 물론, 이 시에서는 배의 부속품인 돛을 논하고 있는 것이 아니라 제유법을 활용하여 한 척의 돛을 단 배에 관한 시이다.

제1연

'외로운 돛이 바다의 푸른 안개 속에서 하얗게 빛나고 있다!' 어떻게 보면 바다에 돛단배 하나 떠 있는 풍경의 묘사처럼 보인다. 그러나 화자의 감정을 대변하는 가치 평가를 내릴 수 있는 표현들이 있으므로 분석을 해 보아야 한다. 돛이 한 척의 배를 지칭함은 이미 지적하였다. 그런데 첫 행의 표현에서 '외로운'이라는 것으로 보아 한 척의 배라는 사실에 더하여 화자가 느끼는 심적 감정 상태가 외롭다는 것을 더해준다. 나머지 표현은 순수하게 배경 설명이라 해도 좋고 멋진 색의 대비를 보여주고 있다. 다만, '푸른 안개'는 옅은 안개이거나 아니면 바닷물 자체를 배경으로 보이게 하기 위하여 '안개'라는 개체의 도움을 받을 수도 있다. 돛이 하얗게 빛나는 것을 관찰할 수 있기 위해서는 날씨가 맑아야 할 것이기 때문이다.

제3행과 제4행은 각각의 의문문으로 구성되어 있다. 첫 질문은 '그가 저 먼 곳에서 무엇을 찾고 있는가?'이다. 이 질문의 내용은 다음 질문과 연관 속에서 이해해야 하므로 다음 질문을 먼저 본다. '그는 고향땅에다 무엇을 버렸는가?'이다. 여기에서 '그'라고 지칭되는 것은 돛을 말하며 나아가 한 척의 외로운 배를 의미한다. 이 두 질문 사이에는 대비가 존재한다. 즉 바다의 먼 곳에 나와서 무언가를 찾고 있는 대신에 고향땅에다는 무언가를 버렸다는 것이 전제되어 있기 때문이다. 자기가 나서 자라고 익숙한 세상에서는 무언가를 버려버렸고 새롭고 낯선 이 바다에서는 무언가를 추구하고 있는 배 혹은 그 배를 타고 있는 사람의 행위를 가리킨다. 외로운 돛을 운행하고 있는 이 배 안의 주인공 역시 외로운 것은 마찬가지임이 자명하다. 돛을 단 배에 사람이 그렇게 많지 않을 것이다. 게다가 '외로운'이라는 말이 단순히 외 돛단배를 일컫는 것이 아니라 그 안의 사람에게까지 연장되고 있기 때문이다. 따라서 이 배를 타고 가는 주인공은 매우 낭만적 주인공에 해당된다.

제2연

첫 두 행에서는 역시 배경을 묘사하고 있다. '파도는 너울거리고 바람은 휙휙 거린다. 그러자 돛대가 휘어지고 삐걱거린다.' 제1연의 첫 두 행과 마찬가지로 평범해 보이는 풍경 묘사를 통해 다음 두 행에서 전개될 화자의 심적 상태를 엿볼 수 있게 해 준다. 파도가 너울거리며 바람이 부는 모양을 관찰하는 것은 화자이며 화자의 심리상태에 반영된 상태로 독자에게 전달되고 있다.

'아아! 그는 행복을 추구하고 있는 게 아니다. 그렇다고 그가 행복으로부터 도망을 치고 있는 것도 아니다!' 앞 연에서 버린 것과 새로이 추구하는 것의 대비가 여기서도 일견 반복되는 것처럼 보인다. 그러나 꼼꼼히 살펴보면 이제는 두 개의 개체를 놓고 버리고 찾는 문장 구조가 아니라 하나의 개체를 놓고 찾지도 않으며 그것으로부터 도망을 가지도 않는다는 논리를 전개하고 있다. 이러지도 저러지도 못하는 배 안의 주인공을 설정해 볼 수 있다. 역시 낭만적 주인공의 모습이다. 불안정한 모습의 낭만적 주인공이다.

제3연

이 연에서도 첫 두 행은 배경 묘사이다. '그의 아래는 폭이 좁은 감청색 물결이 더 선명하고 그의 위에는 태양의 광선이 더더욱 황금빛이다.' 역시 이 표현에서도 화자의 감정을 읽을 수 있다. 파도의 색깔을 감지하는 것이며 파도가 치는 사이의 물결을 좁다고 인식하는 것이 다 그 예이다. 물론 태양광선의 색깔을 감지하는 것도 마찬가지이다. 또한 배 안의 주인공을 중심으로 발아래 물과 머리 위의 태양이라는 구도를 만들어 낸 장본인도 화자이다.

'격해 있는 그는 폭풍우를 갈구하고 있다. 마치 폭풍우 속에 안정이라도 있는 양!' 파도의 물결이 거세지고 파고와 파고의 사이가 더 좁아 그 골이 더 깊은 상황이다. 따라서 돛은 더 격하게 움직일 수밖에 없다. 그 돛단배의 주인 역시 심하게 격해 있음은 분명하다. 그런데도 '폭풍우'를 갈구한다. 그 이유는 폭풍우 속에서 안정을 찾을 수 있을 것으로 기대를 하기 때문이다. 모순적이다. 이렇게 모순적인 심리상태 역시 낭만적 주인공의 특성들 중 하나이다. 심리적 동종요법이라고나 해야 할까... 이성적으로는 받아들이기 어려운 논리이다. 자기 모순적인 낭만적 주인공의 심리상태를 잘 표현하고 있다. 악조건 속에서 빈약하기 짝이 없는 외 돛단배를 타고 거친 바다를 항해하고 있다. 처절한 자기 파괴 욕구를 본능적으로 드러내고 있다.

역사적인 해석을 가해보자면 이 시가 쓰인 1832년보다 7년 전 러시아에서는 소위 말하는 데카브리스트 난이 있었다. 실패한 이 난의 결과로 수많은 젊은 귀족 장교 및 교육을 받은 사람들이 처형당하고 시베리아로 유형을 갔다. 무모하기 짝이 없었던 이 난의 실패 이후 러시아 인텔리겐치아의 무기력한 모습을 이 시에서 찾는 것도 이 시를 읽는 좋은 방법 중 하나이다. 절망감이 절절히 배어 있어 당대 지식인의 나약하고, 방황하는 모습을 역력히 볼 수 있다.

이 시의 내용을 긍정적으로 감상하는 것도 얼마든지 가능하다. 이 세상에 단 하나밖에 없는 인텔리겐치아의 자존에 대한 강한 신념을 '돛단배'로 표현하고 있다. 외롭고 나약하면서도 폭풍우를 갈구하는 모습에서 운명에 대한 도전을 읽어낼 수도 있다. 파멸될 것을 뻔히 알면서도 도전 정신을 발휘하여 행동으로 옮기고 있는 모습으로 화자의 형상을 설명할 수도 있다.

Узник

Отворите мне темницу,   ○ _ ⊥ _ ⊥ _ ⊥ _
Дайте мне сиянье дня,   ⊥ _ ⊥ _ ⊥ _ ⊥
Черноглазую девицу,   ○ _ ⊥ _ ○ _ ⊥ _
Черногривого коня.   ○ _ ⊥ _ ○ _ ⊥
Я красавицу младую   ⊥ _ ⊥ _ ○ _ ⊥ _
Прежде сладко поцелую,   ○ _ ⊥ _ ○ _ ⊥ _
На коня потом вскочу,   ○ _ ⊥ _ ⊥ _ ⊥
В степь, как ветер, улечу.   ⊥ _ ⊥ _ ○ _ ⊥

Но окно тюрьмы высоко,   ○ _ ⊥ _ ⊥ _ ⊥ _
Дверь тяжелая с замком;   ⊥ _ ⊥ _ ○ _ ⊥
Черноокая далеко,   ○ _ ⊥ _ ○ _ ⊥ _
В пышном тереме своем;   ⊥ _ ⊥ _ ○ _ ⊥
Добрый конь в зеленом поле   ⊥ _ ⊥ _ ⊥ _ ⊥ _
Без узды, один, по воле   ○ _ ⊥ _ ⊥ _ ⊥ _
Скачет, весел и игрив,   ⊥ _ ⊥ _ ○ _ ⊥
Хвост по ветру распустив.   ⊥ _ ⊥ _ ○ _ ⊥

Одинок я — нет отрады: ○ _ ⊥ _ ○ _ ⊥ _
Стены голые кругом,   ⊥ _ ⊥ _ ○ _ ⊥
Тускло светит луч лампады   ⊥ _ ⊥ _ ⊥ _ ⊥ _
Умирающим огнем;   ○ _ ⊥ _ ○ _ ⊥
Только слышно: за дверями   ⊥ _ ⊥ _ ○ _ ⊥ _
Звучно-мерными шагами   ⊥ _ ⊥ _ ○ _ ⊥ _
Ходит в тишине ночной   ⊥ _ ○ _ ⊥ _ ⊥
Безответный часовой.   ○ _ ⊥ _ ○ _ ⊥
(1837)

감 상

시작법

이 시의 율격은 강약 4보격이다. 8행이 한 연을 이루고 있어 한 행의 길이로는 비교적 긴 연의 형태이다. 시의 주제와 상응하는 지루함을 표현하기 위해 적절한 연의 형태라고 이해할 수는 있으나, 연의 형태 자체 역시 지루한 것은 사실이다. 이를 극복하기 위한 장치로 각운이 동원되었다. 각운의 형태는 첫 4행은 여성 운과 남성 운이 교체 각운을 이루고 있으며 그 다음 두 행은 여성 인접 각운이, 그리고 마지막 두 행에서는 남성 인접 각운이 나타난다. 이것을 간략하게 표기하면 다음과 같다: AbAbCCdd.

[제 목]

이 시의 제목은 '수인(囚人)'이다. 동일 제목을 가진 푸시킨의 "수인" «Узник»(1822)과 비교해서 읽을 경우 더 많은 것을 이해하고 비교를 통한 재미가 배가될 것이다.

제1연

첫 4행에서는 화자가 네 가지를 요구하고 있다. 첫 번째 요구사항은 '감옥의 문을 활짝 열어 달라는 것'이다. 수인으로서 당연히 하고 싶은 요구이다. 그 다음 요구사항은 '내게 낮의 밝음을 달라는 것'이다. 감옥의 어두운 현실을 지적하는 것뿐만 아니라 구속되어 있는 상태의 어둠에 비해 '낮의 밝음'은 자유를 지칭하고 있음은 명백하다. 감옥의 문을 열고 나를 자유롭게 해 달라는 요구를 하고 있다. 세 번째 요구 사항은 '검은 눈동자의 아가씨를 달라는 것'이다. 개인적인 차이를 인정하고라도 이 시에서 '검은 눈동자의 아가씨'는 아름다운 아가씨를 말하고 있다. 긍정적 의미의 이 검은 색은 다음 요구사항에서도 그대로 계속되고 있다. 즉 '검은 갈기를 한 말을 달라'고 하고 있다. 준마를 달라고 하는 것으로 이해를 해도 큰 무리는 없다. 아가씨가 검은 눈동자를 가지고 있어 아름다움을 나타냈고 말이 검은 갈기를 가지고 있어 준마를 나타내고 있다. 구문적 유사성에 내용적 유사성을 더하고 있다.

위에서 요구하고 있는 것 네 가지 중 감옥의 문을 여는 것과 자유를 달라는 것을 제외하고 구체적인 요구인 여자와 말을 어떻게 하겠다는 것이 그 다음 4행의 내용이다. '나는 무엇보다도 먼저 예쁘고 젊은 처녀에게 달콤한 키스를 하겠다.' 앞에서 요구할 때 '검은 눈동자를 가진 처녀'가 이제는 더욱 구체적으로 '아름답고 젊은' 처녀로 발전하고 있다. 이 처녀에게 다른 어떤 행동보다도 먼저 자유를 획득한 후 키스를 하겠다는 것이다.

마지막 두 행은 말에 관한 내용이다. 처녀에게 키스를 한 '다음 나는 말을 타고 내 달릴 것이다. 마치 바람처럼 초원으로 날아갈 것이다.' 처녀에게 키스를 하는 것을 맨 먼저 하겠다고 호언장담했으니 말을 타고 달리는 것은 당연히 그 다음 행동이 된다. 초원으로 달려가겠다는 것은 좁은 감옥에서 벗어나 광활한 지역으로 가겠다는 열망도 되며 러시아의 광활한 초원은 자유의 상징이므로 획득한 자유를 만끽하겠다는 의미도 된다. 그리고 감옥 속에서의 답답함과 구속, 부자유의 굴레에서 벗어나고 싶은 열망을 '바람처럼 날아가겠다!'고 하여 화자의 심경을 잘 표현하고 있다.

여자도 같이 말을 타고 가는지의 여부는 밝힐 수가 없는 내용이다. 푸시킨의 동일한 제목의 시 첫 연과는 매우 다른 분위기를 맛볼 수 있다. 푸시킨의 화자는 한탄을 하고 있는 반면에 레르몬토프의 화자는 아직 분기탱천하고 혈기왕성한 모습이다. 거의 호기를 부리고 있는 이 서정적 자아를 볼 수 있으면 족하다.

제2연

이 연에서는 제1연에서 등장한 세 주체 즉 화자, 처녀와 말이 처한 상태를 묘사하고 있다. 화자와 처녀에 대해서는 각 2연씩 할애하고 있고 말에 관해서는 4행을 할애하였다. 우선 화자가 처한 상황을 보자. 제1연에서 호기를 부렸던 화자였다. 그런데 이 연을 시작하는 첫 단어가 역접 접속사이다. 따라서 제1연에서의 내용과는 완전히 상반되는 내용이 전개될 것을 쉽게 짐작할 수 있다. '그러나 감옥의 창문은 높다. 감옥의 문은 자물통을 달아 굳게 닫혀만 있다.' 이 시의 제목이 보여주듯이 화자는 여전히 감옥 안에 있다. 문을 열고 자신에게 자유를 달라 요구했던 그 화자는 감옥의 어둠 속에 갇혀 있다. 문이 열릴 리는 만무하다. 제1연에서 화자가 호기를 부린 만큼 이 연에서 그의 감금 상태가 그만큼 더 답답해지게 된다.

'검은 눈동자의 처녀는 멀리만 있다. 그녀는 화려하고 호사스러운 자신의 방안에 있다.' 처녀는 자유의 몸이다. 제1연에서 이 처녀에 대한 정보로 미루어 보아 이 처녀는 구체적인 사람을 지칭하는 것이 아니라 아무나 예쁘고 젊으며 검은 눈동자를 가진 처녀이면 되는 것처럼 이해될 수 있었다. 그러나 이 연에서 보면 그렇지 않고 화자는 구체적인 어떤 처녀를 염두에 두고 있음을 알 수 있다. 이 처녀가 있는 곳을 화자가 정확히 알고 있으며 이 처녀의 신분이 어떤지 알고 있고 더더욱 이 처녀의 방의 상태가 어떤지를 잘 알고 있기 때문이다. 단어 'терем'은 일반적으로 고대 러시아에서 고급 건축의 윗층, 망루 모양의 집, 귀족이 사는 성채 등을 의미하므로 이 처녀의 신분을 엿볼 수 있게 해 준다. 그리고 'девичий терем'이라고 하면 양가집 규수의 방을 의미한다. 따라서 이 시에서는 한 단어만 활용하면서도 이 단어와 관련된 제 의미를 내포하고 있다.

나머지 4행은 말에 관한 내용이다. '준마는 푸른 들판에 굴레 없이 있다. 혼자이다. 자유롭게 뛰어다니고 있다. 꼬리를 바람에 흩날리며 명랑하고 장난기 어려 있다.' 처녀에 관해 논지를 폈던 것과 마찬가지로 여기에서도 이 말을 구체적으로 '준마'라고 지칭하고 있다. 앞 연에서는 '검은 갈기를 가진 말'로 중립적으로 표현되었음을 상기하자. 자유로운 공간을 지칭하기에 '푸른 들판'은 조금도 부족함이 없다. 화자가 요구하였던 준마가 감옥의 문이 열리면서 나오게 될 자신을 기다리고 있는 것이 아니다. 그래서 푸른 들판에 '혼자' 있는 것이다. 화자와 함께하지 않기에 혼자인 것을 중의적으로 내포하고 있다. 푸른 들판에 멍에를 두르지 않은 준마가 자유롭게 뛰어다니고 있다. 쉽게 눈앞에 떠 올릴 수 있는 그림이다. 문제는 그런 말을 화자가 감옥 안에서 요구하고 있는데 실현 가능성과는 완전히 반대되는 상황이 그 문제인 것이다. 꼬리를 바람에 흩날리는 모습 또한 그 그림을 보다 자유롭고, 한가로우면 더욱 아름답게 해 준다. 이런 상황에 처해 있는 말의 상태는 '명랑하고 장난기 어려 있어' 무슨 짓이든 그 말이 원하는 것을 할 수 있다. 감옥 속에 갇힌 화자와 정반대의 상태에 놓여있음이 그림처럼 대비되어 있다.

제3연

제2연에서 단 두 줄로 자신이 처한 상황을 설명했던 화자가 이 연에서는 전체를 할애하여 자신의 처지를 밝히고 있다. '나는 혼자이다. 기쁨이 없다. 주변의 벽은 황량하기 그지없고 램프의 불빛만이 꺼져가는 불빛으로 희미하게 비친다. 단지 들리는 것은 감방 문들 너머에서 큰 소리로 울려 퍼지는 규칙적인 보초병의 걸음 거리이다. 대답 없는 밤의 보초병이 밤의 고요함 속에서 걷고 있다.'

혼자임과 외로움을 대단히 강조하고 있다. 독방에서의 화자의 심경을 대변하기 때문이다. 화자가 절망 속에 처해있다. 그래서 '기쁨이 없다'고 한다. 기쁨의 원천은 일차적으로 자유 그 자체일 것이며 아름다운 처녀와의 키스이고 준마를 타고 들판을 마음껏 질주 하는 것에서부터 시작될 것이다. 그런데 그것과는 완전히 상반되는 화자의 처지이고 보면 기쁨이 있을 근거가 전혀 없는 셈이 된다.

그 다음에 나오는 감방 안의 벽 묘사는 객관적이라고 할 정도로 중립적이다. 다만, 그 황량함에 대한 대비로 따뜻함과 희망의 상징일 수 있는 불꽃마저 '꺼져가는 것'이어서 화자의 절망은 그만큼 더 커지고 있다.

그리고 나머지는 감방 밖에서 일어나고 있는 것을 감방 안의 화자가 청각을 통해 인지하고 있는 사실이다. 밤 시간이고 그래서 고요하다. 그 시간에 보초병이 규칙적인 걸음걸이로 복도를 걷고 있다. 그래서 그의 발소리가 크게 울려 퍼지고 또 규칙적이다. 이 보초병이 '대답이 없는' 사람이라는 인식이 흥미롭다. 화자가 이 보초병에게 직접 말을 걸었는지, 그런데도 대답이 없는 것인지, 아니면 화자가 제1연에서 요구했던 것을 들어주지 않는 보초병이기에 '대답이 없는 것'인지는 알 수 없다. 어떻게 이해를 하든지 이 전체를 이해하고 감상하는 데는 큰 지장을 초래하지 않는다.

푸시킨의 동일 제목 시가 굉장히 침체되고 우울한 분위기에서 시작하여 자유로운 상태를 상상하는 밝고 희망에 찬 분위기로 시를 끝내는 것과는 정 반대의 분위기를 조성하고 있는 이 시는 또 다른 독특한 느낌을 독자에게 호소하고 있다.

И скучно и грустно

И скучно и грустно, и некому руку подать
В минуту душевной невзгоды...
Желанье!.. что пользы напрасно и вечно желать?..
А годы проходят – все лучшие годы!

Любить... но кого же?.. на время – не стоит труда,
А вечно любить невозможно.
В себя ли заглянешь? там прошлого нет и следа:
И радость, и муки и все там ничтожно...

Что страсти? – ведь рано иль поздно их сладкий недуг
Исчезнет при слове рассудка;
И жизнь, как посмотришь с холодным вниманьем вокруг,
Такая пустая и глупая шутка...
(1840)

시행의 길이가 길기 때문에 율격과 각운 표기를 아래에 한다.

_ ⊥ _ _ ⊥ _‖_ ⊥ _ _ ⊥ _ _ ⊥
_ ⊥ _ _ ⊥ _ _ ⊥ _
_ ⊥ _ _ ⊥ _‖ _ ⊥ _ _ ⊥ _ _ ⊥
_ ⊥ _ _ ⊥ _‖ _ ⊥ _ _ ⊥ _

_ ⊥ _ _ ⊥ _‖ _ ⊥ _ _ ⊥ _ _ ⊥
_ ⊥ _ _ ⊥ _ _ ⊥ _
_ ⊥ _ _ ⊥ _‖ _ ⊥ _ _ ⊥ _ _ ⊥

_ ⊥ _ _ ⊥ _‖ _ ⊥ _ _ ⊥ _

_ ⊥ _ _ ⊥ _‖ _ ⊥ _ _ ⊥ _ _ ⊥
_ ⊥ _ _ ⊥ _ _ ⊥ _
_ ⊥ _ _ ⊥ _‖ _ ⊥ _ _ ⊥ _ _ ⊥
_ ⊥ _ _ ⊥ _‖ _ ⊥ _ _ ⊥ _

감 상

시작법

이 시는 약강약 율격으로 홀수 행은 5보격이며 짝수 행은 3보격과 4보격이 혼합된 형태이다. 홀수 행은 모두 5보격으로 큰 문제가 없으나 짝수 행은 각 연에서 2행은 3보격이 활용되고 있으며 4행은 4보격이 활용되고 있다. 인생의 허무나 무의미함을 강조하는 시기 때문에 고전적 시작법을 마음대로 활용하고 있다. 3음절 율격이기 때문에 모든 익투스가 다 채워져 있는 것도 주의를 해야 한다.

남성 운과 여성 운이 교체하고 있는 각운이다. 흥미로운 것은 행이 더 긴 홀수 행에서는 남성 각운이 활용되었고 행이 짧은 짝수 행에서는 여성 각운이 활용된 점이다. 호흡이 지나치게 길어질 것에 대비하여 모든 홀수 행과 각 연의 마지막 행에는 제6음절 다음에 행간 휴지부를 두고 있음을 알 수 있다.

[제 목]

이 시의 제목은 '지겹기도 하고 슬프기도 하다'이다. 대단히 부정적인 두 개념을 제목으로 삼고 있으며 강조 소사 'и'를 활용하여 두 가지 감정 모두를 강조하고 있다. 구태의연한 삶에 대한 의욕을 상실한 1830년대 말 러시아 지식인의 형상을 제시하고 있다. 이 시의 전체적인 분위기는 염세적인 색채가 짙다.

제1연

첫 행의 반구에서 이 시의 제목이 그대로 반복되고 있다. '지겹기도 하고 슬프기도 하다.' 동일한 것의 반복 그 자체가 지겨

움의 원인이 된다고 동의할 때 시인은 이 시의 제목과 첫 행의 시작을 반복함으로 주제적인 접근을 곧바로 시도하고 있음을 알 수 있다. 첫 행의 후반부와 그 다음 행은 하나의 문법적 단위로 한꺼번에 해석을 해야 한다. '그리고 영적으로 불행한 순간에 어느 누구하나 손을 내밀 사람이 없다.' 여기에서 화자는 자기 스스로가 다른 사람에게 영적 불행을 하소연하거나 위로를 받을 수 없는 상황임을 분명히 하고 있다. 다른 사람이 화자에게 손을 내밀어 주지 않음을 한탄하고 있는 것이 아니다. 주변에 사람이 없음으로 지겨운 것이 당연하고 또 영적으로 불행한 순간을 맞이하고 있으니 화자는 슬프다고 자기감정을 읊고 있는 것이다. 그리고 생략 부호가 있다. 시간의 흐름을 감지하여야 올바른 독서를 할 수 있다.

제3행의 첫 단어가 한 문장을 이루고 있으며 그 문장은 감탄문이다. '욕망!' 그런 다음 다시 생략 부호... 이 행에는 행간 휴지부가 있는 행임에도 불구하고 여기에서 또 한 호흡을 쉬었다가야한다. 탄식조로 '욕망!'이라고 외치고 있기 때문이다.

이 감탄문에 이은 의문문이 3행의 마지막을 장식하고 있다. '덧없이 그리고 영원히 욕망을 가지는 것이 무슨 소용이란 말인가?' 지루하기도 하고 슬프기도 하니 욕망을 좀 가져보면 어떨까? 라고 화자 스스로 탄식을 해 봤다. 그런데 욕망을 가지는 것 자체도 덧없다는 주장이다. 비록 사람들은 끊임없이 욕망을 가지고 채우면서 살아가고 있음에도 말이다. 따라서 화자에게는 삶 자체가 소용이 없는 일이 되어버린다. 의문 부호 다음에 또다시 생략 부호가 있다. 생의 의미를 천천히 음미하면서 읽어야 한다.

첫 연의 마지막 행에서 '그런데 세월은 흐른다. 온갖 좋은 세월이!'라고 하여 흐르는 세월에 대한 안타까움을 노래한다. 문제는 이런 화자에게도 '좋은' 세월이 있기는 있다는 것이다. 덧없이 흘러가는 그것이 또 다른 차원에서의 문제가 될 수가 있는 한이 있더라도 말이다.

제2연

크게는 두 개의 질문이 있고 그 질문에 대한 화자의 태도를 보여주고 있는 연이다. 이 연의 첫 단어는 동사 원형으로 '사랑하기'이다. 지루하기도 하고 슬프기도 하니 사랑이라도 하면 어떻겠느냐는 화자의 자의식 혹은 다른 사람들이 제안할 만한 것을 스스로 제기해 보는 것으로 여겨도 무방하다. 그 다음에 중요한 질문이 나온다. 사랑 한 번 해볼 만도 하다. 그러면 지루하지도 않을 것이며 슬프지도 않을 수 있을 것이기 때문이다. '그러나 도대체 누구를 사랑한단 말인가?..' 사랑할 상대가 없음을 의미할 수도 있으며 모두를 다 사랑해야 하기에 불가능함을 토로하는 것일 수도 있다.

첫 행의 나머지 부분과 그 다음 행에서 이에 대한 보충 설명을 화자가 직접 하고 있다. '잠시 동안 사랑한다는 것은 일도 아니다. 하지만 영원히 사랑한다는 것은 불가능한 일이지 않는가.' 잠시 사랑을 하는 것에는 아무런 노력도 필요치 않다ㄱ 한다. 그러나 영원히 사랑하는 것에는 대단히 논쟁적인 측면이 내재되어 있다. 21세기인 오늘날에도 이 문제는 정답이 없다. 사랑이 영원한가 아니면 영원하지 아니한가, 즉 영원히 사랑할 수 있는 것인지 아니면 사랑도 일시적인 것으로 변하게 마련인 것인지의 여부를 정하는 것은 아직 인류가 해결하지 못한 일이다. 화자는 여기에서 '영원히 사랑하는 것은 불가능하다'고 못

박고 있다.

그 다음 질문은 '네가 네 스스로를 한 번 쳐다보기라도 하는가?'이다. 사람들이 잘 쳐다보지 않는 현실을 지적하고 있다. 사람은 반성에 그렇게 익숙하지 않다. 세월을 관통해 보아도 예나 지금이나 반성 좋아하는 인간이 대다수인 적은 없었던 듯 싶다. 그리고 그렇게 하는 경우에 어떤 일이 생기는가를 그 다음에서 보충 설명하고 있다. '네 스스로를 한 번 흘끗이라도 돌아보면 그곳에는 과거도 없고 흔적도 없다. 네가 돌아 본 그곳에서는 기쁨도 고통도 모든 것이 다 무의미하다...' 되돌아보고 말고 할 것이 없다는 것이다. 흔적도 없으니까. 그러니 과거를 거울 삼아 개척해 나아갈 미래도 당연히 없게 되는 것이다. 대단히 염세적이고 절망적이다. 낭만적 주인공의 인생에 대한 전형적인 태도라고 할 수 있다.

제3연

이 연 역시 질문으로 시작하고 있다. '수난은 무슨 수난이란 말인가?' 인생에 대해 염세적인 태도를 견지해 왔다. 이에 대해 자의식 속에서나 혹은 다른 사람들의 시선에서 화자가 수난을 겪는 것이 아닌가 하고 의구심을 가지는 것에 대해 전혀 그렇지 않다는 것을 선언하고 있는 수사적 질문이다. 화자 자신이 인생에 대해 느끼고 있고 가지고 있는 환멸, 무의미, 지루함, 슬픔 이 모든 것이 마치 무슨 성자나 선지자의 수난에 비교되는 것을 거부하고 있다. 한 인간의 내부 감정 표출이다. 여기에서 '수난'이라고 번역한 러시아어 단어는 'страсти'이다. 이 단어가 단수로 쓰이면 적이 다른 의미로 더 자주 쓰인다. 즉 정욕, 색욕, 색정, 강한 욕망, 열애, 몹시 좋아하는 것, 열정

등을 의미한다. 하지만 이 단어가 복수로 쓰이고 문학 작품에서는 주로 고뇌, 수난의 의미로 쓰인다. 예를 들어 'страсти Христоса'라고 하면 '예수님의 수난(고난)'이라는 뜻이 된다. 따라서 '수난'으로 번역을 하였으나 시의 전체적인 내용으로 보아 단수의 의미를 확대해석 해도 큰 무리가 따르지는 않을 것이다. 즉 이 서정적 자아에게는 인생의 그 어떤 측면을 논하더라고 결론은 한 가지로 이 시의 마지막 두 행에서 선언하는 것으로 귀결될 것이기 때문이다.

제1행의 나머지 부분과 제2행에서 위에서 논한 수사적 질문 '수난은 무슨 수난이란 말인가?'에 대한 근거가 제시되고 있다. '진정으로 이르건 늦건 간에 그런 수난의 달콤한 질병은 이성이라는 말 한 마디에 사라져 버릴 것이 틀림없기' 때문이라는 것이다. 이성 앞에서 감성적 비논리는 그 힘을 발휘하지 못하고 사라져 버리게 될 것을 근거로 제시하고 있다. 그렇다면, '수난은 무슨 수난이란 말인가?'라는 질문에서 어떤 것이 비이성적인가를 밝혀야만 한다. 위에서도 언급하였지만, 화자가 개인적 차원에서 인생에 대해 염증을 느끼는 것이지 이것이 무슨 인류를 구원하기 위한 고뇌에 찬 '수난'이 아니라는 것이다. 따라서 일견 자신이 곱씹고 있는 이 '지겹고 슬픈' 인생의 맛을 자칫 '수난'의 경지로 끌어 올리고 싶을지도 모를 일이다. 그것이 바로 비이성적이라는 것이다. 그렇기 때문에 '수난'으로 오해받을 수 있는 것들의 '달콤한 질병'이 이성 앞에서 사라질 수밖에 없게 되는 것이다.

여기에서 '달콤한 질병'은 모순어법의 한 예다. 질병이 달콤할 수는 없다. 그러나 조금 전에 논하였듯이 사사로운 개인의 내적 감정을 인류 구원의 차원으로 승화시키고자 하는 달콤한 유혹은 일어날 수 있다. 하지만 그것은 이성적으로 생각하면 금세 어불성설임이 분명해진다는 것이 화자의 주장이다.

'그래서 인생을 냉정한 시선으로 쭉 둘러보면, 이 인생이란 그토록 공허하고 그토록 어리석은 농담에 지나지 않는다...' 결론은 간단하지만 무시무시하다. 인생이 공허하다는 것이다. 인생이 농담이라는 것이다. 그것도 인생이 어리석은 농담이라는 것이다. 대단히 낭만주의적인 인생관이다. 염세적이다.

하지만 화자가 인생에 대한 이런 결론을 내리기 위해 앞에서 하였던 시적 장치와 시적 표현은 참으로 대단하다.

Родина

Люблю отчизну я, но странною любовью!

Не победит ее рассудок мой.
Ни слава, купленная кровью,
Ни полный гордого доверия покой,
Ни темной старины заветные преданья
Не шевелят во мне отрадного мечтанья.

Но я люблю — за что, не знаю сам, —
Ее степей холодное молчанье,
Ее лесов безбрежных колыханье,
Разливы рек ее, подобные морям;
Проселочным путем люблю скакать в телеге
И, взором медленным пронзая ночи тень,
Встречать по сторонам, вздыхая о ночлеге,
Дрожащие огни печальных деревень;

Люблю дымок спаленной жнивы,
В степи ночующий обоз
И на холме средь желтой нивы
Чету белеющих берез,
С отрадой, многим незнакомой,
Я вижу полное гумно,
Избу, покрытую соломой,
С резными ставнями окно;
И в праздник, вечером росистым,

Смотреть до полночи готов
На пляску с топаньем и свистом
Под говор пьяных мужичков.
(1841)

시행의 길이가 길기 때문에 율격과 각운 표기를 아래에 한다.

_ ⊥ _ ⊥ _ ⊥ ‖ _ ⊥ _ ○ _ ⊥ _
_ ○ _ ⊥ _ ⊥ ‖ _ ⊥ _ ⊥
_ ⊥ _ ⊥ _ ○ _ ⊥ _
_ ⊥ _ ⊥ _ ○ ‖ _ ⊥ _ ○ _ ⊥
_ ⊥ _ ○ _ ⊥ ‖ _ ⊥ _ ○ _ ⊥ _
_ ○ _ ⊥ _ ⊥ ‖ _ ⊥ _ ○ _ ⊥ _

_ ⊥ _ ⊥ _ ⊥ ‖ _ ⊥ _ ⊥
_ ⊥ _ ⊥ _ ⊥ _ ○ _ ⊥ _
_ ⊥ _ ⊥ _ ⊥ ‖ _ ○ _ ⊥ _
_ ⊥ _ ⊥ _ ⊥ ‖ _ ⊥ _ ○ _ ⊥
_ ⊥ _ ○ _ ⊥ ‖ _ ⊥ _ ⊥ _ ⊥ _
_ ⊥ _ ⊥ _ ○ ‖ _ ⊥ _ ⊥ _ ⊥
_ ⊥ _ ⊥ _ ○ ‖ _ ⊥ _ ○ _ ⊥ _
_ ⊥ _ ○ _ ⊥ ‖ _ ⊥ _ ○ _ ⊥

_ ⊥ _ ⊥ _ ⊥ _ ⊥ _
_ ⊥ _ ⊥ _ ○ _ ⊥
_ ○ _ ⊥ _ ⊥ _ ⊥ _
_ ⊥ _ ⊥ _ ○ _ ⊥
_ ⊥ _ ⊥ _ ○ _ ⊥ _

ㅡ ㅗ ㅡ ㅗ ㅡ 으 ㅡ ㅗ
ㅡ ㅗ ㅡ ㅗ ㅡ 으 ㅡ ㅗ ㅡ
ㅡ ㅗ ㅡ ㅗ ㅡ 으 ㅡ ㅗ
ㅡ ㅗ ㅡ ㅗ ㅡ 으 ㅡ ㅗ ㅡ
ㅡ ㅗ ㅡ ㅗ ㅡ 으 ㅡ ㅗ
ㅡ ㅗ ㅡ ㅗ ㅡ 으 ㅡ ㅗ ㅡ
ㅡ ㅗ ㅡ ㅗ ㅡ 으 ㅡ ㅗ

감 상

시작법

이 시의 작법은 독특하다. 기본적인 율격은 약강 격이다. 음보는 다양하여 6음보와 5음보 그리고 4음보가 혼합되어 사용되고 있다. 물론 6음보로 구성된 행에서는 여섯 번째 음절 다음에 행간 휴지부가 있다. (단, 제2연의 2행만은 예외다.) 각운과 마찬가지로 이렇게 다양한 시 작법을 한 편의 시에 동원한 것은 결코 하나의 전형이 될 수 없다. 다만, 이 시의 주제와 관련하여 조국의 다양한 측면을 대변하고자 하는 시인의 마음을 엿볼 수는 있다.

각운의 형태는 다음과 같다. AbAbCC dEEdFgFg HiHiJkJkLmLm. 제1연에서는 교체 각운과 인접 각운을 혼용하였고, 제2연에서는 환상 각운으로 4행을 처리한 다음 다시 교체 각운으로 4행을 처리했다. 마지막 연에서는 모두가 다 교체 각운으로 구성되어 있다. 일말의 규칙성을 발견할 수 있는 것은 이 시의 두 번째 행의 내용과 직접적인 관련이 있는 것으로 보임으로 독자들이 스스로 찾아보시기 바란다.

각운의 형태에서 보이듯 세 연으로 구성된 시이지만 각 연의 행수 역시 다르다. 제1연은 6행, 제2연은 8행, 제3연은 12행으로 되어 있어 총 26행시이다.

[제 목]

이 시의 제목은 '조국'이다. 그리고 이 시의 주제는 '조국에 대한 사랑'이다. 튜체프의 'Умом Россию не понять'로 시작되는 시의 한 예로도 볼 수 있으며 보다 구체적인 조국 사랑을 한 편 볼 수 있기도 한 시이다. 조국에 대한 사랑이라는 주제를 강조하기 위해 각 연의 첫 행에서 러시아어 동사 '사랑하다'의 일인칭 단수 현재 시제가 활용되고 있다.

제1연

첫 행의 반구는 어순 차원에서도 독자의 주의를 끈다. 보편적인 러시아어 표현은 'Я люблю отчизну.'이다. 그런데 이 표현이 어순을 달리 하고 있다. 주어가 맨 앞으로 오는가 아니면 맨 나중에 위치하는가의 차이이다. 러시아 어순이 비교적 자유롭지만, 그래도 문장의 맨 끝에 가장 중요한 정보가 오는 것을 생각해 보면 도치가 된 이 표현에서 강조가 되고 있는 것은 주어 '나'가 된다. 따라서 이 표현을 단순히 '나는 조국을 사랑한다.'라고 이해해서는 온전한 이해라고 할 수 없다. 시적 번역을 포기하고 뜻을 온전히 이해하기 위해서는 '조국을 사랑하는 것은 다른 사람이 아니고 바로 나다.'라고 해석을 하는 것이 더 옳다.

시 작법에서도 인칭대명사는 익투스에 위치하지 않는 경우 강세를 받지 못한다. 보편적인 어순이라면 주어 '나'는 강세를 받지 못해 해석의 차원에서 이해를 하였던 것마저 불가능해 보인다. 주어가 맨 마지막에 위치함으로 강세를 자연스럽게 받을 수 있게 되어 내용상 주어가 강조되는 것과 일치되고 있다. 물론, '조국'이라는 단어 역시 'родина'를 사용하지 않고 더욱 시적인 용어 'отчизна'를 활용하고 있다. 율격을 맞추기도 하고 또 언어의 조탁 면에서도 차원을 상승시키고 있다.

화자 자신의 조국에 대한 사랑을 강조한 다음 첫 행의 후반부에서 그 사랑을 한정하는 표현을 놓고 있다. 무조건적인 사랑이 아니라 자신의 사랑에 대한 특징을 구체적으로 논하고자 함이다. 화자는 '그러나 이상한 사랑으로 조국을 사랑한다.' 이 이상한 사랑에 대한 특징은 시 전체에서 화자가 조국을 사랑하는 모든 것의 총체임은 두 말 할 나위도 없다. 화자가 조국을 사랑하는 '그 이상한 사랑'을 '화자의 이성도 압도하지 못한다.' 간단히 말해 화자 자신도 자기의 조국에 대한 이상한 사랑을 이성적으로 설명할 수 없다는 것이다.

이 연의 나머지 4행에서는 주어가 세 개 나오고 그 주어 모두가 화자 '안에 있는 위로가 되는 상상을 흔들지는 못한다.'는 내용이 나온다. 그 세 가지 주어 중 첫 번째 것은 '피로 그 대가를 치른 명성'이며 둘째는 '자랑스러운 신뢰의 완전한 평온' 이고 세 번째 주어는 '아득한 먼 옛날의 신성한 전설들'이다. 주절의 동사가 부정당하고 있는 것은 지금 지적하고 있는 주어 세 개가 모두 불완전 부정 소사에 의해 부정당하고 있기 때문이다. 따라서 전체적인 의미는 '피로 그 대가를 치른 명성도, 자랑스러운 신뢰의 완전한 평온도 아득한 먼 옛날의 신성한 전설들도 내 안에 있는 위로가 되는 상상을 흔들지는 못한다.'이다. 결국은 화자가 조국에 대해 가지고 있는 사랑은 그 조국에 대한 위로가 되는 상상이다. 그것은 이성의 차원도 넘어서며 무력이나 충성이나 또는 역사의 차원도 넘어선다는 것이다. 그러기에 '이상한 사랑'으로 화자가 자기의 조국을 사랑하고 있다고 주장한다.

제2연

이 연의 첫 행은 '나 스스로도 무슨 이유때문인지는 모르지만, 아무튼 나는 사랑한다.'라고 화자는 계속 자신의 조국에 대한 사랑을 천명하고 있다. 그리고 이제는 조국의 어떤 것을 사랑하는지 구체적으로 밝히기 시작한다. 첫째는 '조국 들판의 차가운 침묵'이다. 조용한 들판을 좋아한다고 하면 될 것을 이렇게 시적으로 표현하고 있다. 두 번째는 '조국의 가없는 숲의 흔들림'이다. 끝없이 펼쳐진 처녀림이 바람에 흔들리는 것을 이유없이 사랑하고 있다는 것이다. 세 번째는 '바다를 닮은 조국 강들의 범람'이다. 강이 범람하는 것을 바다에 비유하고 있는 것에 한국의 독자들은 스스로의 이해 지평을 넓혀야 한다. 러시아 대 초원에 강이 범람을 하면 전 초원이 물에 잠기게 되고 그렇게 되면 그 넓은 대 초원이 바다처럼 보이는 것은 겨우내 내린 눈이 녹는 매년 봄이면 볼 수 있는 광경이다. 사랑의 구체적인 대상인 위의 세 가지 요소는 러시아의 자연을 말하고 있으며 그것은 들판, 숲, 강으로 대변되는 러시아 대 자연의 세 가지 대표자들이다. 모두가 다 생명과 관련이 있으며 또 풍요와 관련이 있는 것들임을 알아차리는 것은 그리 어려운 일이 아니다.

이 연의 마지막 4행에서는 화자가 조국에서 어떤 행위를 하기를 좋아하는지 밝히고 있다. 첫째는 '짐마차를 타고 시골길을 따라 달리는 것'이다. 도시의 포도를 마차타고 질주하는 것이 아니라 시골 좁은 길을 마차를 타고 달리는 것이다. 소박하고 전원적이라고 할 수 있다. 아니면 여느 때고 러시아의 시골에서 볼 수 있는 한 장면에 해당되기도 한다.

둘째는 '느긋한 눈길로 밤의 어둠을 가르며 하룻밤 유숙할 곳에 대해 동경을 하면서 각 지역을 따라다니며 슬픈 시골 마을들의 흔들리는 불빛 만나기'이다. 시골 길을 마차를 타고 다니니 서두른다고 될 일이 아니다. 이 역시 러시아 자연에 대한 러시아 사람들에 대한 태도이다. 우리나라처럼 좁은 곳에서와는 달리 어디를 갈 경우 먼 거리를 서둘러서는 결코 목적지까지 가지 못한다. 사람이 가지 못하기도 하려니와 말이 견디지 못할 수도 있다. 따라서 러시아 시골에서는 서둘러서는 안 된다. 그리고 그것이 습관이 된 러시아 시골 사람들은 결코 서두르지 않는다. 서두르면 일을 빨리 완성하는 것이 아니라 서두르는 사람의 존재 자체가 부정을 당하기 십상이다. 그러기에 화자 역시 밤이 되어도 '느긋한 눈길'로 밤길을 마차를 타고 가고 있다. 그러면서 더더욱 목가적이고 여유롭게 느껴지는 것은 오늘 밤 묵고 갈 장소에 대해 동경을 하고 있는 장면이다.

화자가 시골 어디에선가 하루를 묵어가면서 만나고, 자고, 먹고 하는 것에 대한 동경이므로 러시아의 전형적인 시골 마을의 생활과 인심에 대한 동경이라고 해도 좋다. 시골에 들어가면서 마을의 흔들리는 불빛을 보는 것은 여간 반가운 일이 아니다. 여기에서 '흔들리는 불꽃'은 '도시 전체의 조명이 모여 하늘로 반사되는 빛'을 의미하는 러시아어 단어 'зарево'하고는 차원이 다르다. 휘황찬란하지도 않고 그렇다고 온 하늘을 밝게 만드는 그런 거대한 불빛도 아니다. 시골 농가에서 흘러나오는 연약한 불빛이다. 그래서 화자는 '슬픈 시골'이라고 말하고 있다. 불꽃이 흔들리는 것은 과학적으로 증명된 불빛의 파장으로 인해 멀리서 보는 경우 깜박임 현상이 일어나는 것을 말한다.

제3연

첫 단어가 '나는 사랑한다.'라고 하는 일인칭 현재 시재가 사용되고 있고 연이어 이 동사의 목적어가 소개되고 있다. 첫째는 '수확을 다 끝낸 후의 밭에 질러 놓은 불의 연기'이다. 늦가을 러시아 농촌의 풍경을 화자가 좋아하고 있음을 알 수 있다. 두 번째로 화자가 사랑하고 있는 것은 '초원에서 밤을 지새우고 있는 짐마차'이다. 위의 행에서 계절을 나타냈던 것과는 아무런 상관없이 초원에서 밤을 보내는 짐마차를 말한다. 특히 러시아에서 건초를 베어 말리고 거둬들이는 계절에는 주변의 여러 마을에서 짐마차가 나와 노숙을 하는 것이 보편적이었다. 결국 화자가 좋아하는 것은 역동적이고 생산적이며 부지런한 러시아 농민들과 그들의 삶 자체를 사랑하고 있다는 주장이다.

그 다음으로 사랑하는 대상은 '언덕 위에 노란 색 버드나무 사이에 서 있는 하얀 빛을 띤 자작나무 한 쌍'이다. 그야말로 풍경화가 따로 없다. 러시아 자연의 광활함 뿐만 아니라 아름다움까지 엿볼 수 있는 대목이다. 자작나무가 러시아 사람들의 정서에 미치는 영향과 가지고 있는 의미를 생각해 볼 수 있게 해 준다.

이 연의 5행과 6행에서는 화자가 하는 동작을 바꾼다. '많은 사람들이 잘 알지 못하는 기쁨을 가지고 나는 가득 찬 곡식창고를 본다.', '사랑하는' 동작에서 '보는 동작'으로의 변화이다. 물론, 이 새 동작에도 목적어는 한 가지가 아니다. 가득 찬 곡식창고 다음에는 '짚으로 지붕을 인 시골 농가'를 '기쁜 마음으로 보고 있는 것'이다. 그리고 농가의 특징을 하나 더 소개 하고 있다. 격자무늬가 있는 덧창문이 있다는 것이다. 전형적인 러시아 통나무집을 떠올려보면 어렵지 않게 가옥의 구조를 그릴 수 있다.

화자가 이 시에서 마지막으로 하는 것은 '자기 스스로 밤늦도록 볼 준비가 되는 것'이다. '보는 행위'의 목적어가 나오는 것은 당연하다. 그것은 러시아 농민들이 추는 '춤사위'이다. 따라서 화자는 '나는 밤늦도록 춤사위를 볼 준비가 되어 있다.'라고 주장하고 있다. 밤늦도록 즉 자정이 다 될 때까지 본다는 것으로 늦도록 축제가 이어짐을 알 수 있다. 그 외 이 주장에 따른 보충 정보가 다양하므로 하나씩 분석을 하여야 화자의 주장을 충분히 이해할 수 있게 된다. 우선 춤사위를 보는 시간이 '축제일에 이슬 내린 저녁때'이다. 농부들이 시도 때도 없이 출 수는 없다. 추수가 끝나고 축일이 오면 그때 축제를 벌이며 또 당연히 춤을 추게 되어 있다. 축일 마저도 대낮부터 춤을 추는 것이 아니라 이슬이 내리는 저녁때부터임을 알 수 있다.

그 다음에는 춤사위의 특징을 규정지어주는 보충 정보를 분석할 차례다. 이 춤은 '발 구름과 휘파람 소리가 동반 되는' 춤이다. 러시아 농민들이 축일에 추는 춤은 전통 무용이다. 가죽으로 된 긴 장화와 전통 의상을 입고 발을 구르며 추는 다양한 러시아 전통 춤을 염두에 두자. 그리고 휘파람 소리 역시 러시아 사람들이 춤을 추면서 흥을 돋우기 위하여 빠지지 않고 내는 소리이다.

마지막으로 이렇게 농민들이 전통 춤을 추고 있는 공간적 배경을 설명하고 있다. '술에 취한 농군들의 시끌벅적한 말소리 속에서' 추는 춤을 볼 준비가 되었다고 화자가 말하고 있다. 축일이다. 술이 빠질 수 없을 것이며 추수를 끝내고 축제를 즐기는 러시아 농민들 즐겁고 행복하게 취한 모습임은 자명한 일이다.

낭만주의 시대를 대표하는 시인 레르몬토프의 이 시에는 문예사조의 특징에 따르는 절망감이나 무기력함이 전혀 없다. '조국'이라는 제목에 걸맞게 러시아의 진정한 모습을 묘사하고 있으며 건강한 러시아, 스텝, 숲, 강, 나무, 수확 후의 밭 그리고 그 그루터기, 짐마차 대열, 버드나무, 자작나무, 곡식창고,

농가 등으로 대변되는 러시아의 구체적인 구성 요소들, 농민 등 모든 것이 다 긍정적이고 활기차며 또 미래 지향적으로 조국 러시아의 영원한 존속을 엿볼 수 있게 하는 시다.

***

Выхожу один я на дорогу;   ○ _ ⊥ _ ⊥ _ ○ _ ⊥ _
Сквозь туман кремнистый путь блестит;   ○ _ ⊥ _ ⊥ _ ⊥ _ ⊥
Ночь тиха. Пустыня внемлет богу.   ⊥ _ ⊥ _ ⊥ _ ⊥ _ ⊥ _
И звезда с звездою говорит.   ○ _ ⊥ _ ⊥ _ ○ _ ⊥

В небесах торжественно и чудно!   ○ _ ⊥ _ ⊥ _ ○ _ ⊥ _
Спит земля в сиянье голубом...   ⊥ _ ⊥ _ ⊥ _ ○ _ ⊥
Что же мне так больно и так трудно?   ⊥ _ ⊥ _ ⊥ _ ⊥ _ ⊥ _
Жду ль чего? жалею ли о чем?   ⊥ _ ⊥ _ ⊥ _ ○ _ ⊥

Уж не жду от жизни ничего я,   ○ _ ⊥ _ ⊥ _ ○ _ ⊥ _
И не жаль мне прошлого ничуть;   ○ _ ⊥ _ ⊥ _ ○ _ ⊥
Я ищу свободы и покоя!   ⊥ _ ⊥ _ ⊥ _ ○ _ ⊥ _
Я б хотел забыться и заснуть!   ⊥ _ ⊥ _ ⊥ _ ○ _ ⊥

Но не тем холодным сном могилы...   ○ _ ⊥ _ ⊥ _ ⊥ _ ⊥ _
Я б желал навеки так заснуть,   ⊥ _ ⊥ _ ⊥ _ ⊥ _ ⊥
Чтоб в груди дремали жизни силы,   ⊥ _ ⊥ _ ⊥ _ ⊥ _ ⊥ _
Чтоб, дыша, вздымалась тихо грудь;   ⊥ _ ⊥ _ ⊥ _ ⊥ _ ⊥

Чтоб всю ночь, весь день мой слух лелея,   ⊥ _ ⊥ _ ⊥ _ ⊥ _ ⊥ _
Про любовь мне сладкий голос пел,   ○ _ ⊥ _ ⊥ _ ⊥ _ ⊥
Надо мной чтоб, вечно зеленея,   ○ _ ⊥ _ ⊥ _ ○ _ ⊥ _
Темный дуб склонялся и шумел.   ⊥ _ ⊥ _ ⊥ _ ○ _ ⊥

(1841)

감 상

시작법

강약 5보격이며 4행이 한 연을 이루고 모두 5연이므로 총 20행이다. 율격에 특이하게 지적할 사항은 없다. 그리고 각운 역시 여성 운과 남성 운이 교체 각하는 각운으로 이제까지 보아왔던 각운과 비교하여 특별한 주의를 끄는 것이 없다. 전형적인 러시아 고전적 시작법의 한 형태이다.

[제 목]

제목이 없는 시이다. 아주 직접적이고 또 아주 솔직 담백한 화자의 심경 고백으로 외로운 지성인의 모습을 볼 수 있는 시다.

제1연

'나는 홀로 밖으로(길로) 나선다.' 대단히 평범하고 화자가 어떤 행동을 하고 있는지를 서술하고 있다. 이 시가 시작되기 전에 화자는 안에 있었음이 분명하다. 그리고 밖으로 나가고 있어 그의 눈에 보이고 그것을 인식하는 것들이 이 연의 다음 내용이다.

'안개 너머로 돌이 많은 길이 반짝거린다.' 역시 화자의 시선에 감지되는 눈앞의 광경 묘사이다. 밤 시간이다. 아주 깜깜한 밤이 아니라 돌이 깔린 길이 반짝 거리고 더 희게 보이는 정도의 밤이다.

'밤은 고요하다. 황야는 신에게 주의를 기울이고 있다.' 조용한 밤 시간을 '고요하다'고 표현하고 있다. 시에서 그렇게 놀랄만한 표현은 아니고 그저 평범하다. 그리고 밤 시간에 자연과 신과의 관계 역시 그렇게 생경한 연결이나 수사법을 사용한 것은 아니다. 다만, 황야가 언급됨으로 화자가 처한 공간적 배경을 생각해 보아야 한다. 화자가 문자 그대로 황야의 어느 시설 안에 있다가 밖으로 나간 것인지 아니면 도시에 있으면서 밤 시간에 아무도 없는 자신의 주변을 황야로 인식한 것인지는 알 수 없는 일이다. 어느 쪽이든 화자의 인식 속에는 황야라고 하는 부정적 의미의 공간과 신이라고 하는 긍정 그 자체가 연계되고 있음을 볼 수 있다.

'그리고 별들이 별들과 대화를 나누고 있다.' 밤하늘에 별들이 많고 제각기 반짝임을 표현한 것이다. 의인화를 통한 이 표현은 최소한 이 연에서는 가장 시적인 표현이라 평가할 수 있다. 별과 별이 나누는 대화의 내용은 알 수 없으나 앞 행에서 신이 언급된 것으로 보아 신의 본질이나 이 우주의 질서에 대한 내용이거나 아니면 심란한 화자의 내적 감정을 대변해 주고 달래 주는 그런 대화 내용일 것이다. 하지만, 낭만주의 시대를 고려해 본다면 후자의 내용이 보다 더 설득력을 가진다.

전체적으로 아주 평범하고 용이한 내용으로 화자가 밖으로 나와 주변 상황을 관찰하는 내용을 독자가 구체적으로 보고 있다.

제2연

첫 두 행에서는 여전히 주변 상황에 대한 묘사이고, 나머지 두 행에서는 화자 자신의 심경을 질문을 통해 직접적으로 밝히고 있는 연이다.

'하늘에는 축제를 열고 있는 듯 하고 기적이 일어나고 있는 듯하다!' 앞 연에서 언급하였던 별과 별이 대화를 하는 것은 일대일의 상황이었다. 이제는 하늘의 별 전체를 조망하고 있음을 엿볼 수 있다. 별들이 축제를 여는 듯하다. 별들의 반짝임을 축제의 꽃이 불꽃놀이로 인식하고 있다. 그래서 '기적적'으로 보일 수 있다.

'땅은 푸른 빛 속에서 잠을 자고 있다...' 하늘과 대비하여 땅은 푸른 빛 속에서 잠을 자고 있다. 밤 시간이니까 잠을 자는 것은 정상적이다. 길의 돌이 반짝이는 것을 관찰할 수 있는 그런 밤의 푸름이다. 지구는 잠들어 있고 하늘은 축제를 열고 있는 것을 인식하는 화자의 마음이 무념무상일 수는 없다.

그래서 '도대체 무엇 때문에 내게 그토록 아프고 또 그토록 힘들다는 말인가?'하고 질문을 하고 있다. '아프다'는 느낌과 '힘들다'는 느낌으로 화자의 심경을 토로하고 있다. 제1연과 제2연의 1~2행에서 묘사하였듯이 그토록 고요하고 안정적인 자연 속에 처해 있는 화자가 내적으로는 대단히 힘들어하고 있는 모습이다.

화자는 그 이유를 '내가 뭔가를 기다리고 있기라도 한 건가? 뭔가를 애타게 염원하기라도 한단 말인가?'고 스스로에게 묻는다. 뭔가를 기다리고 뭔가를 애타게 염원하는데 그것들이 이뤄지지 않을 때에는 '아프고' 또 '힘들 수 있다.' 화자가 이런 감정을 느끼는 것이 바로 그 이유 때문인지 아닌지의 여부는 바로 다음 연에서 구체적으로 밝힐 수 있다.

제3연

'나는 인생에서 그 어떤 것도 더 이상 기다리지 않는다.', '그리고 나는 지나간 것들을 조금도 안타깝게 여기지 않는다.', '나는 자유과 안정을 찾고 있다!', '나는 그저 잊혔으면 그리고 잠

들었으면 좋겠다!'

앞 연에서 화자가 아파하고 힘들어 했던 것의 원인으로 지목하였던 뭔가를 기다리는 것은 아님이 분명하다. 화자 스스로가 아니라고 주장하고 있기 때문이다. 그리고 화자는 지나간 과거에 대해 염원하고 있지 않음도 분명하다. 따라서 과거가 화자의 아픔과 힘들어 함의 원인이 아님도 분명하다.

화자 스스로 밝히는 이유는 바로 화자가 '자유와 안정을 찾고 있기 때문'이라는 것이다. '기다리거나', '염원하는 것'이 아니라 '찾고 있음'이 차이가 될 수 있다. '자유'와 '안정'은 기다림이나 염원의 대상이 될 수 있기 때문이다.

한 가지 이유를 더 밝히고 있는데 그것은 바로 '나는 그저 잊혔으면 그리고 잠들었으면 좋겠다.'라는 것이다. 사람들의 기억 속에서 사라지는 것을 바라고 있다. 그리고 잠들기를 바라고 있다. 그러면 화자에게 자유와 안정이 올 것이라는 논리이다. 여기에서 문제는 자유와 안정을 주는 망각과 잠들기가 자칫 죽음을 의미할 수 있는데 그렇지 않은 것을 확인하기 위해서는 다음 연을 분석해 보아야 한다. 이 문장은 가정 소사가 활용되고 있어 현실에서 이루어질 수 없는 상황을 설명하는 것임에도 주의를 기울이자.

제4연

'그러나 무덤의 그 차가운 꿈으로가 아니다...' 첫 행에서 바로 죽음을 갈구하고 있음이 아님을 밝히고 있다. 스스로 잠들고 싶다고 했고 그것이 죽음이 아니라고 논지를 폈다. 독자는 어리둥절해 할 수밖에 없다. 그 어리둥절함을 해소하기 위해 시인은 이 연의 나머지 3행과 마지막 연 전체를 할애하여 설명하고 있다.

'나는 영원히 그렇게 잠들고 싶다...' 이 문장에서도 역시 가정소사가 활용된 문장이어서 실제로는 그럴 수 없음을 나타낸다. 그리고 화자의 이 바람에서 '그렇게'가 어떻게 인지를 밝혀야 한다.

첫 번째는 '생의 힘이 가슴 속에서 꿈꿀 수 있게'이다. 역동적인 삶을 추구하는 것이 아니라 생을 살아가는 힘이 가슴 속에서 잠을 자는 것이다. 구체적으로 어떤 상태를 말하는지 알 수 없는 일이다. 학자들이 연구한 것을 참조했으면 하고 바라는 마음 간절해지는 대목이다.

두 번째는 '호흡을 하면서 가슴이 조용히 부풀어 올랐으면 하는 것'이다. 호흡이 멈춘 상태의 안정과 자유를 의미하는 것이 아니라 생명이 담보되는 전제하에서의 안정과 자유를 의미한다. 따라서 화자의 심장이 호흡을 해야 한다. 숨 가쁜 호흡이 아니라 조용한 호흡이다.

제5연

이 연에서 화자는 계속하여 '그렇게'에 해당되는 것을 두 가지 더 '어떻게'라고 밝히고 있다. 첫 번째는 '온 밤과 온종일 나의 귀를 달래며 달콤한 목소리가 사랑 노래를 내게 불러줬으면 하는 것'이다. 대단히 구체적인 바람이다. 사랑노래를 24시간 듣고자 하는 화자이다. '달콤한 목소리'의 주인공이 누구인지 밝히기 힘든 것이 문제가 될 수 있다. 구체적인 한 사람을 지칭하는 것인지 아니면 누구의 목소리든 달콤하기만 하면 되는 것인지 알 수 없다.

그 다음은 '가지와 잎이 무성한 참나무가 영원히 푸르면서 내 위에서 가지를 늘어트리고 또 바람 소리를 내 주었으면 하는 것'이다. 사실 이 장면은 참나무 밑에 위치한 하나의 무덤을 연상하기 딱 좋다. 그런데 화자는 앞에서 죽음은 아니라고 했다. 무덤의 차가운 꿈이 아니라고 했다. 그렇다면 결론적으로 여기에서 화자는 죽음 자체를 부정하는 것이 아니라 죽었어도 가슴이 호흡을 하며 사랑 노래를 끊임없이 들으며 참나무가 사철 푸르기를 바라고 있는 것이다. 모든 것이 다 모순적이다. 그래서 낭만적이다. 낙엽수인 참나무가 상록수가 될 수는 없다. 따라서 화자는 죽음을 갈구하면서도 보편적인 죽음이 아니라 자유와 안정이 보장된, 삶의 힘이 가슴 속에서 죽지 않고 꿈꾸고 있는 그런 죽음을 원하고 있다.

어디에도 마음을 둘 수 없는 낭만적 주인공이며 외로운 지성인의 내적 고민을 들여다 볼 수 있는 시이다.

이 시에 곡을 붙여 러시아 사람들이 애창하고 있다. 단지 멜로디만 즐길 것이 아니라 그 내용도 알고 감상한다면 금상첨화이다.

Пророк

I

С тех пор, как вечный судия	_ ⊥ _ ⊥ _ ○ _ ⊥
Мне дал всеведенье пророка,	_ ⊥ _ ⊥ _ ○ _ ⊥ _
В очах людей читаю я	_ ⊥ _ ⊥ _ ⊥ _ ⊥
Страницы злобы и порока.	_ ⊥ _ ⊥ _ ○ _ ⊥ _

II

Провозглашать я стал любви	_ ○ _ ⊥ _ ⊥ _ ⊥
И правды чистые ученья,–	_ ⊥ _ ⊥ _ ○ _ ⊥ _
В меня все ближние мои	_ ⊥ _ ⊥ _ ○ _ ⊥
Бросали бешено каменья.	_ ⊥ _ ⊥ _ ○ _ ⊥ _

III

Посыпал пеплом я главу.	_ ⊥ _ ⊥ _ ⊥ _ ⊥
Из городов бежал я нищий,	_ ○ _ ⊥ _ ⊥ _ ⊥ _
И вот в пустыне я живу,	_ ⊥ _ ⊥ _ ⊥ _ ⊥
Как птицы, даром божьей пищи;	_ ⊥ _ ⊥ _ ⊥ _ ⊥ _

IV

Завет предвечного храня,	_ ⊥ _ ⊥ _ ○ _ ⊥
Мне тварь покорна там земная;	_ ⊥ _ ⊥ _ ⊥ _ ⊥ _
И звезды слушают меня,	_ ⊥ _ ⊥ _ ○ _ ⊥
Лучами радостно играя.	_ ⊥ _ ⊥ _ ○ _ ⊥ _

V

Когда же через шумный град	_ ⊥ _ ⊥ _ ⊥ _ ⊥
Я пробираюсь торопливо,	_ ○ _ ⊥ _ ○ _ ⊥ _

То старцы детям говорят   _ ⊥ _ ⊥ _ ○ _ ⊥
С улыбкою самолюбивой: _ ⊥ _ ○ _ ○ _ ⊥ _

VI

<<Смотрите: вот пример для вас!   _ ⊥ _ ⊥ _ ⊥ _ ⊥
Он горд был, не ужился с нами: _ ⊥ \ ○ _ ⊥ _ ⊥ _
Глупец, хотел уверить нас,   _ ⊥ _ ⊥ _ ⊥ _ ⊥
Что бог гласит его устами!   _ ⊥ _ ⊥ _ ⊥ _ ⊥ _

VII

Смотрите ж, дети, на него: _ ⊥ _ ⊥ _ ○ _ ⊥
Как он угрюм, и худ, и бледен!   _ ⊥ _ ⊥ _ ⊥ _ ⊥ _
Смотрите, как он наг и беден,   _ ⊥ _ ⊥ _ ⊥ _ ⊥ _
Как презирают все его!>>   _ ○ _ ⊥ _ ⊥ _ ⊥
(1841)

감 상

시작법

약강 4보격으로 4행 1연이며 전체 7연이므로 총 28행으로 구성된 시다. 각운은 1~6연은 남성 운과 여성 운이 교체하고 있으나 마지막 연인 제 7연에서는 남성 운이 여성 운을 감싸고 있는 환상 각운(aBBa)을 형성하고 있는 점이 특이하다. 이 각운의 형태와 이 연의 내용과의 상관관계를 밝혀 보아야 한다. 내용의 반전에 따른 시 작법의 호응인데 그 구체적인 것은 제7연에서 분석할 것이다.

제5연 4행에서는 행간에 익투스 두 개가 생략되므로 스폰데이(Спондей)를 형성하여 간격이 상당히 넓어진 것이 특징이다. 음절이 없는 전치사를 제외하면 이 행을 이루고 있는 단어가 단 두 단어이기 때문에 생긴 현상이다. 이렇게 익투스를 생략하면서 표현하고 있는 것이 노인들의 '자존심 강한 웃음'인데 시 작법을 통해 노인들의 자존심 강도를 약화시키고 그 자존심의 근거가 빈약함을 증명해 보이고 있다.

[제 목]

이 시의 제목은 "예언자"이다. 푸시킨의 동일 제목 시 "예언자" «Пророк»(1826)와 대조해서 읽으면 더욱 많은 것을 이해할 수 있다. 간 텍스트성을 잘 볼 수 있는 전형 중의 하나다. 이 시는 푸시킨의 동일 제목 시의 연작으로 보아도 내용상 아무런 문제가 없을 정도이기 때문이다. 그리고 성경 중 예언서인 이사야서 특히 6장을 참조하기 바란다.

제1연

'영원한 판관께서 내게 예언자의 전지(全知)를 주신이래 나는 사람들의 눈동자에서 사악하고 악덕한 측면들을 인식하고 있다.'라고 첫 연을 열고 있다. 푸시킨의 "예언자"라는 시가 어떻게 한 인간이 예언자로 거듭나는지에 관한 시라면, 이 시에서는 예언자가 이미 되어 있는 화자가 등장을 하고 있다. 그래서 이 예언자는 전지를 부여받은 존재이다. 예언자가 되고 보니 사람들의 눈동자에 사악하고 악덕한 측면이 있는 것을 보게 되고 인식하게 되었다는 선언이다. 푸시킨의 시 마지막 구절 즉 '말로서 사람들의 마음을 불태우라!'라는 명령을 수행하고자 하는 예언자의 모습일지도 모른다. 왜냐하면, 이 연의 첫 구절인 '...한 이래로'는 문맥상으로는 위에서 해석을 한 것처럼 이해해야 하지만, 간 텍스트성 차원에서는 '푸시킨의 시에서 한 인간이 예언자로 거듭난 이래로'와 같이 이해할 수도 있기 때문이다. 그러나 그것이 여의치 않음이 밝혀진다. 세상이 그를 예언자로 받아들이지 못하는 현실을 그리고 있다. 결국은 신의 형상을 닮은 긍정적인 인간 예언자와는 또 다른 모습 즉 세상의 잣대로 보아 실패한 인생을 그림으로 레르몬토프만의 교훈을 인간 세상에 던지고 있다.

제2연

그래서 '나는 사랑과 가르침의 순수한 진리 포고하기를 멈추었다.' 더 이상 사랑을 베풀지도 않으며, 더 이상 진리를 설파하지도 않는 예언자의 모습이다. 푸시킨의 시에서 한 인간이 예언자로 다시 태어나는 것이 얼마나 어려운 일인지 적나라하게 묘사하고 있다. 대대적인 성형수술이 필요했다. 그렇게 해서 태어난 예언자가 레르몬토프에게서는 자신의 임무 즉 신의 절체절명의 명령을 수행하지 않고 있다는 것이다. 무언가가 잘못되고 있음에 틀림없다.

'내게 가까운 모든 사람들이 내게 돌을 미친 듯이 던졌다.' 예언자의 말을 듣고 회개하며 더욱 선한 삶을 살아 신의 의지를 이 땅에 실천하고 죽어서는 하늘나라로 올라가 영생을 누려야 할 인간이다. 그런데 그런 인간들이 예언자에게 돌을 던지고 있다. 그것도 예언자에게 가장 가까운 사람들이 돌을 던졌다. 돌을 그냥 던진 것이 아니라 '아주 미친 듯이' 던졌다. 이것이 잘못이다.

제3연

그래서 '나는 내 머리에 재를 흩어 뿌렸다.' 스스로 몰골을 망치고 더러운 꼴을 하였다는 뜻이다. 인간이 세상을 살아가는 기준과는 전혀 상관이 없는 존재인 예언자임에도 불구하고 사람들에 그에게 돌을 던져 못 살게 굴고 또 생명을 위협했다. 그런 상황에서 예언자는 태연히 도시에 남아 있으면서 평범한 삶을 살 수 없었다.

그리고 '나는 도시에서 거지가 되어 도망 나왔다.' 예언자가 거지가 된 것은 그의 형색이 초라하고 가진 것이 없는 겉모습을 설명하기도 하려니와 제자라든가 그를 믿고 따르는 자가 하나도 없음을 나타내기도 한다. 도시에서 생명의 위협을 느끼기에 도시를 피하는 것은 당연한 일이다. 그런데 화자는 여기에서 '도망가다'라는 동사를 활용하고 있다. 이는 자기 스스로 떠난 것이 아니라 쫓겨나 할 수 없이 간 것을 말한다. 그리고 기회가 되고 목적이 있게 되면 다시 오게 될 것을 암시하고 있다.

'그래서 자, 나는 지금 여기 황야에 살고 있다. 마치 새들처럼 신께서 내려 주시는 양식을 먹으면서 살고 있다.' 도시를 벗어나 사람이 없는 황야에 살고 있는 예언자이다. 예언자가 사람들하고 있어야 신의 의지와 음성을 들려줄 것인데, 황야에서는 아무도 그의 말을 들어 줄 인간이 없다. 그 대신에 존재 자체는 부정을 당하지 않고 있다. 먹을 것이 없어 굶어 죽을 형편이라면 또 다른 차원의 존재 부정이 되겠지만, 다행히도 황야에서 예언자는 신의 음식을 받아먹고 있다. 그런데 그것은 마치 새가 먹을 것을 부여받는 것과 같다는 것이다.

이 주장은 성경에서 직접적인 모티프를 가져오고 있음은 자명한 일이다. "그러므로 내가 너희에게 이르노니 25. 목숨을 위하여 무엇을 먹을까 무엇을 마실까 몸을 위하여 무엇을 입을까 염려하지 말라 목숨이 음식보다 중하지 아니하며 몸이 의복보다 중하지 아니 하냐 26. 공중의 새를 보라 심지도 않고 거두지도 않고 창고에 모아들이지도 아니하되 너희 천부께서 기르시나니 너희는 이것들보다 귀하지 아니하냐." (마태복음 6장 25~26) 이렇듯 예언자에 관한 시이기 때문에 성서에서 그 모티프를 가져오는 것은 자연스럽기까지 하다.

제4연

이 연에서는 주어가 모두 자연물이고 그 자연물들이 화자와 어떤 관계에 있는지를 밝히고 있다. '개벽 이전의 약속을 간직하고 있으면서 그곳에서 이 땅의 사물들은 내게 순종적이다.' 화자가 황야에서 머물고 있는 동안 그 곳의 사물들이 화자의 말을 잘 듣는다는 것이다. 인간들하고 다른 종류의 피조물들과 관계를 형성하고 있다. 인간들은 예언자를 박해할 정도인 것에 비해 황야의 존재들은 예언자인 화자의 말을 잘 들을 뿐만 아니라 '개벽 이전의 약속'을 간직하고 있다. 개벽 이전의 약속은 종교학적 차원에서 다뤄야 할 문제다. 다만, 창세기에서 말하고 있는 것으로 추정해 볼 수는 있다. 인간을 맨 마지막에 창조하고 창조주께서는 아주 기뻐하셨다. 그래서 그 전에 창조한 모든 것들로 하여금 인간의 복락을 위해 봉사를 하게 하셨다. 황야에서의 존재들이 예언자인 화자의 말을 잘 듣는 것은 창세기의 이 약속을 간직하고 있기 때문이라는 해석이 가능해 진다.

그리고 황야에서는 '별들이 그들의 빛으로 기쁘게 놀면서 내 말을 듣는다.' 황야의 존재들뿐만 아니라 하늘의 별들 역시 화자와 교감을 나누고 있음을 알 수 있다. 인간과 자연과의 관계가 마땅히 이래야 한다는 것을 보여 주기도 한다.

이 연의 구성이 흥미롭다. 두 개의 부동사 문장과 두 개의 주된 문장으로 구성되어 있는데 첫 두 행에서는 부동사 구문이 먼저 나오고 주된 문장이 두 번째 행에 있다. 그런데 3행과 4행에서는 그 순서가 바뀌었다. 즉 주된 문장이 먼저 3행에 나오고 부동사 구문이 마지막 4행에 있다는 것이다. 결과적으로는 부동사 구문이 주된 문장 두 개를 감싸고 있게 되는 구조를 형성한다. 화자와 황야의 존재, 화자와 하늘의 별들, 인간과 자연이라는 주제를 잘 전달하고 있다고 평가할 수 있다.

제5연

그런데 화자가 '시끄러운 도시를 지나 빠르게 빠져 나갈 때, 노인들이 자존심이 강한 미소를 띠며 아이들에게 이렇게 말한다.' 화자가 도시에 있는 장면이다. 황야와 비교하여 도시가 '시끄럽다'는 것은 별도의 설명이 없어도 이해가 간다. 이런 시끄러운 도시를 화자가 '서둘러 빠져나간다.'고 하고 있다. 앞의 제2연에서 화자에게 가까운 사람들에 돌을 인정사정없이 던졌다. 그런 도시이기 때문에 낯선 사람들 사이를 산책을 하듯 지나갈 수는 없을 것이다.

노인들이 아이들에게 얘기를 해 주는 장면은 참으로 아름다울 수 있고 또 교육이나 양육의 차원에서 대단히 좋은 순기능을 할 수도 있을 것이다. 노인들의 지혜와 삶에 대한 교훈을 어린 아이들에게 전달해 주는 것은 대단히 좋은 일이다. 그러기에 노인들이 얼굴에 '자존심이 강한 미소'를 띠고 있는지도 모를 일이다. 그러나 이 시에서는 전혀 그렇지 않다. 남은 두 연에서는 노인들이 어린 아이들에게 들려주는 얘기를 직접 인용 화법으로 제시하고 있다.

제6연

"보아라. 여기 너희들에게 보여 줄 본보기가 있다!" 물론 노인들이 어린 아이들에게 도시를 서둘러 빠져나가는 예언자 화자를 보라고 하는 것이다. "저 사람은 당당했지. 우리랑 친하게 지내지 않았어." 노인들이 하는 얘기 중 '당당했다'라는 표현의 러시아어 'горд'는 긍정적 의미와 부정적 의미를 동시에 가지고 있다. 즉 긍정적으로는 '당당한', '자신 만만한', '자랑스러운', '정중한'의 의미가 있으며 부정적으로는 '자기 우월에 빠진', '오만한', '거만한'의 의미가 있다. 어느 의미로 해석을 하든 큰 차이를 만들지는 않는다. 다만, 나중에 전개되는 내용이 부정적이므로 여기 서두에서 긍정으로 해석을 하는 것이 더욱 극적이라고 사료된다.

"저 사람은 바보야. 신께서 당신의 음성을 저 사람의 입을 통해 들려주고 있다고 우리를 믿게 하려고 했었거든!" 쉽게 말해 화자가 '예언자인 척 하려고 했고, 그렇기 때문에 바보라는 것'이다. 예언자의 실체를 인정하지도 않을 뿐만 아니라 예언자의 말에 동의도 해 주지 않는 경우이다. 제4연에서 화자가 황야에 머물 때 그곳의 존재들이 화자에게 순종적이었음을 기억해 보면 도시의 인간들은 완전히 반대의 입장을 취하고 있다.

제7연

"아이들아, 보아라. 저 사람을. 저 사람이 얼마나 음울한지, 저 사람이 얼마나 삐쩍 말랐는지 그리고 얼마나 창백한지를!" 예언자의 표정이 음울한 것은 사실이다. 그러나 예언자의 잘못으로 음울한 표정을 짓는 것이 아니라 자기의 말 즉 신의 음성에 귀 기울일 줄 모르는 인간들 때문이다. 그런데도 노인이라는 즉 인생의 경험이 많고 새로운 세대에게 교훈을 주어야 할 노인들이 하는 애기가 전혀 엉뚱한 애기를 하고 있기 때문에 예언자의 얼굴 표정이 음울한 것이다. 예언자가 마른 것과 창백한 것에 대해서도 인간들이 스스로의 의무를 다하지 않은 결과이다. 신의 음성을 들려주는 자에게 먹을 것을 충분히 주는 것은 당연한 일이다. 기독교에서 헌금과 십일조를 바치게 된 경위를 생각해 보면 금세 이해할 수 있다. 성직자들이 생계를 걱정하지 않고 교회 일에 전념할 수 있도록 하기 위해 생긴 헌금과 십일조의 제도를 생각해 보면 단순히 성직자가 아니라 예언자에게는 지극히 당연한 일이다.

"아이들아, 보아라. 저 사람이 얼마나 헐벗었고 얼마나 가난한지를!" 헐벗고 가난하다는 사실 역시 위의 논지에서 이해하면 된다. 다만, 가난에 대해서는 좀 더 사고의 폭을 넓히자. 예언자가 부자가 될 필요는 없다. 그런데 노인들이 어린 아이들에게 '부자가 아닌 사실'로 예언자를 평가하고 있다. 여기에서 시인은 예언자의 부를 논하자는 것이 아니다. 오히려 노인이라는 사람들이 사람을 평가하는 기준이 '부'에 불과한 것을 개탄하고 있다. 더더욱 개탄스러운 일은 그러한 속물적 사람 평가 기준이 어린 아이들에게 고스란히 전달된다는 사실이다.

"아이들아 보아라. 모든 사람들이 저 사람을 어떻게 경멸하는지를!" 속물적 근성의 절대치를 보여주는 이 시의 마지막 행이다. 물론 노인들이 어린 아이들에게 하는 말이다. 예언자를 인정하지도 않고 그를 못살게 하는 차원이 아니라 경멸의 대상이 되고 있음을 아이들에게 일깨워주고 있다. 옳은 일을 스스로 하지는 못할망정 다음 세대에 잘못을 '자존심 강한 미소'를 얼굴에 띠고 가르치고 있다.

푸시킨의 시에서 한 인간이 예언자로 거듭나기 위해 한 편의 시 전체가 필요했다. 그렇게 재탄생된 예언자가 레르몬토프의 시에서 인간들에게 이렇게 경멸의 대상이 되고 있다. 어리석음이 노인들에게서 어린 아이들에게로 대물림 되고 있는 안타까움을 지적하고 있다. 인간의 몰이해를 질타하고 있다.

당대 최고의 문학 비평가였던 벨린스키가 이 시를 레르몬토프의 최고의 걸작이라고 칭송을 했다는 후일담이 전해진다.

Яков Петрович Полонский (1819~1898)

폴론스키

폴론스키는 랴잔(Рязань)에서 가난한 귀족 가정의 아들로 1819년 12월 6(18)일 태어났다. 1838년 랴잔 김나지움을 졸업하고 모스크바 대학의 법학부에 입학하였고 1840년부터 시를 출판하기 시작하였다. 첫 시집 『감마』«Гамма»는 1844년에 출판되었다. 벨린스키는 그의 논문 "1844년 러시아 문학"에서 폴론스키의 시에 대해 "시의 순수한 요소"를 지적하여 칭찬을 하였으나 "경향과 이상"이 없음을 경고하였다. 1844년 대학을 졸업하고 그는 오데사에 가서 살았다. 1846년부터 트빌리시에서 근무를 하였으며 이때 그루지야의 인상을 담은 『사잔다르』«Сазандар»(1849)를 출판하였다. 이 책의 제목은 중앙아시아의 아제르바이잔이나 그루지야 또는 이란에서 음악대 연주자인 악사를 의미한다.

1859~60년에는 『러시아 말』«Русское слово»의 편집인으로 일을 했다. 일련의 정치적인 희곡작품들에 대해 네크라소프(Н.А. Некрасов)와 도브로류보프(Н.А. Добролюбов)가 폴론스키의 재능을 인정하였으나 그의 자유사상에 대한 경향을 좋아하지는 않았다. 1860년대 그의 시에서는 "민중"의 주제가 자주 등장하고 있다:

폴론스키 묘비(랴잔 소재)

"공중 전염병"«Миазма»(1868), "K.Sh.의 앨범"«В альбом К.Ш.»(1871), "눈먼 무도회의 피아니스트"«Слепой тапер»(1876), "여자 수인"«Узница»(1878).

80~90년대 폴론스키의 시에는 종교적이고 신화적인 분위기가 주종을 이루고 있다. "저녁 종소리"«Вечерный звон»(1890)에는 죽음의 동기와 인간 행복의 덧없음이 흐르고 있다. 폴론스키의 시에는 투르게네프가 지적을 하였듯이 일상적인 언어가 중요한 요소이다: "아침노을로부터 화려한 추위가 정원으로 스며든다."«От зари роскошный холод проникает в сад»(1850). 폴론스키의 작품 활동 영역은 매우 넓어 장편 서사시, 희곡, 시로 쓴 희곡, 단편, 중편, 인상기, 언론사용 논문, 메모, 소설 등이다.

<참고 문헌>

«Полное собрание стихотворении в пяти томах» 1896.

А. Лагунов, «Лирика Якова Полонского». 1974

Вечерний звон

Вечерний звон... Не жди рассвета;   _ ⊥ _ ⊥ _ ⊥ _ ⊥ _
Но и в туманах декабря   _ ○ _ ⊥ _ ○ _ ⊥
Порой мне шлет улыбку лета   _ ⊥ _ ⊥ _ ⊥ _ ⊥ _
Похолодевшая заря...   _ ○ _ ⊥ _ ○ _ ⊥

На все призывы без ответа   _ ⊥ _ ⊥ _ ○ _ ⊥ _
Уходишь ты, мой серый день!   _ ⊥ _ ⊥ _ ⊥ _ ⊥
Один закат – не без привета...   _ ⊥ _ ⊥ _ ○ _ ⊥ _
И не без смысла – эта тень...   _ ○ _ ⊥ _ ⊥ _ ⊥

Вечерний звон – душа поэта,   _ ⊥ _ ⊥ _ ⊥ _ ⊥ _
Благослови ты этот звон...   _ ○ _ ⊥ _ ⊥ _ ⊥
Он не похож на крики света,   _ ○ _ ⊥ _ ⊥ _ ⊥ _
Спугнувшего мой лучший сон.   _ ⊥ _ ○ _ ⊥ _ ⊥

Вечерний звон ... И в отдаленье,   _ ⊥ _ ⊥ _ ○ _ ⊥ _
Сквозь гул тревоги городской,   _ ⊥ _ ⊥ _ ○ _ ⊥
Ты мне пророчишь вдохновенье   _ ⊥ _ ⊥ _ ○ _ ⊥ _
Или могилу и покой.   _ ○ _ ⊥ _ ○ _ ⊥

Но жизнь и смерти призрак – миру   _ ⊥ _ ⊥ _ ⊥ _ ⊥ _
О чем–то вечном говорят,   _ ⊥ _ ⊥ _ ○ _ ⊥
И как ни громко пой ты, – лиру   _ ⊥ _ ⊥ _ ⊥ _ ⊥ _
Колокола перезвонят.   _ ○ _ ⊥ _ ○ _ ⊥

Без них, быть может, даже гений   _ ⊥ _ ⊥ _ ⊥ _ ⊥ _
Людьми забудется, как сон, –   _ ⊥ _ ⊥ _ ○ _ ⊥
И будет мир иных явлений,   _ ⊥ _ ⊥ _ ⊥ _ ⊥ _
Иных торжеств и похорон.   _ ⊥ _ ⊥ _ ○ _ ⊥
(1890)

감 상

시작법

약강 4보격이 이 시의 율격이며 4행이 한 연을 이루고 6연 시이기 때문에 총 행의 수는 24이다. 각운은 여성 각운과 남성 각운이 교체되고 있다.

[제 목]

이 시의 제목은 '저녁 종소리'다. 하루의 고된 일과를 끝내고 행복한 가정으로 돌아와 휴식과 사랑을 나눌 수 있는 시간을 알리는 종소리가 아니다. 오히려 이 종소리는 낮이 저물고 밤이 다가오며 낮과 밤이 상징하는 삶과 죽음의 문제를 곰곰이 되씹게 만드는 그런 침잠된 저녁 종소리다.

제1연

'저녁 종소리...' 이것이 첫 행의 전반부 내용이다. 저녁 시간에 들리는 교회 종소리를 묘사하고 있는 것이 가장 단순한 이해다. 하지만, 이 행의 나머지 부분을 보면 이 표현은 저녁 종소리를 대화의 상대로 불러내고 있음을 알 수 있다. 따라서 실제로 하루의 저녁 시간에 교회에서 들리는 종소리를 계기로 해도 좋지만 그것이 필수 조건은 아니어도 좋다. 생략 부호는 종소리 사이의 간격이어도 좋고, 대화 상대를 불러놓고 할 말에 뜸을 들이고 있어도 좋다.

'그대는 여명을 기다리지 마라.' 저녁 종소리를 불러놓고 그 다음에는 여명을 기다리지 말라고 명령을 내리고 있다. 이것은 아직은 저녁이니 여명이 밝아오려면 오랜 시간을 더 기다려야 한다는 의미도 될 수 있고, 또 다른 차원에서는 저녁은 아침과는 본질적으로 다른 시간이니까 아예 기다리지 말라는 것으로 이해할 수도 있다. 이럴 경우 시간의 연속성에 문제가 생길 수 있는데, 시인의 인식은 바로 그런 시간의 연속성을 초월하고 있다.

나머지 3행에서는 화자가 어떤 상태를 맛볼 수 있는지에 관해 말하고 있다. '그러나 12월의 안개 속에서도 차가워진 아침노을이 때로는 내게 여름의 미소를 날라다 주곤 한다.' 화자의 가치 평가적인 단어가 많이 활용된 부분이다. 12월은 계절을 나타내기에 충분하다. 겨울이다. '안개 속'은 아침 시간을 나타낸다. '차가워진 아침노을'은 감정이입을 나타낸다. 노을이 차갑고 뜨거울 수는 없을 것인데 화자가 그렇게 느끼고 있는 것이다. '여름의 미소'라 함은 여름 날 새벽에 밝아오는 아침노을을 얘기한다. 따라서 화자는 12월 한 겨울인 지금도 때로 여름의 아침노을을 상기하곤 한다는 것이다. 문제는 매일 아침이 아니라 때로 그렇다는 것이다. 여름이 생의 축제를 여는 계절이라고 한다면 겨울은 죽음을 상징하는 계절이다. 따라서 죽음의 계절에 생명의 계절을 상기한다는 것은 그만큼 화자가 겨울 아침노을에서도 여름의 아침노을 즉 생명을 그리워한다는 것을 의미한다.

이 연에서 아침을 직접적으로 표현할 수 있는 단어가 두 개 다른 것이 사용되고 있다. 'рассвет'와 'заря'가 그것이다. 이 두 단어는 다음 연에서 나타나는 '저녁노을(закат)'과 대비되어 러시아어의 풍요로움을 잘 드러내준다.

제2연

'나의 모든 호소에도 아무런 대답 없이 그대 나의 회색 날은 떠나가는구나!' 이것이 제2연의 첫 두 행의 내용이다. 제1연에서 '저녁 종소리'를 '그대' 의인화 하여 지칭하였던 것과 동일한 대명사이지만 여기서는 '나의 회색 날'임을 헛갈려서는 안 된다. 화자가 여러 차례 호소를 해 왔음이 밝혀졌다. 그런데 무엇에 대한 호소인지는 알 수 없다. 다만, 인생의 마지막 세월을 상징하는 떠나가는 주체인 '회색 날'의 의미를 생각해 보면 화자의 호소는 분명 생에 대한 호소임을 짐작하기 어렵지 않다. 세월이 답을 해 줄 리 만무하다. 세월은 누구도 기다려주지 않는다. 세월 스스로가 사람들의 호소에 응답을 하지 않는다. 사람들이 스스로 자기 문제에 대한 해답을 찾으면서 '세월이 약'이라고 말하고들 한다. 인간과 시간이라는 차원에서 시인은 인간이 결코 주체가 될 수 없음을 지적하고 있다. 세월이 저 스스로 '떠나가고 있다.'

이반 부닌은 자신의 산문 작품 『파리에서』(«В Париже»)에서 '회색 날'과 비슷한 표현을 했다. 부닌은 "Апрель, серые дни."라고 했다. 물론, 부닌은 러시아의 봄날을 이러게 표현했다. 이 시에서는 인생의 황혼기를 상징하는 겨울날들을 그렇게 표현하였다. 비슷한 표현이지만 아주 다른 것에 색다른 맛을 들게 하는 표현들이다.

이에 비해 '인사가 없는 것도 아니고 의미가 없는 것도 아닌 하나의 저녁노을, 이것은 그림자다...' 저녁노을이 화자에게 인사를 하고 있으며 화자에게 의미 있게 다가온다는 것이다. 죽음으로의 진입을 알리는 저녁노을이 화자에게 인사를 한다. 죽음이 존재를 드러내어 화자로 하여금 인식하게 하고 있다. 의미 있는 인사를 하므로 화자에게 저녁노을은 인생을 정리하라고 한다. 그것이 그림자라고 화자는 인식한다. 저녁에는 그림자가 많다. 따라서 이러한 연상은 충분히 이해가 된다. 하지만, 조금만 더 깊이 생각한다면 인생의 그림자 즉 저녁 시간을 맞는 화자의 절절한 심정을 헤아릴 수 있으면 된다.

제3연

'저녁 종소리는 시인의 영혼이다. 그대 시인은 이 종소리를 찬미하라...' 저녁 종소리를 의인화했던 것에서 한 걸음 더 나아가 시인의 영혼이라는 멋진 은유를 만들어냈다. 그리고 이 연에서는 시인을 상대로 명령을 내리고 있다. 시인으로 하여금 이 저녁 종소리를 찬미하라는 것이다. 시인으로 하여금 죽음을 찬미하라는 말에 다름 아니다. 시인으로 하여금 이 저녁 종소리에 대해 시를 쓰라는 것이다. 기실, 시인이 이 시를 쓰고 있기에 독자는 지금 이 저녁 종소리를 읽고 있으며 듣고 있는 것이다.

그런 다음 화자는 다시 저녁 종소리를 대화상대로 삼는다. '저녁 종소리는 나의 더 좋은 꿈을 놀라게 하여 쫓아버린 이 세상의 외침소리를 닮지 않았다.' '이 세상의 외침'은 삶의 외침이다. 저녁 종소리를 그렇게 시끄럽지도 않고 그렇게 애걸복걸 외치지 않는다. 조용하다. 고요하다. 인생의 말년이 늘 조용하고 고요한 것과 같다. 인생 말년에 새로운 꿈을 꾸지 않는다. 인생을 정리한다. 그런데 젊었을 때에는 온갖 종류의 꿈을 꾸고 그것을 이루려 아옹다옹하면서 산다. 그것이 세상의 외침이며 이 종소리는 그것을 닮지 않았다는 것이다.

제4연

저녁 종소리와 죽음과의 관계를 비교적 구체적으로 이 연에서 언급하고 있다. '저녁 종소리... 그대는 먼 곳에서조차 도시의 근심어린 소음을 뚫고 내게 영감을 예언해 준다. 아니면 무덤과 안녕을 기원해 주는 것인지도 모를 일이다.'

저녁 종소리를 한 번 부르고 화자가 자신의 내적 느낌을 소상히 밝히고 있다. 우선 외적 묘사에 해당되는 것으로 저녁 종소리가 화자가 위치해 있는 곳 가까이서 들리지 않는다. 멀리서 들리는 교회 저녁 종소리다. 그래야 화자에게 번민이 생긴다. 교회 근처에 살면서 늘 교회 생활에 충실하고 또 신 안에서 받은 구원을 매 순간 확신하면서 산다면 이런 고민이 아무 쓸 데도 없으며 이런 고민의 근거조차 확보되지 않는다. 그리고 교회가 멀리 있어야 그 종소리가 온갖 근심을 가지고 살아가는 도시 사람들이 사는 지역을 통과하여 오게 된다. 즉 삶의 현장을 지나 이제 죽음에 임박한 화자를 찾아오게 되는 것이다.

'영감을 예언해 주는 것'은 시를 쓰는 행위의 영적인 원천을 은유적으로 표현하는 것이다. 이 시도 그 예가 될 수 있다. 그런데 심각한 문제는 화자가 다른 것을 예언해 주는 것으로 감지한다는 것이다. 그것은 '무덤과 안녕'이다. 죽음을 의미한다. 안녕이 죽음과 무슨 상관이 있겠는 가만은, 죽은 자는 다시 죽을 것을 걱정하지 않아도 되니 영안을 누릴 수 있는 것이다.

제5연

'그러나 삶과 죽음의 환영이 이 세상에다 대고 무언가 영원한 것에 대해 말하고 있다.' 인간은 보통 가능하다면 영원한 생명을 갈구한다. 그런데 이 세상에다 대고 무언가 영원한 것에 대해 얘기하고 있는 주체가 삶 혼자가 아니라는 것이 아니다. 즉 삶은 언제나 죽음의 환영과 함께 하고 있다. 삶과 죽음은 분리의 대상이 아니라 연장선상에서 이해되어져야 할 그 어떤 것이다.

이 세상에 영원한 것은 없다. 다만, 모든 것이 끊임없이 변한다는 사실과 시간은 한없이 흘러간다는 사실만은 영원할 것이다. 살아있는 것은 틀림없이 죽게 될 것(生者必滅) 또한 영원한 진리다. 삶과 죽음을 분리하여 생각하지 않고 동일 차원에서 이해를 하고 있는 시인의 태도를 엿볼 수 있다.

비교적 최근의 학문인 '사망학'적 혜안을 이 시에서 볼 수 있어 놀라울 따름이다. 삶은 죽음이 전제될 때 의미를 가질 수 있다. 만약에 죽음이 없다고 한다면 이 세상은 완전히 달라질 것이다. 이에 대해서는 이 시의 마지막 연을 분석하면서 구체적으로 다루는 것이 보다 합리적이다.

'그러니 그대는 조용히 노래를 부르라. 종소리의 서정시가 울려 퍼지고 하고 있다.' 도시의 소음처럼 시끌벅적하게 노래를 하지 말라고 하고 있다. 노래를 전혀 하지 말라는 것이 아니고 하기는 하되 조용히 하라는 것이다. 왜냐하면 지금은 저녁 종소리가 들려오고 있기 때문이다.

제6연

'삶과 죽음 없이는 어쩌면 천재조차도 사람들에 의해 마치 꿈처럼 잊힐 것이다. 그리고 이 세상은 완전히 다른 현상의, 다른 승리의, 다른 장례의 세상이 될 것이다.' 삶과 죽음이 함께 한다는 주장이며 이것이 없으면 세상이 완전히 달라질 것이라는 주장이다. 이 세상에서 만약 죽음이 없다면 어떤 일이 일어나겠는가는 상상의 끝을 모르게 한다. 죽음이 없기 때문에 죽음으로 인한 공포와 두려움에서 인간이 벗어나게 될 것이다. 좋은 일이라고 하겠지만, 죄와 벌의 개념이 무색해진다. 누가 죄 짓는 것을 두려워할 것이며 어떤 벌로 인간을 범죄행위에서 멀어지게 할 것인지 막연하다. 물론, 죽음으로 범죄 가능성을 없애자는 끝없는 논쟁의 시작을 하자는 것이 아니다. 죽음이 없기 때문에 우리 인생의 의미가 완전히 새롭게 정립되어야 한다는 논지다. 그렇기 때문에 시인은 '천재조차도 잊힐 것이다.' 라고 한다. 천재의 개념 자체도 아무런 의미가 없게 될 것을 말하고 있는 것이다.

그리고 직접적으로 '사망학'에 그대로 적용이 가능한 선언을 하고 있다. 삶과 죽음이 없다면 이 세상은 완전히 다른 현상들로 가득 찰 것이다. 그리고 승리도 종류가 달라질 것이며 장례식도 달라질 것이라고 주장한다. 죽음이 없는데 장례식이 무슨 의미가 있겠는가? 죽음이 없는 장례식은 어떤 것을 의미할지 오로지 상상력만이 추정을 할 수 있을 따름이다.

폴론스키가 죽기 8년 전인 1890년 자신의 나이 71세에 쓴 시로 삶과 죽음에 대한 진지한 성찰을 할 수 있도록 해 주는 시다. '저녁 종소리'가 실어다 주는 인생 정리의 기회는 오늘 하루에 대한 것뿐만 아니라 인생 전체에 대한 되돌아봄이 필요할 것이다.

이 시에 곡을 붙여 부르는 노래는 거의 러시아 민요 수준으로 사람들이 애창하고 있다. 가사를 다시 한 번 더 곱씹어 보고 노래를 즐길 일이다.

Афанасий Афанасьевич Фет (1820~1892)

페트

독일에서 요양 중이던 러시아 지주 귀족인 센신(Шеншин)은 1820년 독일인 고급 관리 요한 퍼트의 아내로서 임신 중인 카롤리나(Каролина Шарлотта Фет)를 사랑하게 되어 러시아로 데리고 왔다. 카롤리나는 그해 가을 센신의 영지에서 아이를 낳고 2년 후 두 사람은 결혼했다. 갓난아기는 센신의 자식으로 등록되었지만, 후년의 시인의 유대계 용모가 보여 주듯이 친부는 카롤리나의 전 남편 요한 퍼트였다. 본인도 몰랐던 이러한 출생의 비밀이 폭로되어 페트가 센신의 성과 더불어 귀족의 특권을 상실하게 된 것은 14세 때의 일이었다. 교회법이 그로 하여금 아버지의 성을 사용하지 못하게 하였다. 이에 그의 어머니의 성인 페트를 사용하게 되었다. 별안간 한낱 잡 계급의 외국인으로 전락해 버린 페트는 굴욕적인 처지와 신분을 회복하기 위하여 온갖 노력을 기울였다. 그러나 정상적인 신분을 간신히 손에 넣은 것은 1873년 그가 53세가 되던 때였다.

그밖에도 모친에게서 정신병의 체질을 이어 받은 페트가 운명의 어두운 그늘을 짊어지고 귀족의 특권을 회복하는 지름길로 선택한 군복무, 영지 경영, 시종직 등이 타산과 허영에 들뜬

황막한 세월이었다면, 시인으로서의 페트는 그러한 저주스러운 현실과 동떨어진 미의 세계에서 홀로 머물고 싶어 했음은 당연할지도 모른다.

페트의 시인으로서의 재능은 모스크바 대학(1838~1844)의 동급생 아폴론 그리고리예프(А. Григорьев)와의 교우에서 싹트기 시작했으나, 문학과 거의 인연을 끊은 채 10년 가까이 지방에서 군복무를 마친 후 네크라소프의 『동시대인』지 그룹과 가까이하게 됨으로 크게 꽃을 피울 수 있었다. 그러나 1860년대의 논쟁적인 문단의 분위기 속에서도 시종일관 '순수 미'를 옹호하는 '예술 지상주의'의 논진에 끼었으나 농노 해방 후에는 문학으로의 전념을 포기하여 영지의 경영에 적극적으로 가담하고 개혁을 부정하는 보수파의 논객으로서 농노제를 지지할 수밖에 없었던 이면에는 지주 귀족의 신분을 회복하려는 페트의 '생애의 꿈'이 있었기 때문이라고 할 수 있다.

자연을 주제로 한 페트의 시에는 투르게네프의 자연 묘사가 연상된다. 계절, 자연의 생명의 온기, 하루, 날씨 등 그 어떤 시간의 특징이 한 순간의 움직임으로 포착되고, 거기에 시인의 정서가 곁들여진다. 따라서 묘사되는 외계는 서정적 감각의 표현 수단이 된다. 시인은 스스로의 정서에 의해서 통일된 하나의 전체로써 세계를 나타내려고 한다.

감정의 세계도 자연과 마찬가지로 미묘한 한 순간의 감각에 의해서 정착된다. 페트는 '완전하고 명백하게 성숙된' 감정에는 관심을 보이지 않았다. 태동하고 있는 감동, 불안, 감정 등의 과정에 주목했다. 이러한 이른바 '반(反) 감정'이라는 것들은 초기부터 특징적인 독자적 '자가당착 법'에 의해 강조되었다. 페트의 시에서는 심리성, 성격묘사, 사랑하는 여인의 모습, 시인 자신의 서정적인 주인공의 모습 따위는 찾아볼 수가 없다. 페트는 사람들의 성격이 아닌, 사람들의 체험에 관심을 보였다. '포착하기 어려운 것을 포착하고, 그 이전에는 인간의 마음의 흐릿한, 순간의 감각, 모습도 이름도 없는 감각에 불과했던 것에 모습과 이름을 부여한 능력'을 지녔고, 그것이 사람들을 경악케 만들고, 때로는 당황하게 만들고, 때로는 페트 시의 난해함을 탄식하게 만들었다. 뚜렷하지 않은, 때로는 모순된 감정의 묘사는 러시아 사실주의 소설의 심리 묘사와 상통하는 점이 있으나 페트의 미학은 원래 낭만주의에 바탕을 두고 있다고 본다.

페트의 시의 특징은 언어에 의해서 표현될 수 없는 것을 언어의 울림과 소리에 의해서 타나내려고 한 데 있다. 시행의 리듬과 문장의 상호 관계가 다양하면서도 그 조화는 쉽사리 끊어지지 않고 시의 주제는 음악적 주제로 전개되고 있다. 러시아 시의 역사에서 페트는 주코프스키로부터 시작되어 블록에 이르는 '선율파' 흐름의 대표적인 시인이다. 『저녁의 등불』«Вечерние огни»이라는 제목으로 1883년부터 2, 3년의 간격을 두고 네 차례에 걸쳐 출판된 시집에서 보여 준 만년의 작품 세계는 철학적 사상으로 채색되어 쇼펜하우어의 관념론 철학의 영향이 엿보여 진다. 페트 자신이 쇼펜하우어를 번역하기도 하였다. 이러한 철학적인 경향에는 자연의 무의식적인 힘, 슬프기 이를 데 없는 일상적인 추악함과 거기서 미의 세계로의 탈출, 미의 조화로운 힘, 미와 속세적인 지향과 연관 없음, 인간의 인식과 평범하고 산문적인 언어의 빈곤함, 순간을 영원으로 바꾸는 예술의 풍요함, 빛이 바랜 세계의 풍요로운 자연미 등에 관한 사색이 표현되어 있다.

<참고 문헌>

«Полное собрание стихотворении». 1937.

«Письма» в «Русские писатели о литературе». том 1, 1939.

Д. Благой, «Мир как красота: О Вечерних огнях А. Фета». 1975.

Richard F. Gustafson, *The Imagination of Spring: The Poetry of Afanasy Fet*. 1966.

Lydia M. Lotman, *Afanasy Fet*. 1976.

***

Печальная береза	_ ⊥ _ ○ _ ⊥ _
У моего окна,	_ ○ _ ⊥ _ ⊥
И прихотью мороза	_ ⊥ _ ○ _ ⊥ _
Разубрана она.	_ ⊥ _ ○ _ ⊥
Как гроздья винограда,	_ ⊥ _ ○ _ ⊥ _
Ветвей концы висят, –	_ ⊥ _ ⊥ _ ⊥
И радостен для взгляда	_ ⊥ _ ○ _ ⊥ _
Весь траурный наряд.	\ ⊥ _ ○ _ ⊥
Люблю игру денницы	_ ⊥ _ ⊥ _ ⊥ _
Я замечать на ней,	_ ○ _ ⊥ _ ⊥
И жаль мне, если птицы	_ ⊥ _ ⊥ _ ⊥ _
Стряхнут красу ветвей.	_ ⊥ _ ⊥ _ ⊥

(1842)

감 상

시작법

약강 3음보 율격이며 4행이 한 연이다. 3연으로 구성되어 있어 총 행 수는 12행이다. 3음보 격이기 때문에 비교적 짧은 시다. 그럼에도 불구하고 자연의 한 순간을 포착해 내는 데는 대단히 성공적이다.

각운은 여성 운과 남성 운이 교차하고 있다.

[제 목]

제목이 없는 시다. 페트답게 자연의 한 순간을 포착하고 있음 그 과정에서 시인 혹은 화자의 내밀한 마음을 싣고 있다. 아름다운 시다.

제1연

'내 창가에 서 있는 슬픈 자작나무 한 그루, 그 자작나무는 동장군의 변덕으로 아름답게 성장을 차려 입었다.' 이 서정적 자아는 창문 안에서 자신의 창밖을 관찰하고 있음을 알 수 있다. 안과 밖이라는 이분법은 낭만주의 특징 중 하나로 페트에 의해 대단히 잘 발달되었다. 화자의 방 창문 밖에는 자작나무가 한 그루 서 있는 것을 상상하는 것은 그리 어려운 일이 아니다. 러시아 사람들에게 자작나무가 가지는 모든 의미 역시 쉽게 짐작할 수 있다. 다만, 화자는 여기에서 그 자작나무를 '슬픈 자작나무'로 표현하고 있다. 화자의 감정이 이입된 상태임을 알 수 있다. 바로 다음 표현에서 나오듯 계절이 겨울이며 이 겨울에 자작나무가 추위에 그대로 노출되어 있기 때문에

'슬픈' 감정이 화자에게 들었다. 화자 자신은 따뜻한 방 안에 머물고 있기 때문이다. 화자의 연민의 정이 발현되도록 자작나무가 '슬프게' 서 있는 것이다.

'동장군의 변덕'은 여기에서 서리를 의미한다. 서리가 내리는 조건은 자연과학적으로 지표면이나 대기 중의 온도가 섭씨 영도 이하로 내려가야 하며 또 바람이 없어야 하고 맑은 밤이어야 한다고 한다. 러시아의 동장군은 섭씨 영하 0도 정도의 범위에서 언급되지 않는다. 영하 20~30도는 되어야 동장군이라고 한다. 동장군이 기승을 부리면 창문에 서리가 두껍게 끼어 창밖의 자작나무가 보이지도 않을 것이다.

따라서 여기에서 동장군이 변덕을 부린 것은 오히려 날씨가 조금 포근해 진 것을 의미하며 자작나무 가지에 서리가 맺힌 것을 표현하여 '자작나무가 성장을 하여 아름답게 치장을 했다'라고 한다. 우리나라에서도 겨울에는 종종 볼 수 있는 자연현상이다. '얼음 꽃'이 피었다는 표현을 쓰는 경우도 있는 듯하다.

겨울에 방안에 있는 화자가 창밖에 있는 자작나무를 보고 있는 한 폭의 그림을 떠올리기에 충분하다.

제2연

'마치 포도송이처럼 나뭇가지 끝이 매달려 있다. 그리고 온통 장례식의 옷차림을 한 이 모습을 보는 것은 즐겁다.' 서리가 맺힌 자작나무의 끝 부분이 마치 포도송이 같다고 한다. 대단히 두꺼운 서리가 내렸음을 이렇게 표현하고 있다. 포도 한 알갱이도 아니고 포도송이처럼 달린 서리이기 때문이다.

이 연의 후반부에는 상호 모순적 감정이 동시에 표출되고 있다. 자작나무에 내린 두꺼운 서리가 마치 '장례식장의 옷차림'

같다는 것으로 슬픈 감정을 대변한다. 그런데 그것을 보는 것이 '즐겁다'라고 하여 모순적인 감정을 표현한다. 이렇듯 시인의 감정은 일반인에게 익숙한 그런 것이 아니라 새로운 그래서 인식의 지평을 넓혀주는 그런 감정이다. 서리는 흰색이다. 서양에서의 '장례식 옷차림'은 대부분 검은색이다. 색의 조화를 천재적으로 그려내고 있다.

제3연

화자가 이 연에서 드디어 직접적으로 등장한다. '나는 아침노을의 놀음을 사랑한다. 나는 자작나무 가지 위에서 그것을 발견한다. 그리고 만약에 새가 나뭇가지의 이 아름다움을 흔들어 떨어트린다면 내게는 슬플 것이다.' 아침노을이 놀음을 할 수는 없다. 의인화시켜 화자의 감정을 대입시키고 있다. 그렇게 의인화 된 아침노을이 자작나무 가지에 비치고 있다. 서리가 두껍게 내린 나뭇가지에 비치는 아침의 서광은 서리를 그 어떤 보석보다도 더 반짝이게 만든다. 순간적인 시간의 변화에 따라 그 색 또한 끊임없이 변한다. 그 반짝임과 색의 조화를 화자는 '서광의 놀음'이라고 표현하고 있다.

이 연의 후반부는 화자의 노파심이 잘 드러난다. 서리와 아침 서광으로 인해 자작나무 가지에 생긴 이 아름다움은 해가 떠오를수록 급작스럽게 사라질 것이다. 시간이 얼마 지나지 않아 금세 사라질 이 아름다움을 새가 와서 망치지 않을까 걱정하고 있는 화자다. 서리가 생긴 정도의 동장군의 변덕이라면 해가 떠올라도 쉽게 사라지지 않는 그런 정도의 서리는 아닐 것이다. 러시아의 추위는 겨울에 해가 나도 무척이나 추운 경우가 많다. 그러나 서리가 생기지 않을 정도의 동장군이라면 사라질 서리가 없을 것이기에 화자의 걱정이 노파심의 발로라고 할 것이다. 태양에 의해 사라지는 것은 용납을 하되, 그 전에 새가 날아와 앉았다 일어서면서 자작나무 가지에서 서리를 떨어트리면 화자는 슬퍼질 것이라는 순간의 아름다움에 대한 화자의 애착을 볼 수 있다.

이 시에서는 안과 밖이라는 이분법에 더하여 긍정과 부정의 단어들이 조화를 이루고 있다. 긍정적인 분위기를 자아내는 단어들은 '아름답게 치장한', '포도송이', '기쁘다', '사랑한다', '서광', '아름다움' 등이 있고 이에 반하여 부정적인 느낌을 전달하는 단어로는 '슬프다', '동장군', '장례식의', '안타까움', '떨어트리다' 등이 있다. 이들 양 축의 단어들이 조합되어 시인 혹은 화자의 겨울날 아침 심적 상태를 자연의 순간적인 아름다움을 통해 표출하고 있다.

***

Я пришел к тебе с приветом	⊥ _ ⊥ _ ⊥ _ ⊥ _
Рассказать, что солнце встало,	○ _ ⊥ _ ⊥ _ ⊥ _
Что оно горячим светом	⊥ _ ⊥ _ ⊥ _ ⊥ _
По листам затрепетало;	○ _ ⊥ _ ○ _ ⊥ _
Рассказать, что лес проснулся,	○ _ ⊥ _ ⊥ _ ⊥ _
Весь проснулся, веткой каждой,	⊥ _ ⊥ _ ⊥ _ ⊥ _
Каждой птицей встрепенулся	⊥ _ ⊥ _ ○ _ ⊥ _
И весенней полон жаждой;	○ _ ⊥ _ ⊥ _ ⊥ _
Рассказать, что стой же страстью,	○ _ ⊥ _ ⊥ _ ⊥ _
Как вчера, пришел я снова,	⊥ _ ⊥ _ ⊥ _ ⊥ _
Что душа все так же счастью	⊥ _ ⊥ _ ⊥ _ ⊥ _
И тебе служить готова;	○ _ ⊥ _ ⊥ _ ⊥ _
Рассказать, что отовсюду	○ _ ⊥ _ ○ _ ⊥ _
На меня весельем веет,	○ _ ⊥ _ ⊥ _ ⊥ _
Что не знаю сам, что буду	⊥ _ ⊥ _ ⊥ _ ⊥ _
Петь, — но только песня зреет.	⊥ _ ⊥ _ ⊥ _ ⊥ _

(1843)

감 상

시작법

강약 4보격으로 4행이 한 연을 이루며 4연으로 구성되어 있어 총 16행시다.

각운은 흥미롭게도 모두 여성 각운으로 교체 각운을 이루고 있다(ABAB).

[제 목]

제목이 없는 시다. 이 시에서 가장 많이 사용된 동사 원형이 하나 있는데 그것은 '이야기하다'이다. 이 동사는 '내가 왔다'라는 표현에 보어로 사용되고 있어 이 시의 전체적인 수사법은 '내가 말해 주러 왔다' 구문이다. 말을 해 주는 내용이 이 시의 근간을 이루고 있다.

제1연

'나는 그대에게 인사를 하러 왔고 태양이 떠올랐다는 것을 말해 주러 왔다. 그리고 그 태양은 뜨거운 빛으로 나뭇가지에서 흔들리고 있다고 말해주러 왔다.' 이 연에서 화자의 방문 목적은 모두 세 가지다. 첫째는 인사를 하러 왔다ᄀ 했다. 그 다음 목적에서 분명해지듯 이 인사는 아침인사다. 두 번째 목적은 '태양이 떠올랐다는 것을 말해주는 것'이다. 태양은 매일 뜬다. 그런데 그 사실을 알리기 위해 화자가 '그대'에게 온 것이다. 일상적인 아침 문안 인사를 드리는 것의 일부이거나 아니면 정신 이상자나 하는 행동일 수도 있을 것이다. 그러나 이 서정적 자아는 이와는 거리가 멀다. 사랑을 하기 때문에 하는 행동이다.

'태양이 뜨거운 빛으로 나뭇가지들 사이에서 흔들리고 있다'는 표현 역시 역동적이고 긍정적이며 생명이 느껴지는 것이다. 화자가 밤새 안녕하고 살아 있으며 그의 사랑하는 사람 역시 이 소식을 전해 들음으로 존재 자체는 확보된 셈이다.

제2연

'숲이 이미 잠에서 깼다는 것을 말해주러 왔다. 나뭇가지 하나하나가 다 잠에서 깨어 숲 전체가 잠에서 깼다는 것을 말해주려고 왔다. 숲 속의 새 한 마리 한 마리가 모두 갑자기 꿈에서 깨어 놀라 날개를 퍼덕이며 날아갔다고 말해주려고 왔다. 그래서 숲 전체가 봄의 욕망으로 봄의 열정으로 가득 찼다는 것을 말해주려고 왔다.'

날이 밝고 해가 뜨면 지구상 어디고 다 햇빛이 비추게 마련이다. 숲이라고 예외가 아니다. 그런데 숲이 잠에서 깬 사실을 가지고 자칫 화자가 호들갑을 떨고 있는 것 아닌가라는 의구심이 들 정도이다. 이 연은 숲이 잠에서 깬 구체적인 정황들을 묘사하고 있다. 나머지는 큰 문제없이 이해할 수 있겠지만, '숲이 봄의 열정(욕망)으로 가득 찼다.'라는 표현은 주의를 요한다. 계절이 봄임을 알리는 것이 그 첫째다. 그리고 봄에 숲에서 일어나는 생동감을 '봄의 욕망'을 통해 표출하고 있다. 이는 화자와 그의 연인 사이의 장래에 대한 희망을 나타내기도 한다.

제3연

'나는 어제와 마찬가지로 여전히 그 열정을 가지고 다시 왔노라고 말해 주려고 왔다. 그리고 내 영혼은 언제나 있었던 그런 행복으로 그대에게 봉사를 할 준비가 되어 있다는 것을 말해 주려고 왔다.' 앞의 두 연에서는 화자가 연인에게 왔는데 그 이유가 자연 현상의 변화를 알려주기 위함이었다. 그런데 이 연에서는 화자가 스스로 연인과의 관계에 대해 자신의 입장을 밝히려하고 있다. 화자는 어제도 분명이 연인에게 왔다 갔었다. 그때도 열정을 가지고 있었다. 마치 위의 두 연에서 자연이 열정적이듯 자신의 사랑이 열정적임을 보여줄 수 있는 그런 열정이었다. 그 동일한 열정을 가지고 오늘 아침에도 왔다. 화자는 변함없는 사랑을 하고 있다.

화자는 단순히 몸만 온 것이 아니다. 화자는 영혼을 연인에게 바칠 준비가 되었음을 알리려 한다. 몸과 마음을 다해 하는 화자의 사랑이다.

제4연

'온 사방에서 내게 즐거운 바람이 불고 있다는 것을 말해주려고 왔다. 나는 스스로도 무슨 노래를 부를지 모르지만 이미 그 노래를 벌써 다 익어가고 있다는 사실을 말해 주려고 왔다.'

화자의 주변은 모든 자연 현상을 포함하여 긍정적이고 생이 넘친다. 그 속에서 화자의 사랑 역시 확고해지고 있다. 화자는 스스로 모든 것에서 명랑함을 느끼고 있다. 그래서 화자는 노래를 부르고 싶다. 화자는 연인에게 노래를 불러주고 싶다. 그런데 문제는 화자 스스로도 무슨 노래를 부르게 될지 모르겠다는 것이다. 다만, 확실한 것은 화자가 연인에게 불러주고 싶은 노래는 이미 '다 익어가고' 있다. 노래가 다 되어 간다는 뜻이다. 그 노래가 바로 이 시다! 이미 다 썼다는 말이다!

밝고 명랑하고, 지극히 단순하고 반복적인 자연 현상을 묘사하면서도 화자는 자신의 사랑으로 충일한 마음을 연인에게 멋지게 바치고 있다. 시 속에서 화자가 주된 관찰자이며 화자가 주된 행동의 주체이다. 연인의 존재가 미미해 질 수밖에 없다. 이러한 연인의 존재 미약을 보충해주기 위한 페트의 천재성은 각운의 형태에서 발견된다. 모든 각운이 다 여성이다. 이 시에서 화자가 활동적인 만큼 화자가 생에 충만한 만큼, 화자의 연인 역시 자신의 존재를 엄연히 인정받고 있다.

Фантазия

I

Мы одни; из сада в стекла окон ⊥ _ ⊥ _ ⊥ _ ⊥ _ ⊥ _
Светит месяц... тусклы наши свечи; ⊥ _ ⊥ _ ⊥ _ ⊥ _ ⊥ _
Твой душистый, твой послушный локон, ⊥ _ ⊥ _ ⊥ _ ⊥ _ ⊥ _
Развиваясь, падает на плечи. ○ _ ⊥ _ ⊥ _ ○ _ ⊥ _

II

Что ж молчим мы? Или самовластно ⊥ _ ⊥ _ ⊥ _ ○ _ ⊥ _
Царство тихой, светлой ночи мая? ⊥ _ ⊥ _ ⊥ _ ⊥ _ ⊥ _
Иль поет и ярко так и страстно ○ _ ⊥ _ ⊥ _ ⊥ _ ⊥ _
Соловей, над розой изнывая? ○ _ ⊥ _ ⊥ _ ○ _ ⊥ _

III

Иль проснулись птички за кустами, ○ _ ⊥ _ ⊥ _ ○ _ ⊥ _
Там, где ветер колыхал их гнезды, ⊥ _ ⊥ _ ○ _ ⊥ _ ⊥ _
И, дрожа ревнивыми лучами, ○ _ ⊥ _ ⊥ _ ○ _ ⊥ _
Ближе, ближе к нам нисходят звезды? ⊥ _ ⊥ _ ⊥ _ ⊥ _ ⊥ _

IV

На суку извилистом и чудном, ○ _ ⊥ _ ⊥ _ ○ _ ⊥ _
Пестрых сказок пышная жилица, ⊥ _ ⊥ _ ⊥ _ ○ _ ⊥ _
Вся в огне, в сиянье изумрудном, ⊥ _ ⊥ _ ⊥ _ ○ _ ⊥ _
Над водой качается жар-птица; ○ _ ⊥ _ ⊥ _ ○ \ ⊥ _

V

Расписные раковины блещут ○ _ ⊥ _ ⊥ _ ○ _ ⊥ _
В переливах чудной позолоты, ○ _ ⊥ _ ⊥ _ ○ _ ⊥ _

До луны жемчужной пеной мещут ○ _ ⊥ _ ⊥ _ ⊥ _ ⊥ _
И алмазной пылью водометы. ○ _ ⊥ _ ⊥ _ ○ _ ⊥ _

VI

Листья полны светлых насекомых, ⊥ _ ⊥ _ ⊥ _ ○ _ ⊥ _
Все растет и рвется вон из меры, ⊥ _ ⊥ _ ⊥ _ ⊥ _ ⊥ _
Много снов проносится знакомых, ⊥ _ ⊥ _ ⊥ _ ○ _ ⊥ _
И на сердце много сладкой веры. ○ _ ⊥ _ ⊥ _ ⊥ _ ⊥ _

VII

Переходят радужные краски, ○ _ ⊥ _ ⊥ _ ○ _ ⊥ _
Раздражая око светом ложным; ○ _ ⊥ _ ⊥ _ ⊥ _ ⊥ _
Миг еще – и нет волшебной сказки, ⊥ _ ⊥ _ ⊥ _ ⊥ _ ⊥ _
И душа опять полна возможным. ○ _ ⊥ _ ⊥ _ ⊥ _ ⊥ _

VIII

Мы одни; из сада в стекла окон ⊥ _ ⊥ _ ⊥ _ ⊥ _ ⊥
Светит месяц... тусклы наши свечи; ⊥ _ ⊥ _ ⊥ _ ⊥ _ ⊥ _
Твой душистый, твой послушный локон, ⊥ _ ⊥ _ ⊥ _ ⊥ _ ⊥ _
Развиваясь, падает на плечи. ○ _ ⊥ _ ⊥ _ ○ _ ⊥ _
(1847)

감 상

시작법

강약 5보격이다. 4행이 한 연을 이루고 모두 8연이므로 총 32행 시다.

각운은 모두 여성 각운이며 교체되고 있어 ABAB의 형태를 띠고 있다.

흥미로운 시 작법은 첫 연과 마지막 연이 동일하다는 것이다. 즉 첫 연이 마지막 연에서 반복되고 있는데 그 이유를 찾는 것이 독자의 지적 즐거움 중에 하나이니 꼭 찾아보시길 기원한다.

[제 목]

이 시의 제목은 "환상"이다. 말 그대로 인간의 상상력으로 만들어 낼 수 있는 환상을 의미한다. 제목으로 활용되고 있는 이 단어는 음악에서는 '즉흥곡' 혹은 '환상곡'을 지칭한다. 이 시에서도 적용 가능하다.

제1연

'우리는 단 둘이다.' 첫 행의 전반부요 또 마지막 연의 칫 행 전반부다. 처음과 마지막을 여는 표현이므로 당연히 이 시에서 강조되고 있는 것이 사실이다. '우리'라고 하는 개념임으로 화자와 또 한 사람을 염두에 두어야 한다.

그리고 '단 둘이'라고 했다. 러시아어에서 단수와 복수의 개념을 수사에 적용할 때 재미있는 일이 있다. 러시아 수사 1에는 성도 있고 수도 있다. 즉 여성, 남성, 중성의 형태가 별도로 있으며 단수 형태와 복수 형태가 있다. 여기서 개념 상 재미있는 일이 생긴다. 수사 1은 하나다. 그 자체가 개념적으로 단수이다. 그런데 이 숫자의 복수가 러시아어에는 있다. 이것을 예로 들어 설명할 때 바로 이 표현이 자주 이용된다. 우리말 번역도 재미있다. '단'은 하나를 의미한다. 그런데 '둘이'와 함께 쓰인다. 그러니 개념적으로는 모순이다. 다만, 두 사람을 하나의 단위로 생각하는 한국 사람과 러시아 사람과의 공통적 인식 방법으로밖에는 설명할 길이 없다. 그래서 '우리가 함께 있었다.'라는 뜻이 된다.

첫 행의 나머지 부분과 제2행에서는 주변 환경에 대한 묘사다. '정원에서 창문의 유리를 통해 달빛이 비친다... 우리의 촛불은 희미하다.' 우선, 안과 밖의 구분이 가능하다. 화자와 그의 연인은 방 안에 있다. 그리고 이들이 있는 방의 창문을 통해 달빛이 비친다. 달이 떠 있는 저녁이다. 그리고 생략 부호가 있다. 화자가 이 방안에 자기와 연인만 있다는 사실과 달빛이 정원에서 방안으로 비치는 것을 인식한 후 시간이 지났음을 의미한다.

'우리의 촛불'이라고 했다. 초의 소유가 공동으로 표현되어 있다. 구입 여부와 소유 여부에 근거한 것이 아니라 정원에서 비취는 달빛을 두 사람이 공유하듯 타오르는 초의 빛 속에 두 사람이 공존하기에 가능한 표현이다. 그런데 그 촛불이 '희미하다'고 표현한다. 세 가지 해석이 가능하다. 첫째는 달빛이 밝아서 초가 타면서 내는 빛이 위력을 잃어 희미한 경우다. 두 번째 것은 초를 켜 놓은 지가 오래 되어 다 꺼져가기 때문에 초 자체의 위력이 약해진 경우다. 세 번째는 두 사람이 촛불에 이미 익숙하여 더 이상 감지하기 어려운 대상임에도 불구하고 화자만 인식을 하기에 이런 표현을 쓰고 있다는 해석이다. 사실은, 위의 세 가지 모두가 다 포함되어 있는 표현으로 이해를 해야 이 시를 제대로 감상할 수 있게 된다.

이 연의 나머지 두 행에서는 바로 화자의 연인의 모습을 그리고 있다. '그대의 풍요롭고 그대의 말을 잘 듣는 고수머리가 휘휘 휘어 감기면서 그대의 어깨 위로 떨어진다.' 연인의 모습에서 몇 가지 특징을 꼬집어 대단히 구체적으로 표현하고 있다. 가장 주목을 받는 여인의 모습은 머리카락이다. 이 머리카락은 '풍요롭다.' 숱이 많은 머리칼을 말한다. 그리고 이 머리카락은 '말을 잘 듣는다.' 즉 손질을 하는 대로 모양을 낼 수 있는 그런 머리카락이다. 그리고 이 머리카락은 '고수머리다.' 즉 곱슬머리라는 것인데 직모(直毛) 보다는 머리 모양을 내기가 쉽고 또 그 모양을 잘 유지하는 것은 사실이다. 사람의 손을 잘 타는 머리카락이다. 따라서 연인이 낮 동안 모양을 내고 있던 머리카락을 풀어헤치면서 조금의 손길을 가하는 그런 순간에도 말을 잘 듣는 것을 포착하고 있다.

그 머리카락이 '휘휘 휘어 감기면서 그녀의 어깨 위로 떨어진다.' 아름다운 모습이다. 숱이 많은 곱슬머리가 멋진 곡선을 이루며 여인의 어깨 위로 떨어진다. 긴 머리카락이다. 여인의 어깨가 맨살로 드러나 있으면 더더욱 아름다울 것이다. 여기에서 이 시의 제목인 '환상'이 작동을 시작한다. 이 여인의 모습을 구체적으로 언급을 하면 할수록, 그리고 일부 신체 특징에만 한정하면 할수록 독자는 다른 전체적인 모습에 환상을 가질 수밖에 없다. 이 여인이 아름다운가, 이 여인이 검은 머리카락을 가지고 있는지 아니면 금발을 가지고 있는지, 이 여인이 평상복을 입고 있는지 아니면 실내복 혹은 다른 옷을 입고 있는지, 이 여인의 기분 상태는 어떤지, 이 여인의 키가 큰지 작은지 등등 궁금하지 않은 것이 없다. 모두를 다 환상에 맡길 뿐이다.

이 여인의 아주 자연스럽고 평상시의 동작을 화자 즉 시인이 놓치지 않는다는 데 독자의 즐거움은 더 커진다.

제2연

이 연에서는 세 개의 질문이 있다. 각 질문을 통해 독자는 자신의 환상을 구체화 할 수 있는 정보를 더 얻을 수 있다. 첫 번째 질문은 '도대체 무엇 때문에 우리가 침묵하고 있는가?'이다. 화자와 연인이 달빛이 밝은 밤에 촛불을 켜고 한 방에 있다. 사랑이 무르익을 수 있는 좋은 환경이다. 그런데 이 두 주인공이 말이 없다. '환상'에 의지하여 무슨 일이 일어나고 있는지 짐작을 해 보아야 한다.

화자가 스스로에게 던진 두 번째 질문은 '5월의 고요하고 밝은 달밤의 왕국이 온 세상을 짓누르고 있기라도 한가?'이다. 이 시의 시간적 배경이 밤인 것은 제1연에서 알 수 있었다. 그리고 달이 떠 있는 것도 알 수 있었다. 이에 더해 여기에서 구체적으로 5월이라는 정보를 제공받았다. 그리고 이 밤은 고요하다. 온 세상을 지배하고 있는 것이 '5월의 고요한 달밤'이고, 그 안에 있는 화자와 그의 연인 역시 말을 할 수 없는 상황이지 않는가 하고 화자가 의구심을 나타낸다.

'아니면 장미꽃 위에서 꾀꼬리가 비탄에 빠져 슬퍼하면서 선명하고도 또 열정적으로 노래라도 하고 있단 말인가?' 그 노래를 듣느라고 화자와 연인이 말을 하지 않고 있는가하고 화자가 궁금해 한다. 5월이고 장미꽃이 피었다. 꾀꼬리가 울고 있을 개연성이 있다. 그러나 이 시의 제목을 다시 한 번 더 상기하자. 사실, 꾀꼬리는 암수가 함께 살면서 그 애정을 인간들이 높이 평가한다. '황조'라고도 하여 고려 가요 '황조가'에서부터 여러 문학 작품에서 이 새를 소재로 삼았다.

5월과 장미 그리고 꾀꼬리라는 대단히 긍정적인 요소들에 비해 '비탄에 빠지고', '슬퍼하고' 있는 그러면서도 '열정적으로' 노래하는 것들이 한 번에 다 표현되어 있어 복잡다단한 감정을 표현하고 있다. 화자와 연인과의 관계를 상상해 볼 수 있는 여지가 생긴다.

제3연

이 연에서도 두 가지 질문을 하므로 독자의 '환상'이 더 커지게 한다. 첫 번째 질문은 '아니면 바람이 새집을 흔든 그 곳 덤불 저 너머에서 작은 새들이 잠에서 깨기라도 했는가?'이다. 이제는 '왜 우리가 침묵하고 있는가?'라는 질문에 대한 직접적인 답이라기보다는 화자의 내면에서 일어나고 있는 심리적 상태를 드러내 주는 그런 질문으로 변해 있다. 화자가 가지는 환상의 일부일 수도 있고 보다 단순하게 주변에서 일어나는 현상에 대한 묘사일 수도 있다.

'그리고 질투의 빛으로 떨리면서 별들이 점점 더 가까이 우리에게 내려앉기라도 한단 말인가?' 그래서 화자와 그의 연인이 말을 하지 않을 수도 있다. 그러나 그보다는 화자 내면의 심적 상태에 대한 표현이라고 보는 것이 더 합당하다. '별들이 내려앉는 것'은 밤이 깊어지고 별빛이 더 밝아지면 마치 더 가까이 온 것처럼 보이며 또 그렇게들 표현하기도 한다. 그 빛이 더 밝아짐에 '질투'가 개입된다. 별들이 서로의 빛을 더 밝게 만들려는 질투이다. 그러나 화자와 연인 사이에는 이 질투가 어떻게 하여 개입될 수 있는지 궁금해 하지 않을 수 없다. '환상'만이 답을 제공해 줄 것이다.

제4연

이 연에서부터 점점 더 환상 속으로 빠지게 하는 내용이 전개된다. 화자의 의식이 방 안에서 나와 정원으로 이동함을 볼 수 있다. '활처럼 휘고 기적적인 곡선을 만들어내는 큰 나뭇가지에는 다양한 얘기의 호사스런 여 주인이 살고 있다.' 1890년이나 되어야 출판이 될 영국 학자 프레이저의 유명한 저서 『황금가지』가 생각나는 대목이다. 나무 가지마다 얘기가 있고 그 얘기 하나 하나 마다에 여 주인공이 화려한 삶을 영위하고 있다는 얘기다. 환상의 세계다. 이야기의 세계다.

'에메랄드가 빛나는 곳에서 온통 불로 뒤덮인 불새가 물 위에 날고 있다.', '불새'는 러시아 민담에도 등장하고 그리스 신화에도 등장한다. 불을 먹고 사는 새로 그 어떤 난관이 다가와도 절대로 굴하지 않고 이겨내는 불굴의 새다. 그래서 '화식조(火食鳥)'라고도 한다. 불을 먹고 사는 환상적인 동물이다. 여기서는 '불로 뒤덮인 불새'로 표현하므로 불 자체를 의미할 수도 있다. 녹색 보석인 에메랄드가 빛나는 곳에 온 몸이 불 그 자체인 불새가 날고 있다는 또 다른 환상의 세계를 창조하고 있다. 5월의 신록으로 뒤 덮인 정원의 큰 나뭇가지를 보면서 화자가 펼치는 상상의 나래다.

제5연

'믿기지 않을 정도로 정교하게 해 놓은 도금의 넘쳐흐름 속에서 모양을 그려 넣은 조가비들이 반짝거린다.' 금박을 입힌 벽지에 조가비 모양이 있는 것을 머릿속에 그려보자. 그 조가비들이 빛을 발하고 있다. 달빛을 받을 수도 있고 희미해진 촛불 빛을 받을 수도 있다. 단지 그림에 불과한 벽지의 조가비들이지만, 조가비의 반짝거림을 상상하게 하는 데는 충분하다. 앞 연에서 나타난 '다양한 얘기들의 화려한 여 주인공'을 생각해보면 지금 화자와 연인이 그 여인의 방에 있으며 이 여인의 방이 화려하게 꾸며져 있을 것이다. 그리고 벽지는 금으로 도금이 된 고급 벽지일 것이며 조가비 문양이 그려져 있을 것이다. 비록 그림으로 그린 조가비일망정 실제 조가비가 빤짝거리는 것을 연상하기에는 충분하다. 그저 환상적일 따름이다. 창밖을 보았던 시선이 잠시 방안의 벽지에 머물렀다.

'분수의 다이아몬드 가루들과 진주 거품이 달까지 이르고 있다.' 다시 정원의 모습을 묘사하고 있다. 이 여인의 정원에는 분수가 있고 달빛이 밝은 이 밤에 그 분수가 작동하고 있다. 분수의 물방울은 다이아몬드 가루가 되고 물거품은 진주 거품이 된다. 그것들이 분수에서 솟아 달까지 이른다는 화자의 환상이다. 에메랄드, 다이아몬드, 진주와 같은 다양한 보석이 등장하므로 여인의 화려함이 더더욱 강조되고 있다.

제6연

분수에 머물렀던 화자의 의식이 나뭇잎으로 옮겨간다. '나뭇잎들은 밝은 곤충으로 가득하다. 그리고 그 수가 점점 더 많아져 헤아릴 수 없게 된다.' 나뭇잎에 앉은 '밝은 곤충'은 달빛이다. 페트다운 은유라고 볼 수밖에 없다. 화자의 의식이 일단 나뭇잎에 머물렀고 달빛을 받아 곤충으로 뒤덮인 듯한 나뭇잎은 헤아릴 수 있는 범위를 초월하고 있다.

'수없이 많은 익히 아는 꿈들이 교차한다. 그리고 나의 마음속에는 수없이 많은 달콤한 신념으로 가득 차 있다.' 화자의 바람이 그대로 드러난다. 화자가 익히 아는 꿈들이란 화자와 연인이 이전에 꾸었던 행복한 꿈들이다. 그것들이 화자의 의식속에 나타났다 사라진다. 그렇게 되자 화자의 마음속에는 그 꿈들을 현실로 만들 수 있겠다는 확신이 생기는 것이다. 그러기에 그 확신은 달콤할 수밖에 없다. 여전히 환상 속에 머물러 있는 화자다.

제7연

이 연에서는 환상에서 깨어나 다시 현실로 돌아오는 계기가 나타난다. '거짓의 빛으로 눈동자를 흔들면서 무지개 빛깔이 지나간다.' 화자는 여인의 눈길에서 거짓을 본다. 여인의 눈길에 무지개 빛깔이 비치는 것은 촛불의 빛 때문이다. 미소를 지었던, 윙크를 했던 간에 화자는 여인의 그 행위를 액면 그대로 받아들이지 않음을 알 수 있다. 그녀가 고개를 돌림으로 그녀의 눈에 비친 촛불이 무지갯빛으로 빛났을 수도 있다. 그 순간을 화자가 놓치지 않고 있다.

'한 순간 매혹적인 얘기는 사라져버렸다. 그리고 나의 영혼은 또다시 모든 가능한 일들로 가득 찼다.' 환상에서 되돌아오는 순간 모든 '매혹적인 얘기'는 사라져버린다. 현실이 인식되는 것이다. 영혼이 모든 가능성들로 가득 차는 것은 희망적인 가능성뿐만 아니라 절망적인 가능성도 모두 다 포함하고 있다. 화자와 연인이 말없이 있는 것으로 미루어 짐작하건대 오히려 절망적임이 더 큰 무게를 지니고 이해된다.

제8연

이 연의 분석은 제1연의 분석을 다시 읽으시는 것으로 대체한다.

화자가 연인과 5월 어느 날 밤 달빛이 고운 때에 한 방에 있으면서 주변 정황에 대해 주의를 기울이다가 자신의 환상 속으로 빠져든다. 그리고 어느 한 순간 다시 현실로 돌아오는 의식의 변화를 뚜렷이 볼 수 있는 시다. 이런 효과를 위해 첫 연과 마지막 연을 동일하게 반복하고 있다. 이제는 독자가 '왜 이들이 침묵을 하고 있는가?'고 묻고 그 답을 이 시 전체를 다시 읽으면서 찾아야 할 시간이다.

이 시의 각운이 모두 여성 운인 이유도 찾았는지 스스로에게 물어보는 것도 잊어서는 안 된다.

***

Шепот, робкое дыханье,   ⊥ _ ⊥ _ ○ _ ⊥ _
        Трели соловья,   ⊥ _ ○ _ ⊥
Серебро и колыханье   ○ _ ⊥ _ ○ _ ⊥ _
        Сонного ручья,   ⊥ _ ○ _ ⊥

Свет ночной, ночные тени,   ⊥ _ ⊥ _ ⊥ _ ⊥ _
        Тени без конца,   ⊥ _ ○ _ ⊥
Ряд волшебных изменений   ⊥ _ ⊥ _ ○ _ ⊥ _
        Милого лица,   ⊥ _ ○ _ ⊥

В дымных тучках пурпур розы,   ⊥ _ ⊥ _ ⊥ _ ⊥ _
        Отблеск янтаря,   ⊥ _ ○ _ ⊥
И лобзания, и слезы,   ○ _ ⊥ _ ○ _ ⊥ _
        И заря, заря!..   ○ _ ⊥ _ ⊥

(1850)

감 상

시작법

약강 4보격과 3보격이 혼합된 시작법이다. 홀수 행은 모두 4보격이며 짝수 행은 모두 3보격이다. 특별한 의미를 부여하기는 어렵겠지만, 화자의 심경을 대변하고 있다는 것에는 틀림없다. 4행이 한 연을 이루고 있으며 3연이므로 총 행수는 12행이다.

각운은 여성 운과 남성 운이 교체되고 있다.

다만, 이 시의 작법에는 대단히 특이한 것이 있다. 이 시에는 동사가 단 한 개도 사용되고 있지 않다. 모든 것이 다 나열이므로 독자의 상상력을 동원하여 이 시를 이해해야 한다.

[제 목]

이 시의 제목은 없다. 아주 짧은 시여서 접속사와 전치사를 포함하여 총 단어 수가 36개에 불과하다. 그러나 화자의 내밀한 감정을 대단히 풍부하게 표현하고 있다.

제1연

'속삭임, 수줍은 호흡, 꾀꼬리 울음소리, 은, 태양빛의 흔들림,' 이것이 첫 연에서 나열된 것들이다. 속삭임은 연인들의 속삭임일 것이며 수줍은 호흡은 여인의 호흡이다. 그리고 주변에서는 꾀꼬리 울음소리가 들리고 태양은 저녁을 향해 가면서 붉고 강렬함을 잃어 은빛으로 바뀌고 있으며 그 빛이 흔들리고 있다. 화자에 의해 관찰되는 것들을 아무런 동사의 사용 없이 나열하여도 독자는 얼마든지 구체적인 의미를 찾아낼 수 있다.

제2연

이 연에서 나열하고 있는 것들은 '밤의 빛, 밤의 그림자들, 끝이 없는 그림자들, 사랑하는 사람의 얼굴이 마법적으로 바뀌어 나타남'이다. 제1연에서 해가 저녁을 향해 가고 있었다. 그런데 이 연에서는 이미 밤이 되었다. 밤에는 빛보다는 그림자가 더 우세하다. 그런데 빛에서 그림자로 옮겨가는 것으로 보아 시간의 흐름이 더 계속된 듯하다. 그림자의 시작이 없고 끝이 없을 텐데, 화자는 그 시작과 끝이 맞물리는 것으로 인식하고 있다. 그래서 그림자가 그림자에 꼬리를 물고 밤새 계속되는 것이다. 그래야 사랑하는 사람의 얼굴도 꼬리에 꼬리를 물고 화자의 인식 속에 상기될 것이기 때문이다. 화자는 제1연에서 연인의 속삭임과 섬세한 호흡을 느끼고 있었다. 이제 이 연에서는 연인의 얼굴 그것도 아주 다양한 얼굴이 꼬리에 꼬리를 물고 화자 앞에 나타나고 있다. 시간의 흐름에 따라 화자가 연인에 대한 추억을 떠 올리는 것이 길어질 뿐만 아니라 보다 구체화되고 있다.

제3연

이 연에서는 '선홍색 장미의 희미한 안개와 같은 구름 속, 호박의 반짝임, 그리고 키스, 그리고 눈물, 그리고 새벽노을, 새벽노을!..'이 나열되어 있다. 키스가 나타나기 전까지는 새벽이 밝아오는 것을 묘사하고 있다. '선홍색 장미의 희미한 안개'는 바로 여명이 밝아오는 것이며 그것의 '안개와 같은 구름 속'은 여명이 희미하게 그러나 화자에게는 감지될 수 있을 정도로 밝아오고 있다. '호박의 반짝임'은 태양의 모습이다. 늦은 오후에서 시작하여 밤을 꼬박 지나고 이제는 새벽이 열리고 있다. 다시 밝은 날이 오면 임의 모습을 떠올릴 겨를도 없이 일상에 쫓겨야 한다. 이제는 시간상으로 절정에 다다랐다. 그래서 입맞춤이 그 절정에 마침표를 찍어준다. 이 시에서 활용되고 있는 입맞춤을 의미하는 단어 'лобзание'는 대단히 시적 용어다. 따라서 육체적이고 쾌락만 추구하는 키스가 아니라 사랑 전체를 다 아우르는 그런 입맞춤이다.

절정이 지났다. 시간의 절정도 지나 이제는 밤이 아니라 아침이 다가 오고 왔다. 아침노을을 두 번이나 연속해서 외치고 있다. 그만큼 키스를 상기한 그 순간이 아쉽다. 그립다. 더 기억을 하고 싶으나 밤의 도움을 받아 가능했던 그 기억은 아침이 되면서 더 이상 화자에게 나타나지 않게 된다. 그래서 눈물이 났다.

그다지 많지 않은 단어로 화자가 연인을 눈물겹도록 추억하면서 밤을 지새우는 모습이 시간의 흐름과 화자의 의식의 흐름을 타고 대단히 시적인 미를 창출해내고 있다.

조지훈의 "낙화(落花)"에서의 시간의 흐름과 비교해 읽어볼 것을 적극 권한다.

1.
꽃이 지기로소니
바람을 탓하랴

주렴 밖에 성긴 별이
하나 둘 스러지고

귀촉도 울음 뒤에
머언 산이 다가 서다

촛불을 꺼야 하리
꽃이 지는데

꽃 지는 그림자
뜰에 어리어

하이얀 미닫이가
우련 붉어라

묻혀서 사는 이의
고운 마음을

아는 이 있을까
저어하노니

꽃이 지는 아침은
울고 싶어라

2.
피었다 몰래지는
고운 마음은

흰 무리 쓴 촛불이

홀로 아노니

꽃 지는 소리
하도 하늘어

귀 기울여 듣기에도
조심스러라.

두견이도 한 목청
울고 지친 밤

나 혼자만 잠들기
못내 설어라.

Первый ландыш

О первый ландыш! Из–под снега	\ ⊥ _ ⊥ _ ○ _ ⊥ _
Ты просишь солнечных лучей;	_ ⊥ _ ⊥ _ ○ _ ⊥
Какая девственная нега	_ ⊥ _ ⊥ _ ○ _ ⊥ _
В душистой чистоте твоей!	_ ⊥ _ ○ _ ⊥ _ ⊥
Как первый луч весений ярок!	\ ⊥ _ ⊥ _ ⊥ _ ⊥ _
Какие в нем нисходят сны!	_ ⊥ _ ⊥ _ ⊥ _ ⊥
Как ты пленителен, подарок	\ ⊥ _ ⊥ _ ○ _ ⊥ _
Воспламеняющей весны!	_ ○ _ ⊥ _ ○ _ ⊥
Так дева в первый раз вздыхает –	\ ⊥ _ ⊥ _ ⊥ _ ⊥ _
О чем – неясно ей самой,–	_ ⊥ _ ⊥ _ ⊥ _ ⊥
И робкий вздох благоухает	_ ⊥ _ ⊥ _ ○ _ ⊥ _
Избытком жизни молодой.	_ ⊥ _ ⊥ _ ○ _ ⊥

(1854)

감 상

시작법

약강 4보격으로 4행 1연시다. 3연으로 구성되어 있어 총 12행 시다. 약강 격임에도 불구하고 제1연 첫 행과, 제2연 1행과 3 행, 제3연의 1행과 2행의 서두에는 잉여의 강세가 있다. 이는 은방울꽃이 예외적으로 순수하고 아름답다는 것을 강조하기 위해 사용된 시 작법이다.

여성 각운과 남성 각운이 교체되고 있다. 전형적인 서정시 작법으로 크게 문제될 것이 없는 것으로 사료된다.

[제 목]

이 시의 제목은 '첫 은방울꽃'이다. 처음으로 피어난 은방울꽃이라는 의미다. 은방울꽃은 한국이나 중국 또는 러시아의 시베리아 등지에 자생하는 꽃으로 보통 5월이나 6월에 피는 것으로 알려져 있다. 따라서 은방울꽃이 처음으로 피는 것을 노래하므로 이 시의 계절적 배경은 이미 분명해졌다. 흰색의 꽃으로 방울처럼 생겨 이름 붙여진 이 꽃은 향기가 대단히 좋고 진하다. 이 꽃을 선물하면 사랑이 이뤄진다는 속설로 한 때 처녀총각들이 이 꽃을 꺾으러 들판을 헤맸다는 얘기도 있다. 이 꽃의 꽃말은 '순결, 다시 찾은 행복'이며 별명으로는 '숲의 향수', '5월의 향수' 등이 있다. 시인 역시 이 꽃의 속성을 잘 알고 있었기에 은방울꽃의 향기를 충분히 활용하고 있음을 볼 수 있다.

처음으로 은방울꽃이 피어나듯 한 소녀가 처녀로 거듭나는 순간을 포착하고 읊은 시다.

제1연

'오! 처음으로 피어나는 은방울꽃!' 감탄사로 찬미를 하기 위해 불러내는 것이다. 특별한 의미가 있을 수 없으며 화자가 이 꽃에 대해 가지는 태도를 엿볼 수 있게 해주는 표현이다. 첫 행의 후반부와 제2행의 내용은 '그대는 눈 밑에서 태양 빛을 요구하고 있구나!'이다. 물론, 여기서 '그대'는 은방울꽃이다. 의인화되고 있다. 화자에게 친밀한 은방울꽃임을 알 수 있다. 눈이 아직 채 다 녹지 않았음에도 은방울꽃이 벌써 따뜻한 봄날의 햇살을 갈구 하고 있다. 새로운 생명과 새로운 아름다움의 탄생이 눈 밑에서부터 준비를 하고 있는 것이다.

'그대의 향기로운 순수함 속에 있는, 얼마나 가냘픈 처녀의 유약함인가!' 이 연의 나머지 행들의 내용이다. 이 감탄문 속에는 여러 가지 가치 평가 용어들이 활용되고 있음으로 분석을 요한다. 우선, '유약함'이라고 해석을 한 'нега'는 '애무', '안일', '유약'을 모두 의미한다. 이 개념이 처녀의 것이므로 그 어떤 것으로 해석을 해도 큰 문제는 없다. 다만, 처음으로 피어나는 은방울꽃이므로 연약함을 강조하기 위해 이 뜻으로 해석을 한 것이다. 두 번째 분석 대상의 가치평가는 '순수함'이다. 은방울꽃이 흰색임을 상기하면 크게 문제될 것 없다. 다만, 화자가 은방울꽃의 특징을 단순히 '흰 것'에 머물지 않고 그것을 '순수함'으로 승화시키고 있음을 감지하면 그만이다.

은방울꽃의 특징을 한 가지 더 잘 활용하고 있는 것이 바로 '향기로운'이다. 은방울꽃의 향기는 진하다. 이 꽃의 별명이 '숲의 향수'다. 그런데 이런 순수하고 향기로움이 모두 다 '처녀'의 그것과 연관을 가지고 있다. 소녀에서 처녀로 거듭나는 한 여인의 가냘픔, 순수함, 향기로움 등이 은방울꽃의 특징과 맞물려 새로운 미의 세계가 창조된다.

제2연

이 연은 처음으로 피어나는 은방울꽃에 대한 찬사를 위해 세 개의 감탄문으로 구성되어 있다. 첫 번째 감탄문은 '봄날의 첫 햇살처럼 그렇게 선명하구나!'이다. 햇살이 처음이 있고 나중이 있는 것은 아니나 화자는 한 가닥의 햇살을 잡아내고 있다. 그것도 봄날의 따스한 햇살이다. 은방울꽃이 피어나게 한 따스함보다는 화자가 그 햇살의 밝음에 주의를 기울이고 있음을 이해해야한다. 그래야 은방울꽃이 하얀 것이 더더욱 강조되기 때문이다. '첫 햇살'이라고 한 것은 역시 신선함을 강조하기 위함이다. 흰색의 은방울꽃이기에 신선함은 얼마든지 강조되어도 좋다.

두 번째 감탄문은 '그 은방울꽃에는 얼마나 다양한 꿈들이 강림하는지!'이다. 새로 피어나는 은방울꽃이 온갖 꿈을 안고 피어난다. 처녀의 마음속에 온갖 행복한 꿈들이 피어나는 것과 같은 이치라고 화자가 보고 있다. 은방울꽃이 남성명사이기 때문에 여기에서 인칭대명사를 3인칭 남성 단수로 받고 있다. 그런데 이 꽃은 처녀와 동일시되어 읽히기 때문에 묘한 감정을 불러일으킨다.

마지막 감탄문은 '활기를 띠기 시작한 봄의 선물인 그대는 얼마나 매혹적인가!'이다. 봄과 함께 온 은방울꽃이기에 '봄의 선물'이라고 한다. 이 은방울꽃이 얼마나 매혹적이고 황홀한가라고 감탄을 하고 있는데, 선뜻 동의를 하자면 한 번쯤 이 꽃을 직접 보면서 이 서정적 자아와 대화를 나누어 보는 것도 추천할 일이다.

제3연

제1연과 제2연에서 은방울꽃에 초점을 맞추었던 것에 비해 이 연에서는 드디어 처녀에게로 눈길을 돌린다. '그렇게 처녀는 처음으로 동경하고 있다.' 여기서 '그렇게'는 위에서 논한 은방울꽃의 특성 모두를 다 포함한다. 햇빛을 갈구하고, 처녀의 유약함을 간직하고 있고, 향기로운 순수 미에 머물며, 봄날의 첫 햇살처럼 선명하고, 온갖 꿈을 간직하고 있고, 매혹적이며 봄의 선물이 은방울꽃의 특징이었다. 이 모든 것이 '그렇게'라는 한 마디에 처녀에게로 고스란히 옮겨온다.

그런데 '무엇에 대해 동경을 하는지 그것은 그녀 자신도 잘 모른다.' 처녀의 마음이다. 이유 없이, 말할 수 없이 무언가가 그립고 불안하고 또 기쁘고 또 슬픈 것이 처녀의 마음이다.

'섬세한 처녀의 탄식은 젊은 생의 넘치는 활기로 향기를 내뿜는다.' 여기서 '탄식'은 이 연의 첫 행에서 동사로 활용된 '동경하다'와 같은 어원을 가진다. '동경하다'라는 동사에 여기서 활용된 전치사 때문에 '동경하다'의 의미가 적절하지만, 이 동사의 기본적인 의미는 '탄식하다, 한숨을 내 쉬다'이며 그 명사형이 '탄식'이다. 처녀의 탄식은 근거가 있고 해결해야 할 일이 구체적임에도 불구하고 해결이 되지 않는 그런 탄식이 아니다.

생에 대한 불안, 그와 동시에 생에 대한 환희와 희망이 동시에 내재되어 있는 그런 탄식이다. 그러기에 화자는 그 탄식이 향기를 내 뿜는다고 했다. 마치 은방울꽃의 향기로움과 다를 바 없음은 자명한 일이다. 봄에 피어나는 은방울꽃처럼 처녀의 탄식 역시 생명의 힘으로 차고 넘치고 있다.

순백의 아름다운 은방울꽃, 향기롭기 그지없는 은방울꽃과 소녀에서 이제 막 처녀로 거듭나는 이 여인이 비교되고 있으므로 그 신선함이 더더욱 새로워진다.

사실주의(Realism/Реализм)

사실주의는 이에 앞선 낭만주의에 반대하여 나온 문예사조다. 자칫 이 문예사조를 사실주의(事實主義)로 오해하는 경향이 있다. 사실(寫實)은 영어로 'reality'를 말하고 사실(事實)은 'fact(truth)'를 말한다. 그래서 이 문예사조를 '리얼리즘'으로 부르기도 한다.

물론 이 두 가지 개념이 사실주의를 설명하는 데 활용되기도 한다. 예를 들어 르네 월렉은 자신의 저서 『비평의 해부』(*Anatomy of Criticism*, 1963)에서 사실주의를 논하면서 "예술은 실제 세상에 대한 진실된 재현을 하여야 한다.(Art should give a truthful representation of the real world.)"고 했다. 이 표현에서도 '진실된 재현'은 방법론적인 차원이고 '실제 세상'이 존재론적 차원이기에 '진실된 재현'보다는 우선하고 있음을 알 수 있다.

문학은 본질적으로 허구이기 때문에 사실(事實)들을 모아 놓음으로 문학이 될 수 없다. 그것은 도큐먼트나 혹은 역사 문서가 될 것이기 때문이다. 문학에서는 있을 법한 것 즉 실제 사회에서 충분히 일어날 수 있는 개연성에 기초한 사실(寫實), 마치 사실을 사진으로 찍어 놓은 듯한 것을 대상이자 목적으로 한다. 사진은 사실(事實)과 대단히 닮아 있지만, 사실(事實) 그 자체는 아닌 것과 마찬가지다.

낭만주의를 설명할 때와 마찬가지로 이 개념을 설명하려 할 때 어느 누구든 당혹감을 감출 수 없다. 개념이 하도 방대하고 학자들마다 작가들마다 각기 이 문예사조의 특징들을 찾아내고 더해 놓았기 때문이다. 결과적으로 이 용어 '사실주의'는 다른 어떤 문예사조보다 다른 개념과 조합되어 다양한 용어를 만들어냈다. 비판적 리얼리즘, 지속적 리얼리즘, 역동적 리얼리즘, 외면적 리얼리즘, 하층부 리얼리즘, 아이러니 리얼리즘, 전투적 리얼리즘, 소박한 리얼리즘, 국민적 리얼리즘, 자연주의적 리얼리즘, 객관적 리얼리즘, 낙관적 리얼리즘, 비관적 리얼리즘, 조형적 리얼리즘, 시적 리얼리즘, 심리적 리얼리즘, 일상적 리얼리즘, 낭만적 리얼리즘, 풍자적 리얼리즘, 사회주의 리얼리즘, 주관적 리얼리즘, 초주관적 리얼리즘, 환상적 리얼리즘 등등이 그것들이다. 다른 것은 차치하고라도 낭만주의에 반대를 하고 나온 문예사조가 리얼리즘인데 '낭만적 리얼리즘'이라는 용어를 만들어 쓴 것은 아이러니가 아닐 수 없다. 그러나 러시아에서 '사회주의 사실주의(socialist realism)'라는 문학 및 모든 예술의 강령을 인위적으로 만들어 내는 과정에서 '낭만적 리얼리즘'으로 하려고 했었다.

그리고 '자연주의적 리얼리즘'이라는 용어 역시 주목할 필요가 있다. 사실 자연주의(Naturalism)은 리얼리즘의 마지막 시기에 대두하는 일종의 극단적 리얼리즘이다. 따라서 자연주의와 리얼리즘을 혼용하여 사용하는 경우도 있으나 엄격히 구분할 수 있어야 한다. 리얼리즘에서와는 달리 자연주의에서는 재현의 대상이 되는 '사실'의 범위를 엄격히 제한한다. 즉 자연주의에서는 과학적으로 증명이 가능한 '사실'만을 재현하고자 한다. 자연주의를 대표하는 작가는 에밀 졸라다. 또한 이 자연주의를 러시아 문학사에서 사실주의 초기에 등장한 고골을 필두로 하는 '자연학파(Natural School)'과 혼동해서는 안 된다.

르네 웰렉의 사실주의에 대한 개념 정의는 널리 알려져 있다. 아주 간단명료하게 개념 정의를 해 놓은 것을 보면 사실주의는 "동시대(당대) 사회 현실에 대한 객관적 재현이다(the objective representation of contemporary social reality)"라고 했다. 이렇게 명료하게 개념정의를 해 놓고 웰렉 자신도 한 걸음 물러선다. "이것이 사실 거의 아무 의미가 없다는 것을 나는 인정한다. 그리고 이 개념 정의는 '객관적인' 것이 무엇을 의미하여 '현실'이 무엇을 의미하는지 질문을 하지 않을 수 없다는 것도 인정한다."고 했다. 우리는 한 걸음 더 나아가 '재현'의 의미도 규정해야 할 필요성을 제기해야 하며, '당대'는 어떤 시대 즉 작품 속의 등장인물들이 인식하는 시간인가, 작가가 인식하는 시간인가 아니면 독자가 인식하는 시간인가를 규정해야 할 당위성이 제기되어야 한다고 주장해야만 한다. 그리고 '사회적'인 것의 범주도 정할 필요가 있다. 어느 정도이면 사적이며 어느 정도이면 사회적인 것이 되는지의 관계 여부와 사적인 것이 전혀 개입될 수 없어야 하는 것인지 등의 의문도 가질 수밖에 없다. 웰렉의 이런 개념 정의에 우리가 얼마든지 질문을 할 수는 있다. 그럼에도 불구하고 웰렉의 개념 정의가 사실주의에 대한 일말의 이해를 할 수 있도록 그 지평을 열어주는 것은 사실이다.

<참고 문헌>

Erich Auerbach, *Mimesis: The Representation of Reality in Western Literature*. 1953.

George J. Becker, *Documents of Modern Literary Realism*. 1963.

Renè Wellek, *Concepts of Criticism*. 1963.

Иван Сергеевич Тургенев (1818~1883)

투르게네프

투르게네프는 1818년 10월 28일 중부 러시아의 오룔(Орел)에서 둘째 아들로 태어났다. 어머니인 바르바라 페트로브나(Варвара Петровна)는 굉장한 영지의 상속인으로 잘생긴 청년 세르게이 투르게네프에게 시집을 갔다. 22살의 아버지 세르게이는 몰락한 가문을 일으켜 세울 목적으로 사랑도 하지 않은 연상의 여인 바르바라(당시 26세)에게 장가들었다. 이들의 결혼 생활은 행복한 것은 아니었다. 부모님의 일관적이지 않은 가정생활이 어린 투르게네프에게 우유부단함을 주었으며 이러한 우유부단함은 그의 일평생 지속되었다. 거대한 영지는 어머니가 경영하였고 그 과정에서 어머니는 하인들을 혹독하게 다루었다. 이러한 어머니의 사디즘 영향으로 투르게네프는 어린 시절 폭력에 대한 두려움과 혐오를 갖게 되어 평생을 그렇게 살았다. 폭력에 대한 이러한 두려움과 혐오가 그로 하여금 혁명적 조류에서 벗어나게 하였다.

투르게네프에게는 일생 동안 몇 명의 여인이 있었으나 공식적인 결혼은 한 번도 하지 않은 채 죽었다. 그 여인들 중 첫 번째는 어머니의 재봉사로 고용된 아브도찌야 예르몰라예브나

투르게네프 동상(쌍트 뻬쩨르부르크 소재)

이다. 이들 사이에서는 딸이 태어나지만, 어머니의 반대와 귀족과 하인과의 결혼은 공식적일 수 없었기에 결혼은 없었다. 두 번째 여인은 세 살 연상인 타치야나 알렉산드로브나로 서로가 사랑을 하고 이들의 관계는 서로가 서로의 재능을 볼 수 있고 존경하는 관계였다. 그러나 투르게네프의 우유부단함이 이들의 사랑이 결실을 맺을 수 없게 하였다.

세 번째 여인은 이미 결혼을 한 오페라의 가수인 폴리나 비아르도이다. 이 여인에게 투르게네프는 첫 눈에 반하여 사랑을 하게 되며 평생 그녀에 대한 사랑을 지속한다. 사실, 폴리나의 남편인 비아르도가 투르게네프의 문학을 좋아하고 또 서로가 사냥을 무척 좋아하여 두 사람이 친구가 된다. 이들의 삼각관계는 공공연해 진다. 프랑스에서 투르게네프는 비아르도의 집에서 같이 살기도 했다. 투르게네프가 프랑스에서 운명을 하는 순간에도 폴리나 비아르도는 그의 죽음을 지켜 봐 주었다.

전형적인 러시아의 귀족의 교육 즉 개인교수, 기숙학교 등을 거쳐 1833년에 투르게네프는 모스크바 대학에 입학을 하였다. 1년 후에는 페테르부르크의 대학으로 옮겨 이곳에서 그는 학위를 받았다.

그는 1852년에 『사냥꾼의 수기』«Записки охотника»를 발표하였다. 1856년에는 『루딘』«Рудин»을, 1859년에는 『귀족의 보금자리』«Дворянское гнездо»를 그리고 1860년에는 『전날 밤』«Накануне»을 발표하여 그의 작가로서의 명성이 극에 달했다. 1862년의 『아버지들과 아이들』«Отцы и дети»는 그의 대표작이다.

투르게네프는 산문 작품들을 발표하기 이전에 시를 썼다. 그의 시는 특이한 것도 없으며 푸시킨과 레르몬토프를 계승하는 시였다. 그러나 투르게네프가 작품 활동을 하던 시기는 러시아에서 산문의 시기임에도 불구하고 그가 시작(詩作)활동을 하였다는 사실은 평가를 하여야 한다. 특히 그의 『산문시』(*The Poems in Prose*, 원제는 『쎄닐랴』«Сениля» 1879~83)는 러시아 문학사에서 독자적인 위치를 차지하고 있다.

1850년 투르게네프는 『시골에서 한 달』«Месяц в деревне»를 발표하여 드라마에도 작가적 재능을 보였다.

<참고 문헌>

«Полное собрание сочинений и писем в 28 томах». 1960~1968.

М. П. Алексеев, «Тургеневский сборник: Материалы к полному собранию сочинении и писем в 5 томах». 1964.

V.S. Pritchett, *The Gentle Barbarian: The Life and Work of Turgenev*. 1977.

Loenard Schapiro, *Turgenev: His Life and Times*. 1978.

В дороге

Утро туманное, утро седое,
Нивы печальные, снегом покрытые,
Нехотя вспомнишь и время былое,
Вспомнишь и лица, давно позабытые.

Вспомнишь обильные страстные речи,
Взгляды, так жадно, так робко ловимые,
Первые встречи, последние встречи,
Тихого голоса звуки любимые.

Вспомнишь разлуку с улыбкою странной,
Многое вспомнишь родное далекое,
Слушая ропот колес непрестанный,
Глядя задумчиво в небо широкое.
(1843)

시행의 길이가 길기 때문에 율격과 각운 표기를 아래에 한다.

⊥ _ _ ⊥ _ _ ⊥ _ _ ⊥ _
⊥ _ _ ⊥ _ _ ⊥ _ _ ⊥ _ _
⊥ _ _ ⊥ _ _ ⊥ _ _ ⊥ _
⊥ _ _ ⊥ _ _ ⊥ _ _ ⊥ _ _

⊥ _ _ ⊥ _ _ ⊥ _ _ ⊥ _
⊥ _ _ ⊥ _ _ ⊥ _ _ ⊥ _ _
⊥ _ _ ⊥ _ _ ⊥ _ _ ⊥ _
⊥ _ _ ⊥ _ _ ⊥ _ _ ⊥ _ _

⊥ — — ⊥ — — ⊥ — — ⊥ —
⊥ — — ⊥ — — ⊥ — — ⊥ — —
⊥ — — ⊥ — — ⊥ — — ⊥ —
⊥ — — ⊥ — — ⊥ — — ⊥ — —

감 상

시작법

이 시의 작법은 강약약(Dactylic/ Дактиль) 4보격이다. 4행이 한 연을 이루고 3연으로 구성되어 있어 총 12행시다.

각운은 자주 보기 상당히 힘든 각운 형태를 띠고 있다. 홀수 행은 모두 여성 각운이며 짝수 행은 모두 강세가 있는 음절 다음에 강세가 없는 음절 두 개가 오는 닥틸 각운이다. 따라서 여성 각운과 닥틸 각운이 교체를 이루고 있다. 시의 주인공이 하고 있는 긴 여정을 나타내기 위한 각운이라고 해석을 해도 무난하다.

시작법의 차원에서도 매우 독특한 형태를 띠고 있는 것과 마찬가지로 구문론적 차원에서도 이 시는 큰 특징을 가지고 있다. 즉 이 시에서 활용되고 있는 동사는 '기억하다'의 2인칭 단수 현재 시재 하나 밖에 없다. 따라서 이 시의 전체적인 분위기는 '그대는 기억하고 있다'라는 정조를 띤다. 나머지는 기억을 하고 있는 것의 목적어라든가 보어의 역할을 한다. '듣다'라는 동사와 '보다'라는 동사가 활용되고는 있으나 부동사 현재여서 러시아어에서는 한국어의 번역에서와는 다른 분위기를 자아낸다.

[제 목]

'길에서'가 이 시의 제목이다. 길은 주로 여행, 인생행로 등과 관련을 갖는다. 이 시에서는 어떤 의미를 갖는지 알아보는 것이 감상의 주된 내용이다.

제1연

이 시의 유일한 동사인 '그대가 기억한다.'가 직접적으로 나타나기 전에 화자가 관찰하고 있는 이 시의 등장인물인 '그대'가 처한 시간적 공간적 배경을 묘사하고 있는 것이 첫 두 행의 내용이다. '아침이 안개가 끼었다. 아침이 희끗희끗한 백발이다. 버드나무는 슬프다. 버드나무가 눈에 덮여 있다.'

안개 낀 아침임은 이견의 여지가 없다. 그런데 '아침이 희끗희끗한 백발이다'라고 하고 있어 분석을 요한다. 전형적인 은유다. 원 관념은 흰색을 의미하고 보조 관념은 센 머리카락이다. 그것을 아침이라고 말하고 있어 아침이 센 머리카락이라는 보조 관념을 통해 흰색 또는 희끗희끗함을 나타내고 있다.

버드나무가 슬플 수는 없다. 다만, 이 시의 주인공이 그렇게 느끼는 것을 화자가 관찰하여 독자에게 전달하고 있는 것이다. 사물은 아무런 감정을 가지고 있지도 않기 때문에 그것을 드러낼 일도 없다. 다만, 그것을 보고 인식하는 주체인 사람의 감정이 그 사물에 반영되어 결국은 사람의 감정을 결정하게 되는 것이다. 그리고 버드나무가 눈에 덮여 있는 것은 사실을 있는 그대로 반영할 수 있는 것이어서 보충 설명이 필요치 않다.

한 가지 주의를 기울여야 할 것은 첫 두 행에서 활용되고 있는 형용사 네 개 즉 '안개 낀', '희끗희끗한 백발의', '슬픈' 그리고 눈 '덮인'은 모두 장 어미형이다. 이 형용사 네 개 모두가 술어로 기능하며 일시적인 상태를 나타내는 것이 아니라 상당히 긴 시간 동안의 현상이나 혹은 일상적인 현상을 나타낸다. 따라서 화자에 의해 관찰당하고 있는 이 주인공의 처한 상황이라든가 또는 그가 기억하고 있는 것들이 상당히 항구적인 것들임을 알 수 있다.

'지나간 시간도 무의식중에 그대가 기억하고 있다.' 주인공이 옛날을 기억하는 것은 당연할 수 있다. 다만, 무의식 중에 한다는 것은 그 옛날이 소중함을 의미한다. 그래서 무의식 중에서도 기억을 하곤 하는 것이다. 의식을 하지 않아도 생각이 날 정도로 의미가 있었던 옛날이라는 것이다.

'이미 오래 전에 잊힌 얼굴들도 그대는 기억한다.' 논리는 앞에서 기억하고 있는 것과 동일하다. 차이점이라면, 주인공이 여기에서 기억하고 있는 것은 사람의 얼굴로 한 얼굴을 기억하는 것이 아니라 복수의 얼굴을 기억한다. 그것도 오래전에 잊힌 얼굴들이다.

논리적 모순이 생긴다. 잊힌 얼굴을 기억하기란 논리적으로는 불가능하다. 결국은 주인공이 오랫동안 생각을 하지 않았을 따름이지 완전하게 잊은 얼굴들은 아니라는 것이 분명하다. 그리고 그 얼굴들을 의식적으로는 잊으려 노력하여 상당 시간이 흘렀는지 몰라도 지금 주인공은 무의식 중에 그 얼굴들을 기억하고 있다.

이 모든 것이 길에 나선 주인공과 관련된 일인데 그것을 화자가 관찰하고 있다.

제2연

'풍부하고도 열정적인 말들을 그대가 기억하고 있다. 그대는 그토록 강렬하고 그토록 수줍어하며 감지할 수 있는 그런 눈길들을 그대가 기억하고 있다.' 주인공이 사랑하는 사람과 주고받았던 감정이 풍부하고도 열정적인 말들을 기억하는 것이다. 그리고 주인공의 연인이 보냈던 강렬하지만 여전히 수줍어하는 그런 눈길을 기억하고 있다. 주인공이 길을 가고 있기 때문에 연인이 함께 하고 있지 않음으로 그 연인을 그리워하고 있음이 분명하다.

그리고 주인공은 '첫 만남들을 기억하고 있으며, 마지막 만남들과 조용한 목소리로 들려 준 사랑하는 목소리들을 기억한다.' 길을 가고 있는 주인공이 길을 가는 내내 연인과 어떻게 만났으며 최소한 이번 여행으로 헤어지는 순간은 어떠했는지를 기억하고 있다. 그리고 그 연인이 들려준 달콤한 사랑의 속삭임 역시 기억하고 있다.

제3연

'마차 바퀴가 투덜투덜 중얼거림을 들으며 드넓은 하늘을 생각에 잠겨 쳐다보면서 그대는 이상한 미소와 함께 헤어진 것을 기억하고 있으며 먼 고향에 두고 온 많은 것들을 기억하고 있다.' 이것이 이 연의 내용이다. 연인과 헤어지면서 그 연인이 미소를 지었던 것은 사실이다. 그런데 기쁨의 미소가 아니라 눈물을 보이지 않으려는 미소였기 때문에 '이상한 미소'가 된 것이었다. 이별의 순간을 또 다른 표현을 통해 보여주고 있다.

이 연에는 부동사 현재 구문이 두 개 있고 기억하고 있는 대상이 두 개 있다. 따라서 위의 해석처럼 두 개의 부동사 구문을 나란히 해석하고 기억하는 대상을 해석하는 방법이 무난하다. 그러나 해석의 차원을 넘어 이해의 차원에서는 부동사 구문을 기억 대상에 각기 하나씩 대입하여 이해를 해도 좋다. 결국은 내용이 네 배로 많아질 것이기 때문이다.

긴 여정을 나선지 이미 오래 되어 무의식 속에 배어 있는 기억들을 더듬어 내고 있는 주인공이다. 그러기에 '고향이 멀다.'

마차의 바퀴 소리를 묘사한 것은 현재 주인공이 마차를 타고 가고 있는 도중임을 직접적으로 보여준다. 길이 평탄할 리 없다. 한 때 유행했던 러시아 우스갯소리에 이런 것이 있었다. '길이 끝나는 그 지점부터 러시아가 시작된다. (Где дорога кончается, там начинается Россия!)' 여기서 마차를 타고 가는 길은 포도가 아니라 시골길임을 알 수 있다.

마차를 타고 가는 주인공이 누구와 대화를 나누고 있는 것이 아니다. 그의 머릿속에 떠오르는 상념을 화자가 그려주고 있다. 그러기에 주인공은 러시아의 드넓은 하늘을 생각에 잠기어 마차를 타고 가고 있다.

사실은, 한 폭의 풍경화를 보는 듯하다. 사실주의 작품이다. 그림은 아주 단순하다. 러시아의 들판, 푸른 하늘, 그리고 한 여행객이 생각에 잠기어 하늘을 쳐다보면서 여행을 하고 있다. 이 그림을 보고 화자는 여행객의 마음속을 짐작해 보고 있는 것이다.

정작 여행객은 드넓은 하늘을 보면서 생각에 잠긴 이유가 '언제 이 여정이 끝나려나?' 혹은 '오늘 여정이 끝나기 전에 비나 오지 말아야 할 텐데...' 등 모든 다른 이유가 다 합당하다. 다만, 화자가 그렇게 짐작하고 여기는 것을 이 시로 쓴 것일 뿐이다.

Русский язык

Во дни сомнений, во дни тягостных раздумий о судьбах моей родины, — ты один мне поддержка и опора, о великий, могучий, правдивый и свободный русский язык! Не будь тебя — как не впасть в отчаяние при виде всего, что совершается дома? Но нельзя верить, чтобы такой язык не был дан великому народу!

(Июнь, 1882)

감 상

시작법

산문시이므로 시 작법을 별도로 논할 일은 아니다. 다만, 산문시이지만 그래도 시는 시다. 따라서 이 산문에서 사용된 시 작법상의 몇 가지 특징은 논할 가치가 있다. 이 시에서 전통적 시 작법의 기법이 사용된 것은 몇 가지 예를 들 수 있다. 첫째, 반복법이다. 첫 문장에서 동일 전치사 구를 반복하고 있어 시적 영감을 불러일으키고 있다. 두 번째는 영탄법이다. 제목에서 논의하겠지만 러시아어 자체에 대한 감탄사를 연속적으로 사용하고 있어 영탄법을 활용하고 있다. 그 외에도 감상에서 구체적으로 논의 할 표현의 차원에서 시적 기법을 활용하고 있다.

[제 목]

이 시의 제목은 "러시아어"이다. 러시아인들을 비롯하여 수많은 종족들이 사용하고 있는 언어다. 이 시가 쓰인 1882년 이래 2007년 현재를 고려하더라도 러시아어의 존재 가치는 무한하다고 하다.

러시아 산문시 한 편을 감상하는 것은 그 자체로도 의의가 있는 일이며 특히 산문시의 대가인 투르게네프의 시 '러시아어'는 독자에 따라 큰 의미를 가져다 줄 것으로 확신한다.

이 시는 산문시이기에 연을 따져야 하는 수고를 덜 수 있어서 좋다. 이 시는 세 문장으로 구성되어 있다. 첫 문장은 감탄문이며 두 번째 문장은 영탄조의 의문문이다. 그리고 마지막 문장 다시 감탄문이다. 이는 이 시의 구조를 쉽게 파악할 수 있게 해 준다. 첫 문장에서는 러시아어와 서정적 주인공 사이의 관계를 규정하고 있고 두 번째 문장에서는 의문문으로 러시아어가 존재하지 않는다면 무슨 일이 벌어질 것인가에 대한 예측이다. 세 번째 문장에서는 서정적 주인공이 이 시를 읽는 독자들에게 부탁 겸 경고를 하고 있다. 이제는 각 문장 별로 감상해 볼 차례다.

첫 문장에서 서정적 자아가 하는 얘기의 기본적인 골자는 '러시아어 그대 하나 만이 내게 지주이며 의지할 수 있는 것'이라는 것이다. 여기에서 '지주'나 '의지할 수 있는 것'은 사실상 우리말로는 하나의 의미처럼 들리지만, 러시아어로는 다르게 표현되고 있음에 주의하자! 서정적 주인공에게 러시아어가 의지이며 지주인 경우는 서정적 자아가 '조국의 운명에 대해 의구심이 드는 날'이며 '비참할 정도로 확신이 서지 않는 날'이라고 한다. 러시아어와 조국 러시아와의 관계가 불가분의 관계임을 이렇게 시적으로 표현하고 있다. 이 문장에서도 '의심'을 나타내는 말이 'сомнение'와 'раздумие'로 별개의 단어가 활용되고 있다. 이 문장의 마지막 부분을 구성하고 있는 것은 러시아어의 특징을 보다 구체적으로 설정하고 있다. 서정적 자아가 인식하고 있는 러시아어의 특성은 네 가지다. '위대한', '강력한', '옳은' 그리고 '자유로운'이 러시아어를 직접적으로 수식하고 있다. 이 네 가지 특성에 대한 확대해석은 독자가 러시아어에 대해 느끼는 같은 종류의 감정으로 얼마든지 확대될 수 있다.

두 번째 문장의 시작은 조건절이다. '만약에 그대가 없다면'으로 시작되는 이 표현은 일상적 표현과는 달리 시적 표현을 사용하고 있다. 일상적 표현이라면 "Если тебя не было бы"라고 표현할 수 있다. 여기에서 '그대'는 당연히 러시아어다. 따라서 '만약에 러시아어가 존재하지 않는다면'이라는 조건으로 두 번째 문장을 시작하고 있다. 이 조건이 충족될 때 일어날 수 있는 일이 문장의 나머지 부분에 나오는 것은 쉽게 짐작할 수 있는 일이다. '조국에서 일어나는 일을 모두 보면서 어떻게 절망에 빠지지 않을 수 있을까?' 조건절이 충족된다면 일어날 수 있는 일이 이것이라는 얘기다. 즉 '만약에 러시아어가 존재하지 않으면 조국에서 일어나는 일을 볼 때마다 어느 누구든 절망에 빠지지 않을 수 없다'라는 것이다. 러시아가 존재하기에 조국에서 일어나는 일을 보아도 절망에 빠지지 않을 수 있음을 강조하기 위해 영탄조의 의문문을 활용하고 있다.

세 번째 문장은 '그런 언어가 위대한 민족에게 주어지지 않을 수도 있었다는 것을 절대로 믿어서는 안 된다!'라고 독자에게 부탁 겸 경고를 하고 있다. 물론 여기에서 '그런 언어'란 러시아어를 말하며 그 러시아어가 '위대하고, 강력하며 옳은' 언어이기에 그 언어를 가지고 있는 민족은 '위대한 민족'이다. 러시아 민족이 논리적으로 '위대해 지는' 순간이다. 위대한 민족에게 위대한 언어가 있다는 것으로 그 위대한 민족이 러시아 민족이고 이들의 언어가 러시아어다. 투르게네프가 규정하고 있는 러시아어의 특성을 다시 한 번 더 음미하여 러시아어에 대한 사랑을 재점검하고 더 키워나갈 일이다.

Николай Алексеевич Некрасов (1821~1878)

네크라소프

네크라소프는 작가, 출판가이며 러시아 사실주의 시의 대표 시인이다.

모스크바 북동쪽에 위치한 영지에서 태어났다. 그의 아버지는 러시아인이었으나 그의 어머니는 대부분의 생애 전문가들이 인정하듯 폴란드 여인이었다. 러시아 시에 대하여 눈을 뜨게 해주고 또 러시아 농민들의 괴로움으로 가득 찬 삶에 대해 애정을 갖게 해준 사람이 바로 어머니였다. 중등교육을 마친 네크라소프는 아버지의 만류에도 불구하고 페테르부르크로 가서 대학에 입학한다. 이에 아버지는 아들에게 일체의 재정적인 도움을 주지 않았다. 따라서 네크라소프는 이 시절부터 가난을 몸소 체험하여야만 했다. 1840년에 처녀 출판한 그의 낭만적인 시집은 당대의 최고 비평가였던 벨린스키의 악평을 들었다.

1842년 네크라소프는 『조국잡기』«Отечественные Записки»에 서평 작가로 일하게 되었다. 그의 서평이 벨린스키의 칭찬을 받았고 벨린스키는 네크라소프에게 계속해서 시를 쓰도록 고무하면서 자신만의 주제를 찾도록 일러주었다. 1844년 네크라소프는 처음으로 "길에서"«На дороге», "조국"«Родина»과 같

네크라소프 기념 우표

은 "시민 시"(гражданские стихи)를 써서 『조국잡기』에 발표하였다.

1846년에 네크라소프는 몇몇의 다른 친구들과 함께 1836년 푸시킨이 창시한 『동시대인』«Современник»을 인수하여 공동 주인이 되고 또 주필 및 주간이 되었다. 이 잡지에는 당대의 내로라하는 작가들의 작품들이 발표되어 최고의 문학잡지가 되었다. 이 잡지에 자신의 작품들을 발표한 작가들은 도스토예프스키(Ф. Достоевский), 톨스토이(Л. Толстой), 투르게네프(И. Тургенев), 벨린스키(В. Белинский), 체르니셰프스키(Н. Чернышевский), 도브로류보프(Н. Добролюбов) 그리고 네크라소프 자신이었다.

이 시기 그의 시 중 러시아 농민들이 주된 주제와 제재로 등장하는 시들은 "추수하지 않은 밀(1854)", "블라스(1854)", "잊혀진 마을(1855)", "볼가 강에서(1860)" 등이다.

러시아 민요를 시에 적용하여 자신만의 리듬을 창조한 네크라소프의 시는 "노 젓는 사람들(1861)"이다. 그리고 『동장군-붉은 코』(«Мороз, красный нос»1863)는 러시아 농민의 삶을 사실적이면서도 서정적으로 그린 장시이다. 농민의 삶이 잘 그려진 다른 시들 중 "오리나, 한 군인의 어머니(1863)"와 "기찻길(1864)"은 대표적이다.

1863년에 시작하여 그의 생이 다한 1878년까지 집필을 계속한 그의 장시 『러시아에서는 누구에게 살기가 좋은가』(«Кому на Руссы жить хорошо»)는 러시아 농민의 삶에 대한 시적 백과사전으로 평가받고 있다. 7명의 서로 다른 지역 출신의 농민들이 전 러시아를 끊임없이 여행하면서 행복한 사람을 찾는다는 내용으로 일종의 방랑시(Odyssey)다.

역사적인 농노제도에 의해 생겨난 조국의 사회적인 병폐를 아파했던 그의 관심과 집념과 시작으로 러시아 문학 비평가들은 네크라소프를 "슬픔과 분노의 시인(поэт печали и гнева)"라고 평하고 있다. 따라서 그의 시에 등장하는 시신(詩神, муза)은 "복수와 슬픔의 신(муза мести и печали)"이다.

네크라소프는 사랑에 관한 시도 썼는데 이는 주로 그의 어머니가 모티프가 되는 시들이다. "한 시대를 위한 기사(1860)"와 "러시아에서는 누구에게 살기 좋은가" 중에서 사랑에 관련된 시들, "시, 어머니의 조각 작품들", "자장가" 등이 대표적이라 할 수 있다.

<참고 문헌>

«Полное собрание сочинений и писем в 12 томах». 1948~52.

К. Чуковский, «Мастерство Некрасова». 1962.

Б. О. Корман, «Лирика Н.А. Некрасова». 1978.

«О Некрасове: Статьи и материалы». Ярославль: 1975.

Sigmund S. Birkenmayer, *Nikolaj Nekrasov: His Life and Poetic Art*. The Hague, 1968.

Тройка

I

Что ты жадно глядишь на дорогу ＼ _ ⊥ _ _ ⊥ _ _ ⊥ _
В стороне от веселых подруг? _ _ ⊥ _ _ ⊥ _ _ ⊥
Знать, забило сердечко тревогу — ＼ _ ⊥ _ _ ⊥ _ _ ⊥ _
Все лицо твое вспыхнуло вдруг. ＼ _ ⊥ _ _ ⊥ _ _ ⊥

II

И зачем ты бежишь торопливо _ _ ⊥ _ _ ⊥ _ _ ⊥ _
За промчавшейся тройкой вослед?.. _ _ ⊥ _ _ ⊥ _ _ ⊥
На тебя, подбоченясь красиво, _ _ ⊥ _ _ ⊥ _ _ ⊥ _
Загляделся проезжий корнет. _ _ ⊥ _ _ ⊥ _ _ ⊥

III

На тебя заглядеться не диво, _ _ ⊥ _ _ ⊥ _ _ ⊥ _
Полюбить тебя всякий не прочь: _ _ ⊥ _ _ ⊥ _ _ ⊥
Вьется алая лента игриво ＼ _ ⊥ _ _ ⊥ _ _ ⊥ _
В волосах твоих, черных как ночь; _ _ ⊥ _ _ ⊥ _ _ ⊥

IV

Сквозь румянец щеки твоей смуглой,
_ _ ⊥ _ _ ⊥ _ _ ⊥ _
Пробивается легкий пушок, _ _ ⊥ _ _ ⊥ _ _ ⊥
Из-под брови твоей полукруглой, _ _ ⊥ _ _ ⊥ _ _ ⊥ _
Смотрит бойко лукавый глазок. ＼ _ ⊥ _ _ ⊥ _ _ ⊥

V

Взгляд один чернобровой дикарки, ＼ _ ⊥ _ _ ⊥ _ _ ⊥ _

Полный чар, зажигающих кровь, \ _ _ _ _ ⊥ _ _ ⊥
Старика разорит на подарки, _ _ ⊥ _ _ ⊥ _ _ ⊥ _
В сердце юноши кинет любовь. \ _ ⊥ _ _ ⊥ _ _ ⊥

VI

Поживешь и попразднуешь вволю, _ _ ⊥ _ _ ⊥ _ _ ⊥ _
Будет жизнь и полна и легка... \ _ ⊥ _ _ ⊥ _ _ ⊥
Да не то тебе пало на долю: _ _ ⊥ _ _ ⊥ _ _ ⊥ _
За неряху пойдешь мужика. _ _ ⊥ _ _ ⊥ _ _ ⊥

VII

Завязавши под мышки передник, _ _ ⊥ _ _ ⊥ _ _ ⊥
Перетянешь уродливо грудь, _ _ ⊥ _ _ ⊥ _ _ ⊥
Будет бить тебя муж—привередник \ _ ⊥ _ _ ⊥ _ _ ⊥ _
И свекровь в три погибели гнуть. _ _ ⊥ _ _ ⊥ _ _ ⊥

VIII

От работы и черной и трудной _ _ ⊥ _ _ ⊥ _ _ ⊥ _
Отцветешь, не успевши расцвесть, _ _ ⊥ _ _ ⊥ _ _ ⊥
Погрузишься ты в сон непробудный, _ _ ⊥ _ _ ⊥ _ _ ⊥ _
Будешь нянчить, работать и есть. \ _ ⊥ _ _ ⊥ _ _ ⊥

IX

И в лице твоем, полном движенья, _ _ ⊥ _ _ ⊥ _ _ ⊥ _
Полном жизни, — появится вдруг \ _ ⊥ _ _ ⊥ _ _ ⊥
Выраженье тупого терпенья _ _ ⊥ _ _ ⊥ _ _ ⊥ _
И бессмысленный, вечный испуг. _ _ ⊥ _ _ ⊥ _ _ ⊥

X

И схоронят в сырую могилу,	_ _ ⊥ _ _ ⊥ _ _ ⊥ _
Как пройдешь ты тяжелый свой путь,	_ _ ⊥ _ _ ⊥ _ ⊥ ⊥
Бесполезно угасшую силу	_ _ ⊥ _ _ ⊥ _ _ ⊥ _
И ничем не согретую грудь.	_ _ ⊥ _ _ ⊥ _ _ ⊥

XI

Не гдяди же с тоской на дорогу	_ _ ⊥ _ _ ⊥ _ _ ⊥ _
И за тройкой вослед не спеши,	_ _ ⊥ _ _ ⊥ _ _ ⊥
И тоскливую в сердце тревогу	_ _ ⊥ _ _ ⊥ _ _ ⊥ _
Поскорей навсегда заглуши!	_ _ ⊥ _ _ ⊥ _ _ ⊥

XII

Не нагнать тебе бешеной тройки:	_ _ ⊥ _ _ ⊥ _ _ ⊥ _
Кони крепки, и сыты, и бойки, –	\ _ ⊥ _ _ ⊥ _ _ ⊥ _
И ямщик под хмельком, и к другой	_ _ ⊥ _ _ ⊥ _ _ ⊥
Мчится вихрем корнет молодой...	\ _ ⊥ _ _ ⊥ _ _ ⊥

(1846)

감 상

시작법

이 시의 율격은 약약강 3보격이다. 4행이 한 연을 이루고 12연으로 구성되어 있어 총 48행의 비교적 긴 시다. 시의 내용에서 주인공의 행위가 자칫 경솔할 수도 있는 것을 율격을 길게 잡음으로 호흡을 길게 가고 있다. 긴 시의 단조로움을 피하기 위하여 행 첫 머리에서 잉여의 강세 음을 자주 활용하고 있음에도 주의를 기울이자.

이 시의 주인공인 '그대'라는 단어가 주격 이외의 격 활용을 포함하여 모두 15회 나타나고 있다. 그런데 이 15회 중 단지 3회만 강세가 주어지는 익투스의 자리에 위치하고 있어 그 중요성이 상대적으로 약화되고 있다. 이는 주인공의 행위가 경솔하고 또 화자 내지는 시인이 이 주인공의 행위에 동의할 수 없음을 시 작법으로 표현하고 있다.

각운 역시 흥미로운 점을 내포하고 있는데 1~11연에서는 모두가 다 여성 각운과 남성 각운이 교체되고 있다. 그러나 마지막 연인 제12연에서는 1~2행에서 여성 각운이 인접하고 있으며 3~4행에서는 남성 각운이 인접하고 있어 AAbb의 형태를 띠고 있다. 이 특이한 형태의 각운에 대한 해석은 제12연을 분석하면서 논할 것이다.

[제 목]

이 시의 제목은 "3두 마차"다. 말 세 필이 끄는 마차를 말한다. 19세기 러시아를 대표하는 교통수단은 마차다. 게다가 귀족의 계급과 부의 정도에 따라 마차의 호화스러움과 초라함이 결정되기는 하지만, 3두 마차는 고골의 『죽은 혼』에서와 같은 여러 문학 작품에서도 등장하여 그 상징성이 이미 구축되었다.

이 시에서는 주요 등장인물이 두 사람 있고 그 사람들의 관계와 행동을 화자가 관찰하고 있는 내용이다.

제1연

'도대체 그대는 왜 명랑한 여자 친구들을 곁에 두고 그토록 열렬하게 길을 쳐다보고 있는가?'하고 묻는 것이 이 연의 전반부 내용이다. 등장인물로 나오는 '그대'는 젊은 농군 처녀다. 그녀는 지금 들판에서 다른 친구들과 일을 하고 있다. 함께 일하고 있는 친구들을 등 뒤로 하고 이 처녀는 아주 대단한 호기심을 가지고 길을 쳐다보고 있다. 이 시의 제목에서 시사하듯 길에는 물론 삼두마차가 지나간다.

화자가 이 등장인물 농군 처녀에 대해 질문을 하고 있는데 호칭이 친근함을 나타내는 '그대'를 활용하고 있어 좁은 의미로는 화자가 이 여자 주인공에 대해 견지하는 태도를 대변하고 있으며 더 크게는 시인이 러시아 농민들에 대한 태도를 보여준다.

'알아야 한다. 그대의 조그만 가슴은 걱정을 떠 안아버렸다는 것, 그대의 얼굴 전체가 갑자기 확 달아올랐음을.' 농군 처녀가 일을 하다말고 동료 농군 처녀들을 등 뒤로 하고 길을 쳐다보므로 이미 이 처녀는 걱정거리를 가지게 되었다는 것이다. 왜냐하면 그녀는 얼굴이 화끈 달아오를 정도로 지나가는 마차에 혹은 그 마차를 타고 가는 사람에 매료되었기 때문이다.

이 처녀를 위해서는 좋지 않은 일임을 화자가 경고하고 있다.

제2연

'그리고 그대는 왜 질주하고 있는 삼두마차의 뒤를 따라 그렇게 서둘러 눈길을 돌리는가?' 이 연의 전반부 내용인 여기에서 주인공 농군 처녀가 지나가는 삼두마차를 그토록 열렬하게 쳐다보았던 제1연의 내용이 구체화되고 있다. 삼두마차는 질주하고 있다. 빠른 속도로 시골 길을 달리고 있다. 젊은 사람이 타고 가고 있음을 짐작할 수 있다. 화자가 왜 그렇게 쳐다보느냐고 묻고 있음으로 보아 이 역시 부정적인 결과를 초래할 수 있는 행동임을 지적하고 있다. '지나가는 기병 소위가 멋지게 허리춤에 팔자 모양으로 팔을 올리고 그대를 주의 깊게 쳐다보았다.' 앞에서 짐작으로 하였던 젊은 사람이 삼두마차를 타고 간다고 했던 것이 여기서 기병 소위임이 밝혀졌다. 삼두마차를 타고 가면서 멋진 포즈를 취하고 들판에서 일하고 있는 농군처녀에게 기병 소위가 관심을 보였다.

제1연과 제2연의 내용으로 보아 시골에서 농사를 짓고 있는 농군 처녀와 그곳을 삼두마차를 타고 지나가는 기병소위 사이의 관계가 생기게 될 기초가 마련되었다.

제3연

'관심을 가지고 그대를 쳐다보는 것은 놀라운 일이 아니다. 그대를 사랑하는 것 역시 결코 대단한 일이 아니다. 깜깜한 밤처럼 검은 그대의 머리에 빨간 리본이 놀이를 하듯 매달려 나부낀다.' 이것이 이 연의 전체 내용이다. 남자가 여자를 쳐다보는 것은 당연하다는 것을 지적하고 있다. 이견의 여지가 있을 수 없다. 게다가 기병 소위가 농군 처녀에게 관심을 보이고 있다. 19세기 러시아 사회에서 결코 놀라운 일이 아니다. 더 나아가 귀족 남자가 농노 여자를 사랑하는 것 역시 대단한 일이 아니다. 이 역시 시대적인 상황을 고려하면 화자에게 전적으로 동의할 수 있다.

귀족 남자와 농노 처녀와의 관계에 대한 일반론을 편 화자는 그 다음에 대단히 서정적이고 목가적인 처녀의 외양 묘사를 보여줌으로 아직은 이들 간의 긴장이 그다지 크지 않으며 화자의 태도나 걱정 또한 그렇게 첨예한 것은 아니다. 농군 처녀의 머리카락이 '깜깜한 밤처럼 검다'고 했다. 건강미와 여성적 매력을 동시에 표현하고 있다. 그런 머리를 한 이 처녀 농군은 빨간 머리띠를 하고 있다. 아름다운 조화이다. 그리고 들판에서의 산들바람에 이 머리띠가 경쾌하고도 아름답게 흔들리고 있다. 이 조화가 아름다우면 아름다울수록, 처녀가 건강하고 순진하면 순진할수록 기병소위와의 관계가 더 큰 위험에 처하게 된다.

제4연

이 연에서는 농군 처녀에 관한 화자의 관찰이 계속되고 있다. '그대의 가무잡잡하게 빛나는 뺨에 가벼운 솜털이 솟아나고 있다.' 농군 처녀이기에 얼굴이 햇볕에 그을려 가무잡잡한 것은 쉽게 짐작할 수 있다. 문제는 이 얼굴에 빛이 나고 있다는 것으로 고운 피부임은 분명한데, 그 피부에 이제 가벼운 솜털이 솟아나고 있는 것이다. 이는 이 처녀의 나이가 결코 많지 않음을 의미한다. 아직은 어린 처녀다. 세상을 사는 데 대한 철학적 성찰이 아직 제대로 되어 있는 않은 상태의 처녀다. 그리고 세상을 살아가기에 경험이 충분한 것도 아니다. 그런데 기병소위의 사랑이 손을 뻗치고 있다. 이 점에 대해 화자 혹은 더 큰 범주에서 이해하자면 시인이 우려를 나타내고 있는 것이다.

'그대의 반달 모양의 눈 밑에서는 민첩한 눈동자가 기민하게 쳐다보고 있다.' 쳐다보고 있는 대상은 당연히 삼두마차와 그것을 타고 가는 젊은 기병소위일 것이다. 처녀가 경험이 부족하여 도시에서 온 그리고 귀족 청년을 눈길을 떼지 못하고 쳐다보고 있다. 이 처녀의 눈은 반달 모양이다. 눈초리가 쳐지지도 않았고 치켜 올라가지도 않은 아름다운 눈을 상상 할 수 있다. 이제까지 소개되었던 농군 처녀의 신체적 겉모습에 새로운 정보가 더해져 더더욱 건강하고 순진하며 아름다운 처녀임을 알 수 있다.

제5연

'농군 여자의 검은 눈썹의 한 번의 눈길, 그 눈길은 피를 들끓게 하는 매력으로 가득 차 있다.' 이 연의 전반부 내용이다. 농군 처녀가 사랑에 완전히 빠진 것을 나타낸다. 기병소위에게 첫 눈에 반한 처녀다. 그녀의 눈길은 하도 매력적이어서 피가 들끓고 있다.

'선물이 노인을 타락시킬 것이다.' 기병 소위가 농군처녀의 아버지를 설득하기 위해 선물 공세를 할 것임을 시사한다. 시골 노인이다. 도시 사람처럼 약삭빠르지도 않고 또 사람을 다루는 경험도 그렇게 교활한 처지가 못 된다. 기병 소위의 선물 공세에 쉽게 넘어가 딸을 넘겨줄 것이다.

결국은 처녀의 그 첫 눈길이 '젊은이의 가슴에 사랑을 안겨줄 것이다.' 자기 스스로를 내 준다는 것을 의미한다. 기병 소위로 하여금 사랑에 빠지게 하는 눈길임을 시사한다.

第6연

이 연에서는 여자 주인공의 행복한 순간을 논하고 있다. '그대는 한 동안 살게 될 것이고 원하는 만큼 축제를 열 것이다. 그리고 그대의 인생은 충족되고 또 가벼운 것이 될 것이다...' 처녀 농군과 기병 소위가 결혼을 하는 장면을 연상케 해 준다. 이 처녀 농군은 기병 소위와 한 동안 살 것이며 또 결혼식을 통한 축제를 원하는 만큼 즐길 수 있을 것이다. 그리고 이런 결혼을 통한 농군 처녀의 인생은 부족한 것이 없을 것이며 또한 이제까지 들판에서 노동을 해 왔던 것에 비해 한결 수월할 것임은 자명한 일이다.

그런데 문제는 '그대는 그런 인생의 몫을 차지할 운명이 되지 못한다. 농군 처녀여, 그대는 타락하여 방종한 사람에게로 가고 있다.' 이 연의 전반부에서 그리고 있는 행복 즉 농군 처녀가 귀족인 기병 소위와 결혼하는 것은 아름답다. 문제는 그런 아름다움 그리고 행복이 이 농군 처녀의 몫이 아니라는 것이다. 그 이유는 이 농군 처녀가 사랑에 빠진 남자는 '타락하여 방종한' 남자이기 때문이다. 삼두마차를 타고 시골 길을 질주하는 기병 소위에게 한 눈에 반해 결혼을 할 수는 있으나 그것이 곧바로 행복으로 연결되지 않는다는 주장이다. "송충이는 솔잎을 먹어야 산다."는 격언과 함께 러시아 문학에서의 유사한 예를 얼마든지 찾을 수 있다. 거의 초기의 예들에 해당되는 것으로 카람진의 『불행한 리자』에서 리자와 에라스트의 관계를 걱정하지 않을 수 없는 상황이다.

第7연

이 연에서는 불행한 결혼 생활을 하는 농군 처녀의 모습이 예견되고 있다. '허리춤에 앞치마를 두른 채 볼썽사납게 가슴을 조여 맬 것이다. 변덕스러운 그대의 남편은 그대에게 매질을 할 것이며 시어머니는 그대를 세 번 씩 죽게 그대의 허리를 휘게 할 것이다.' 기병 소위와 결혼을 한 이 농군 처녀가 죽도록 일을 할 수밖에 없는 미래를 예언하고 있다. 앞 연에서 논했던 행복과는 아주 거리가 먼 현실을 직시하도록 한다.

여자에게 가슴은 아름다움의 상징이다. 그런데 그 아름다움의 상징을 앞치마로 보기에 추하게 동여매야 한다는 것이다. 즐거운 일이나 보람 있는 일을 위해 작업 준비에 철저하고 또 몸단장을 하는 것이야 긍정적이다. 그러나 여기에서는 그런 모습과는 완전히 동떨어진 농군 처녀의 모습이다. 아름다움의 상징 그 자체를 추하게 만들어야만 하고 그것도 한 순간이 아니라 일상생활 자체가 그래야 한다는 미래를 예견하고 있다.

귀족 기병 소위에게 시집을 간 농군 처녀의 불행은 점입가경이 된다. 변덕스러운 남편이 그녀에게 매질을 한다. 사랑을 느끼고 동의를 해서 결혼을 했음에도 불구하고 기병소위는 변덕이 심하다. 그래서 농군 처녀에게 더 이상 사랑을 느끼지도 않고 또 사랑하지도 않는다. 그런 상황에서 러시아 사회의 전형이다시피 한 부인에 대한 매질이 시작된다. 농군 처녀의 한 눈에 반해 결혼을 한 대가를 치르는 현상을 화자가 지적한다.

점입가경의 극치는 마지막 행에 나타난다. 귀족 남편인 어머니 즉 농군 처녀의 시어머니는 그녀를 얼마나 부려먹으면 세 번의 인생을 살면서나 해야 할 일을 다 시킨다는 것이다. 농노의 신분으로 귀족에게 결혼을 했으니 노동력이라도 넘치게 제공을 해야 한다는 것이 시어머니의 논리일 것이다.

참고로 농노 여자가 생을 살아가는데 네크라소프의 시에서

'3'이라는 상징적 숫자는 다른 시에서도 발견된다. 『동장군, 붉은 코』에 보면 러시아에서 농노 여자로 태어나는 것은 세 가지 측면에서 불행하다고 했다. 첫째는 농노의 딸로 태어난 것이며, 둘째는 농노의 아내가 되는 것이며, 셋째는 농노의 어머니가 되는 것이라고 했다. 즉 태생이 농노이므로 그 굴레를 벗어날 수 없는 러시아의 현실을 시인이 통렬하게 비판하고 있다. 이 시에서 시어머니가 자기의 며느리를 세 번이나 죽도록 허리를 휘게 한다는 표현 역시 간 텍스트성의 차원에서 『동장군, 붉은 코』를 연상시켜준다.

제8연

'지저분하고 힘든 노동으로 인해 그대는 시들고 말 것이다. 한 번 피어 보지도 못한 채.' 이것이 이 연의 전반부 내용이다. 농군 처녀가 첫 사랑으로 결혼을 한 이후 시작된 불행을 제7연에서 묘사하기 시작하여 이 연에서도 계속하고 있다. 농군 처녀가 귀족과 결혼을 하면 귀족의 신분으로 살게 되면 좋은 일일 것이다. 그러나 그렇지 않은 현실에 화자는 주인공의 처지를 안타까워하고 있다. 비록 아버지의 죽음을 전제하고 있기는 하나 역참지기의 딸로 귀족과 결혼하여 행복하고 공주와 같은 삶을 사는 경우도 있다. 푸시킨의 『역참지기』에서 여자 주인공이 두냐(아브도키야 삼소노브나 브이린)의 경우가 그렇다. 그러나 네크라소프는 그럴 가능성을 전혀 열어두지 않고 있다.

이 연의 나머지 두 행에서는 동사를 물금 다섯 개를 활용하고 있어 이 농군 아가씨가 하게 될 행위를 대단히 구체화하고 있다. '그대는 깨어날 수 없는 꿈에 시달릴 것이며 어린아이를 돌볼 것이며 일할 것이며 또 먹을 것이다.' 번역에서는 동사가 네 개밖에 등장하지 않는다. 왜냐하면 복합 미래 시제를 표현하기 위한 '이다' 동사의 미래형이 하나 활용되고 있기 때문이다. 이 동사가 활용된 이후 나머지 동사는 모두 원형임은 당연한 일이다.

이 농군 여인은 결혼을 했으니 아이가 생길 것이고 그 아이를 다른 농노가 돌보아 주는 것이 아니라 스스로 돌봐야 한다는 것이다. 아이가 구체적으로 몇 명인가는 나타나지 않는다. 과학이 발달하지 않은 시대이고 또 산아 제한에 대한 개념이 희박한 시기임은 분명하다.

따라서 이 여인의 행위 중 여기에서 마지막으로 제시되고 있는 '먹는 일'조차 결코 귀족의 먹을거리와 문화를 상상할 수는 없다. 오히려 다른 농노들과 함께 어울려 먹는 것을 의미하는 것이 훨씬 더 가능성이 크다. 그러니 결과적으로 이 농군 여인이 처한 운명과 하루하루의 생활 그 자체가 '깨어날 수 없는' 악몽일 수밖에 없다.

제9연

이 농군 여인의 인생에 대한 일종의 종합 평가를 내리고 있다. '인생에 찌들고 끊임없는 노동에 찌든 그대의 얼굴에는 갑자기 둔감한 인내의 표현이 나타나며, 아무런 의미도 없고 영원하기만 한 놀람이 드러난다.' 첫 눈에 반해 신분의 차이를 뛰어넘어 결혼한 농군 여인의 인생 말로가 결코 순탄치도 않으며 결코 행복하지도 않다. 그녀는 인생 그 자체의 무게에 눌려 평생을 살아야 했다. 그녀는 평생 노동을 해야만 했다. 그러기에 러시아 농민들의 얼굴에는 참는 것에는 이골이 난 표정이 있다.

그런데 생의 막바지에 이르러 갑자기 무슨 이유인지 스스로도 모를 일이지만 갑작스러운 놀라움이 찾아온다. 죽을 때가 되어서야 자신의 인생이 잘못 되었음을 인식하게 된 것이다. 이 시를 쓴 네크라소프의 또 다른 시 "블라스(«Влас»)"에서 이와 유사한 주제를 다루고 있다. 농노의 아버지가 죽을 때까지 고생하고 인생의 의미가 무엇인지, 인생 그 자체가 무엇인지 깨닫게 된다. 문제는 그 깨달음을 자식 세대에 전달해 줄 시간적인 여유가 없이 그냥 죽어 가는데 있다. 그래서 아들 세대도 아버지와 마찬가지로 죽기 직전에 가서야 인생에 대한 성찰을 할 수 있게 된다. 물론, 그것을 그 다음 세대에 전달해주는 것은 성공을 하지 못한 것은 당연하다. 결국 죽어가는 사람에게 있어 그의 인생이 고달픔은 영원할 수밖에 없다.

제10연

계속하여 이 연에서는 주인공 농군 처녀의 죽음 이후 상태가 예언되어 있다. '그대가 그대의 힘든 인생 여정을 다 마치게 되면 사람들이 축축한 묘지에 묻어버리고 말 것이다. 덧없이 사라져간 힘도 그 어떤 것으로도 다시 따뜻해지게 할 수 없는 가슴도.' 처녀 농군이 일생 동안 죽도록 일만하다가 죽으면 그녀를 무덤에 묻어버릴 것이라는 예견이다. 처녀 농군이 일생을 고통스런 노동 속에서 살게 된 것을 종합하고 있다.

그리고 누구든 죽으면 무덤에 묻는 것을 포함하여 어떤 형태로든 장례를 치르는 것은 문제가 되지 않는다. 다만, 이 농군처녀가 묻혀야 할 묘지가 '축축한' 것이어서 부정적이다.

농군 처녀의 육신을 묻는다는 직접적인 표현보다는 그녀가 평생을 덧없이 바친 그녀의 힘도 더 이상 쓸모가 없게 축축한 묘지에 묻히는 것이다. 그리고 그녀의 식어버린 가슴 역시 무덤에 묻혀 쓸모가 없게 된다. 그녀의 가슴을 통해 그녀 전체를 표현하고 있는 것은 제유법에 해당된다. 그런데 이렇게 유독 가슴이라는 신체 부위를 활용하여 제유법으로 표현하는 것은 그녀가 귀족 기병 소위에게 사랑에 빠지게 된 때 가장 적극적으로 활동했던 신체 부위이기 때문이다.

제11연

이제까지 농군 처녀가 귀족 청년과 사랑에 빠져 운 좋게 결혼을 한다고 해도 어떤 일이 그녀의 인생에 전개될 지 자세하게 예견을 했다. 따라서 이 연에서는 지금 시골 들판을 지나 삼두마차를 타고 질주하는 기병 소위를 사랑에 빠져 쳐다보는 농군 처녀에게 경고를 하는 내용이 나온다.

삼두마차가 그냥 지나쳐 가버린 '길을 우수 어리게 쳐다보지 마라. 그리고 삼두마차 뒤를 눈길로라도 서둘러 뒤쫓지 마라. 그리고 그대 가슴 속 우수에 잠긴 걱정을 가능한 빨리 그리고 영원히 잠재워버려라!' 삼두마차를 타고 가던 기병 소위는 이 처녀에게 멋진 포즈를 취했고 또 한 번쯤 데리고 놀 준비라도 된 양 그녀를 눈여겨보았다. 그리고 그녀를 지나쳐 간다. 그러자 이 농군 처녀는 근심어린 표정으로 그 길을 쳐다보고 있다. 질주하는 삼두마차를 눈길로 뒤쫓아 따라 가고 있다. 그 두 행위를 하지 말라고 화자가 경고를 하고 있다. 그리고 더더욱 중요하게 마음속에서 일어나는 그녀의 사랑, 즉 내적 동요를 빨리 그것도 영원히 잠재우라고 조언을 하고 있다. 이 조언을 따르지 않을 때 이미 화자가 예언한 모든 일들이 이 처녀의 인생에서 일어날 것이다.

제12연

비교적 긴 시의 마지막 연이다. 농군 처녀가 이 기병 소위와 어울리지 않음을 제11연에서 경고하였고 이 마지막 연에서는 그 이유를 보충 설명하고 있다. '그대가 질주하는 트로이카를 따라잡을 수는 없다. 말들은 강하고 배불리 먹었다. 그래서 말들이 민첩하다. 게다가 마부는 얼큰하게 취해 있다. 그리고 젊은 기병 소위는 다른 처녀에게로 질풍처럼 내 달린다...'

농군 처녀가 일하던 것을 집어던지고 삼두마차를 따라 나선다고 해도 그녀가 따라 갈 수 없는 형편이다. 대단히 물질적 차원에서 화자는 이 농군 처녀의 첫 사랑이 불가능한 이유를 대고 있다. 이렇게 물질적인 차원에서 근거를 제시하는 이유는 사회적이거나, 역사적이거나 문화적인 이유는 언급할 필요도 없다는 것을 의미한다. 그러기 위해 화자는 계속해서 물질적인 근거를 대고 있다. 말이 강하다는 것도, 그 말들을 배불리 먹였다는 것도, 그래서 말들이 민첩한 것도 결국은 다 부차적인 차원의 이유이지 농군 처녀가 귀족과 결혼을 하면 행복할 수 있다는 근본적인 이유는 아니다. 마부가 술에 취해 있어 마차를 마구 모는 것도 같은 차원의 이유이다.

다만, 마지막으로 근거를 제시하고 있는 것은 약간 차원을 달리하고 있다. 귀족 청년이 다른 처녀에게 '질풍처럼' 달려간다는 것이다. 이 농군 처녀가 아니면 다른 농군 처녀에게로도 달려가고 다른 귀족 처녀에게로도 달려가는 당대의 사회적, 문화적 풍토를 말하고 있다. 지극히 당연시 되고 있는 이런 풍토를 농군 처녀 혼자서 자신의 순수한 사랑으로 극복할 수 없음이 자명한 일로 그 사실을 마차를 따라 잡을 수 없는 차원에서 설명을 하고 있다.

한 편의 드라마와 같은 이 시에서 화자는 시골을 지나가는 삼두마차와 그것을 타고 가는 기병 소위, 그리고 그것을 사랑에 빠져 쳐다보는 농군 처녀의 사랑을 그려보고 그것이 불행할 것임을 지적하고 있다. 그리고 마지막 연에서는 인생에 대한 철학적인 차원에서의 논의를 펴고 있다. 그러기에 이러한 주제적 변화를 독자로 하여금 감지할 수 있게 하기 위해 마지막 연의 각운 형태가 다른 연과 다르게 설정되어 있다. 즉 이 연에서는 여성 각운이 인접해 있고 그 다음에 남성 각운이 인접해 있다. 다른 연에서는 여성 각운과 남성 각운이 교체 각운을 이루고 있는 것에 비해 이 연에서는 인접 각운을 이루고 있다.

마지막 연에서 각운의 형태를 달리하는 것이 네크라소프의 다른 시에서도 발견된다. 조금 뒤에서 분석을 하게 될 «Замолкни, Муза мести и печали!»와 «Душно! без счастья и воли»에서도 다른 형태를 각운을 활용하고 있음을 비교해 보면 흥미롭다. 결국은 사회적 차원에서의 변화를 갈구하는 시인 네크라소프의 염원이 이렇게 표출되고 있다는 것 역시 한 가지 가능한 해석이다.

***

Вчерашний день, часу в шестом,	_ ⊥ _ ⊥ _ ⊥ _ ⊥
Зашел я на Сенную;	_ ⊥ _ ○ _ ⊥ _
Там били женщину кнутом,	_ ⊥ _ ⊥ _ ○ _ ⊥
Крестьянку молодую.	_ ⊥ _ ○ _ ⊥ _
Ни звука из ее груди,	_ ⊥ _ ⊥ _ ⊥ _ ⊥
Лишь бич свистал, играя...	\ ⊥ _ ⊥ _ ⊥ _
И Музе я сказал: <<Гляди!	_ ⊥ _ ⊥ _ ⊥ _ ⊥
Сестра твоя родная!>>	_ ⊥ _ ⊥ _ ⊥ _

(1848?)

감 상

시작법

혼합된 시 작법이 활용되고 있는 시다. 홀수 행은 약강 4보격이고 짝수 행은 약강 3보격이다. 이는 아마도 사회적 불평등을 노래하고 있는 이 시의 주제와 밀접한 연관이 있다.

각운은 남성 각운과 여성 각운이 교체 각운을 이루고 있다.

[제 목]

제목이 없는 시다. 비교적 짧은 시지만, 시인의 천재성으로 러시아 농민 처녀의 일상 중 한 장면을 마치 스틸 컷처럼 보여주고 있다.

제1연

'어제 한 대여섯 시나 되어 나는 센나야 광장에 갔었다.' 이것이 첫 두 행의 내용이다. 서정적 자아가 어제 했던 행동이므로 별다른 관심이 가지 않는 지극히 있을 법한 일을 말하고 있다. 사실주의에 속하는 시라고 할 수 있다. '어제'라고 시간을 한정하고 있어 서정적 자아가 목격하고 전달하는 것이 보다 생생한 기억에 의한 것임을 알 수 있다.

센나야 광장은 페테르부르크에 있는 광장이다. 예전에는 여기에서 말 먹이용 건초를 팔기도 했고 또 농노를 거래하기도 했다. 지금은 지하철 역 이름으로 더 알려져 있으며 광장의 크기는 신식 건물들이 세워져 아주 작아졌다. 게다가 광장 중심부에 해당되는 곳에는 맥주를 파는 집이 들어서 있어 격세지감을 실감케 한다.

'그곳에서 채찍으로 한 여인을 사람들이 때리고 있었다. 젊은 여자 농노였다.' 이 연의 후반부 내용이다. 화자가 어제 무심코 센나야 광장에 늦은 오후에 들렀다. 그런데 거기에서 사람들이 농노 여자를 채찍으로 때리고 있던 장면을 목격하고 있다.

채찍으로 사람을 때리는 것은 불법이고 또 비인간적이다. 그럼에도 불구하고 이 시가 쓰인 19세기 중반 러시아 사회에서는 대단히 보편적이었다. 여자를 때리고 있어 이 광경의 끔찍함이 배가된다. 그것도 젊은 여자다. 귀족 여자가 공개적인 장소에서 채찍으로 맞을 일이 없다. 채찍질을 당하고 있는 이 젊은 여자 농노의 인권은 그 어디에서도 찾을 수 없다. 그때까지만 해도 러시아에서 농노에게 인권이 인정되지 않던 시기다. 그것을 시인이 한탄하고 있다.

제2연

'그녀의 가슴에서는 아무런 소리도 나지 않았다. 그저 채찍만이 유희를 즐기며 휘휘 소리를 냈다...' 시인이 보기에 채찍질 당하는 이 여인의 가슴 속에 쌓인 한이 얼마겠는가? 그러나 그 한을 풀어낸다고 해서 해결될 일이 하나도 없는 상황이다. 그래서 이 여인은 절규도 비명도 지르지 않고 있다. 그것도 아니라면 시인이 이 광경을 목격한 때는 이미 이 여인이 실신하여 더 이상의 채찍질에 신체적인 반응을 할 수 있는 상태가 아닐 수도 있음을 짐작할 수 있다.

매를 맞고 있는 처녀의 침묵과 대비되는 것이 채찍의 휘휘거리는 소리다. 채찍은 휘두르는 사람의 솜씨에 따라 굉장한 소리를 낸다. 그런데 시인은 이 채찍이 '유희를 즐기고 있음'을 지적한다. 즉 채찍 그 자체는 자유자재다. 이 여인의 몸뚱이 어디고 가서 때린다. 이 채찍을 휘두르는 사람의 솜씨가 보통이 아님도 분명한 일이다. 채찍을 맞는 젊은 농노 여인은 묶여 있을 것이다. 그에 반해 채찍은 자유자재로 유희를 즐기고 있다.

'그래서 내가 나의 시신(詩神)에게 이렇게 말했다. "보라! 이 사람이 그대의 친 누이동생이다!"' 시인이 시를 쓰는 원천인 시의 신에게 호소를 하고 있다. 대단히 짧은 호소지만, 시인의 답답하고 억울한 심정을 그대로 표현하고 있다. '친 누이동생'이므로 시의 신 역시 가만히 있을 수는 없다. 그래서 이 시를 쓰게 한 것이다.

농노의 시인이라고 해도 과언이 아닐 정도로 농노의 형편에 대한 실상을 노래한 네크라소프의 시다. 이렇게 시인은 시의 신과 대화를 하고 시의 신에게 농노들의 형편을 알림으로 시를 쓰고 있기도 하고 때로는 과감하게 행동을 요구하는 적극적인 시를 쓰기도 했다.

***

Мы с тобой бестолковые люди: _ _ ⊥ _ _ ⊥ _ _ ⊥ _
Что минута, то вспышка готова! _ _ ⊥ _ _ ⊥ _ _ ⊥ _
Облегченье взволнованной груди, _ _ ⊥ _ _ ⊥ _ _ ⊥ _
Неразумное, резкое слово. _ _ ⊥ _ _ ⊥ _ _ ⊥ _

Говори же, когда ты сердита, _ _ ⊥ _ _ ⊥ _ _ ⊥ _
Все, что душу волнует и мучит! \ _ ⊥ _ _ ⊥ _ _ ⊥ _
Будем, друг мой, сердиться открыто: \ _ ⊥ _ _ ⊥ _ _ ⊥ _
Легче мир — и скорее наскучит. \ _ ⊥ _ _ ⊥ _ _ ⊥ _

Если проза в любви неизбежна, \ _ ⊥ _ _ ⊥ _ _ ⊥ _
Так возьмем и с нее долю счастья: \ _ ⊥ _ _ ⊥ \ _ ⊥ _
После ссоры так полно, так нежно _ _ ⊥ _ _ ⊥ _ _ ⊥ _
Возвращенье любви и участья... _ _ ⊥ _ _ ⊥ _ _ ⊥ _
(1851)

감 상

시작법

약약강 3보격(трёх-стопный анапест)이다. 짧은 시 임에도 불구하고 시 행의 호흡을 길게 하고 있다.

각운은 모두가 다 여성 각운으로 교체 각운을 이루고 있다.

[제 목]

제목이 없는 시다. 네크라소프가 이 시에서 농민들의 문제를 다루면서 더욱 적극적이고 더욱 행동을 추구하는 태도를 견지하는 것을 볼 수 있다. 구체적인 행동 양식을 제시하고 있는 시라고 해도 과언이 아니다.

제1연

첫 행에서 화자는 농민들과 동격으로 등장하여 자신들이 어떤 사람들이라는 것을 천명하고 있다. '우리는 이성적인 사람들이 아니다.' 여기서 '우리'라는 표현이 이 뜻을 의미하는 러시아어 단어 'мы'를 활용하지 않고, 문자 그대로 '그대와 나'라는 표현이 활용되고 있다. 즉 화자와 그대로 대변되는 농민들을 동일한 차원에서 인식하고 있음을 나타낸다.

그리고 '이성적인 사람들이 아니'라고 한다. 비이성적인 사람은 없다. 동물에 대비하여 인간은 모두가 이성적이다. 그런데도 시인이 여기에서 비이성적인 사람임을 강조하는 것은 더 이상 이성적으로 이들의 처지를 이해할 수도 없고 또 설명할 수도 없다는 것을 뜻한다. 이제는 이성적으로 무언가를 해야 할 때가 아니라 실질적 행동을 해야 할 시기가 되었음을 강조하기 위한 전초작업이다.

'한 순간이면 활활 타오를 준비가 되었다!' 어느 순간이 주어지면 그 순간에 화자와 농민들이 활활 타오를 준비가 되어 있다는 것이다. 물론, 주어 술어의 관계를 통해 표현한 것이 아님으로 이 내용은 매우 간접적으로 표현되어 있다. 출판을 하기 위한 검열도 고려하지 않을 수 없었음을 짐작하는 것은 어려운 일이 아니다.

'흥분에 떨고 있는 가슴을 편안하게 하기, 어리석고도 날카로운 단어.' 이 연의 후반부 두 행에서는 술어가 없이 두 가지 사항을 나열하고 있다. 첫 번째 것은 '흥분에 떨고 있는 가슴을 편안하게 하기'인데 이것을 염원한다는 의미도 되고 또 그 다음 나열 사항을 보고 판단하자면, 이 나열은 절대로 있을 수 없는 일이라는 주장도 가능하다. 즉 더 이상 농민들에게 마음을 진정시킬 수는 없다는 뜻이 된다.

두 번째 나열이 '어리석고도 날카로운 단어'이기 때문이다. 이 역시 앞의 나열을 보충하여 술어의 역할을 할 수도 있고 그렇지 않고 단순 나열로 본다면, 농민들이 1행에서 스스로 특징을 지웠듯이 '비이성적인' 사람들이기 때문에 아둔하고 어리석은 소리를 하는 것일 수도 있다. 그리고 '비이성적인' 농민들은 단호하고, 예리하며, 강하고 날카로운 소리를 내 뱉어야 한다는 당위성을 주장할 수도 있게 된다.

제2연

구체적인 행동 강령이 제시되는 연이다. '그대가 화가 났을 때는 그렇다고 말을 해라. 그대의 영혼을 편치 않게 하고 고통스럽게 하는 모든 것을 말해라!' 예전에는 농민들이 화가 나도 스스로 화가 났다고 말을 하지 않았다. 마음을 진정시키고 스스로 참고 지나온 것이 통상적이었다. 그런데 여기에서 화자는 더 이상 그렇게 하지 말고 이제는 말을 해라라고 직접 강령을 내리고 있다. 그리고 말을 해야 하는 대상으로 화가 나는 것에서 그치지 않고 영혼을 흥분하게 하고 영혼을 고통스럽게 하는 모든 것으로 확장시키고 있다.

'친구여! 우리가 솔직하고 공개적으로 화를 내자. 그러면 세상이 좀 더 수월해 질 것이며 사람들이 좀 더 빨리 싫증내게 될 것이다.' 여기에서 화자는 한 가지 더 제안을 하고 있고 그 제안이 실천된다면 어떤 일이 일어나게 될지 언급하고 있다. 제안의 내용은 간단하다. 이 연의 전반부에서 강령으로 명령을 하였던 내용의 반복으로 '공개적으로 화를 내자'는 것이다. 참지 말고, 사회적으로 공론이 되게 화를 내자는 것이다.

그렇게 하면 세상이 좀 더 살기 수월해 질 것이라는 예견을 하고 있다. 농민들의 의견이 반영되고 농민들의 처지가 고려되는 세상살이를 말하고 있다. 그리고 농민들을 괴롭히고 못살게 하는 사람들이 더 빨리 그런 못된 행동에 싫증을 내게 될 것이라는 주장이다. 즉 농민들이 더 빨리 지주와 귀족의 학대에서 벗어날 수 있다는 것이다. 그 전제조건이 공개적으로 화를 내자는 것이다. 대단히 직접적이고 농민들에게 선동이 가능한 정도의 내용임을 고려해볼 때 이 시기에는 매우 급진적인 사고의 표현이라고 할 수 있다.

제3연

앞의 두 연에서 매우 직접적인 표현을 하였다면 이 연의 전반부에서는 상당히 시적 표현을 하고 있다. '만약에 사랑을 함에 있어 시시껄렁한 얘기가 필수불가결하다고 한다면, 그 사랑에서 행복이라는 몫을 우리가 챙깁시다.' 이 내용에서 '시시껄렁한 애기'는 문자 그대로의 의미는 '산문'이다. 이 단어는 동시에 '무 취미' 혹은 '평범함'을 의미하기도 한다. 따라서 사랑을 하는데 이런 것이 꼭 필요하다고 한다면 그 자체를 어떻게 하자는 것이 아니라 그 대신 다른 것을 쟁취하자는 것이 화자의 주장이다. 그것이 행복이다. 인생을 살아가는데 있어 절대로 제거할 수 없는 것들이 있을 수 있다. 이 시에서는 가장 적합한 예가 노동이 될 것이다. 이 노동을 제거한 농민들의 삶은 있을 수가 없기 때문이다. 따라서 노동을 반드시 해야 한다고 한다면 그 노동 속에서 행복은 확보하자는 것이다. 물론, 여기에 대입하여 설명이 가능한 요소는 농민들의 삶을 구성하는 모든 양태들이 다 가능하다.

'이런 투쟁이 있은 후에는 사랑과 관심이 그렇게 완전하고 그렇게 부드럽게 되돌아 올 것인데...' 농민들에게 투쟁을 직접적으로 언급하고 있다. 그러나 여기에서 시인은 공산주의식이나 혹은 사회주의식 혁명을 언급하는 것은 결코 아니다. 그저 화가 나면 그렇다고 얘기 하자는 정도다. 그렇게라도 하고 나면 학대 계급에서 사랑과 관심을 되돌려 줄 것이라는 소박한 기대를 하고 있기 때문이다.

***

Замолкни, Муза мести и печали!
Я сон чужой тревожить не хочу,
Довольно мы с тобою проклинали,
Один я умираю — и молчу.

К чему хандрить, оплакивать потери?
Когда б хоть легче было от того!
Мне самому, как скрип тюремной двери,
Противны стоны сердца моего.

Всему конец. Ненастьем и грозою
Мой темный путь недаром омрача,
Не просветлеет небо надо мною,
Не бросит в душу теплого луча...

Волшебный луч любви и возрожденья!
Я звал тебя — во сне и наяву,
В труде, в борьбе, на рубеже паденья
Я звал тебя, — теперь уж не зову!

Той бездны сам я не хотел бы видеть,
Которую ты можешь осветить...
То сердце не научится любить,
Которое устало ненавидеть.
(1855)

시행의 길이가 길기 때문에 율격과 각운 표기를 아래에 한다.

_ ⊥ _ ⊥ _ ⊥ _ o̲ _ ⊥ _
_ ⊥ _ ⊥ _ ⊥ _ o̲ _ ⊥
_ ⊥ _ ⊥ _ ⊥ _ o̲ _ ⊥ _
_ ⊥ _ o̲ _ ⊥ _ o̲ _ ⊥

_ ⊥ _ ⊥ _ ⊥ _ o̲ _ ⊥ _
_ ⊥ _ ⊥ _ ⊥ _ o̲ _ ⊥
_ o̲ _ ⊥ _ ⊥ _ ⊥ _ ⊥ _
_ ⊥ _ ⊥ _ ⊥ _ o̲ _ ⊥

_ ⊥ _ ⊥ _ ⊥ _ ⊥ _ ⊥ _
_ ⊥ _ ⊥ _ ⊥ _ o̲ _ ⊥
_ o̲ _ ⊥ _ ⊥ _ o̲ _ ⊥ _
_ ⊥ _ ⊥ _ ⊥ _ o̲ _ ⊥

_ ⊥ _ ⊥ _ ⊥ _ o̲ _ ⊥ _
_ ⊥ _ ⊥ _ ⊥ _ o̲ _ ⊥
_ ⊥ _ ⊥ _ ⊥ _ o̲ _ ⊥ _
_ ⊥ _ ⊥ _ ⊥ _ o̲ _ ⊥

_ ⊥ _ ⊥ _ o̲ _ ⊥ _ ⊥ _
_ ⊥ _ o̲ _ ⊥ _ o̲ _ ⊥
_ ⊥ _ o̲ _ ⊥ _ o̲ _ ⊥
_ ⊥ _ o̲ _ ⊥ _ o̲ _ ⊥ _

감 상

시작법

약강 5보격이고 4행이 1연이며, 5연으로 구성되어 있어 총 20행 시다.

각운은 여성 각운과 남성 각운이 교체되고 있다. 그러나 특이하게도 마지막 연의 각운 형태는 여성 각운이 남성 각운을 감싸고 있는 환상 각운(AbbA)이다. 마지막 연에서 각운의 형태를 달리하는 것은 네크라소프의 다른 시에서도 그 예를 본 적이 있다. «Тройка»의 마지막 연도 형태를 달리한다. 그 이유는 기존의 세상 질서를 바꾸고자 하는 시인의 염원이 표출 된 «Тройка»의 각운과 내용상 긴밀한 이유가 있는 이 각운을 비교해 보는 것도 흥미 있는 일로 사료된다.

[제 목]

제목이 없는 시다. 이 시에서 시인은 자신의 시신(詩神, 뮤즈)과 대화를 나누고 있다. 사실, 시인은 자신의 시신에게 더 이상 시를 쓸 수 있는 영감을 주지 말고 침묵을 하라고 강변하고 있다. 그렇지만, 그 결과로 독자는 이 시를 읽고 있음으로 그의 강변 역시 시인과 시의 신과의 결과인 것은 자명하다. 이 시에서 뮤즈는 가만있다. 오로지 시인이 자기의 감정을 드러내고 있다. 이들 간의 관계를 염두에 두고 감상하면 더욱 더 실감나게 이 시를 읽을 수 있다.

제1연

'복수와 슬픔의 시신(뮤즈)여, 침묵하시오!' 첫 행의 내용이다. 이 시를 쓰고 있는 시인의 뮤즈는 복수의 뮤즈다. 복수를 하기 위해 농민들을 깨우치고 농민들에게 행동을 요구하는 그런 뮤즈다. 그런데도 현실은 여전히 바뀌지 않고 있다. 농민들의 형편이 나아진 것이 전혀 없고 또 그런 농민들과 함께 하는 시신이기에 '슬픔의 뮤즈'다. 화자가 혹은 시인이 자신의 뮤즈에게 명령을 하는 것은 '침묵하라'이다. 여기에서 활용되고 있는 동사가 완료상이기에 이 명령은 대단히 강한 명령이며 그 명령은 반드시 수행되어야 하는 당위성을 이미 확보하고 있는 셈이다. 뮤즈가 침묵을 하면 시인은 시를 쓸 수 없다. 즉 농민에 관한 시를 더 이상 쓸 수 없음을 고백하고 있는 시인이다. 그런데 아이러니컬한 것은 시인이 자신의 뮤즈에게 침묵을 하라고 명령을 내렸기에 더 이상 시를 쓰지 않아야 하는데 기실은 이 시를 독자들은 지금 읽고 있다는 사실이다.

'나는 다른 사람의 꿈을 방해하고 싶지 않소이다!' 역시 자신의 뮤즈에게 하는 말이다. 뮤즈가 침묵을 지키지 않고 시인으로 하여금 계속해서 시를 쓰게 한다면 이 시인은 다른 사람의 꿈을 방해할 수밖에 없다는 주장이다. 물론, 여기에서 다른 사람은 이 시의 시대적 · 공간적 배경에서 농노들을 박해하고 농노들의 노동력을 착취하는 귀족계급을 말한다.

다른 사람을 방해하지 않겠다는 의지를 천명한 이상 이 주제를 더 이상 계속할 수는 없는 노릇이다. 그래서 시인은 다시 자기와 자기의 뮤즈에게로 시선을 돌린다. '그대와 나는 충분히 열심히 일했다. 그러니 나 하나 죽어가면서 말을 하지 않고 침묵을 지키겠다.' 시인과 뮤즈가 합심하여 러시아 농노들에 관한 시를 많이 썼다는 것으로 시인이 자평하고 있다. 이제는 충분히 썼음으로 더 이상 쓰고 싶지 않다는 의지의 천명으로 시인 스스로가 죽어가면서 침묵을 지키겠다고 한다. 시의 뮤즈가 지칠 수가 있는 일인지 모르겠다. 하지만, 시인이 지치고 시인의 재능이 다할 수는 있다. 그것을 이렇게 표현한 것인지, 농노의 처지를 대변하고 그 처지를 개선하고자 노력하는 시인으로서 현실의 변화가 없음에 절망을 표현하고 있는 것인지 숙고해 볼 일이다.

제2연

'무엇 때문에 잃은 것에 대해 울부짖으며 무엇 때문에 침울해 할 것인가?' 염세적인 태도를 계속해서 견지하고 있으며 그런 태도를 구체적으로 보여주는 수사적 질문이다. 잃은 것에 대해 울고불고 할 이유가 전혀 없다는 내용이다. 둘째 행에서 '도대체 언제나 이 상황이 조금이라도 가벼워질 것인가!'라고 탄식을 하고 있다. 그러므로 그 어떤 이유로도 침울해 할 필요가 없다는 논리가 성립된다.

왜냐하면 '마치 감옥의 문이 삐걱거리는 것과 마찬가지로 내 마음의 신음소리는 내 스스로에게도 모순적이기' 때문이다. 시인이 오죽하면 자신의 뮤즈에게 침묵을 강요하겠는가? 더 이상 시를 쓰기 싫기도 하려니와 더 쓸 힘도 없기 때문이다. 따라서 시인의 마음속에는 저절로 신음소리가 나온다. 탄식이다. 그렇기에 그 탄식 소리는 자기 스스로에게도 모순적이라는 것이다. 즉 첫 행에서 행한 수사적 질문은 시인의 탄식이며 그것이 모순적이라는 논리다. 그렇다고 잃은 것에 대해 울부짖고 또 우울해 해야 하는 것은 당연하지만, 이제까지 그렇게 해 왔다는 현실이 결국은 모순을 낳고 만다.

제3연

그래서 이 연의 첫 행 전반부에서 '모든 것은 끝났다'고 선언하고 있다. 시를 쓰는 일도 끝났고, 울부짖을 일도 끝났고 또 우울해 할 일도 끝났음을 의미한다.

그래서 '나의 어두운 길은 악천후와 뇌우로 암울하기만 하다. 그게 다 이유가 있어서 그렇다. 내 머리 위에서 하늘은 밝아지지 않을 것이다. 내 영혼에 따뜻한 빛을 던져주지도 않을 것이다.' 시인이 농노의 현실을 노래함으로 농노들의 처지가 개선되기를 바랐으나 그것이 전혀 이루어지지 않는 현실에 절망하고 있었다. 그래서 끝이 난 셈이었다. 시인이 갈 길은 결코 밝지가 않다. 그 밝지 않은 것은 이유가 있는데 바로 하늘이 밝아지지도 않을 것이며 자신의 영혼이 다시 따스한 온기를 받지도 않을 것이기 때문이다. 세상이 스스로 바뀌지도 않을 것이며, 또 시인이 농노들의 처지에 만족하여 생각을 바꾸게 될 것도 아니라는 말이다.

제4연

'사랑과 부활의 마법적인 빛이여! 나는 그대를 불렀었다. 꿈속에서도 현실 속에서도. 노동을 하면서도 투쟁을 하면서도 파멸 직전에도 나는 그대를 불렀다. 하지만, 이제 나는 더 이상 그대를 부르지 않는다!'

"사랑의 마법적인 빛과 부활의 마법적인 빛"을 상대로 대화를 전개해 나간다. 기적과도 같은 일이 일어나 농민들을 향한 사랑이 생기게 되고 또 농민들이 온전한 인간으로 부활할 수 있는 일을 얼마나 처절히 갈구했었나를 고백하고 있다. 모든 순간에 그러한 기적을 바라고 있었음이 판명되었다. 그러나 안타깝게도 시인은 그것을 더 이상 할 수 있는 육체적 · 정신적 상태에 있지 않다.

제5연

이 연에서도 '마법적인 빛'에 대한 대화는 계속된다. '그대가 환하게 비출 수 있는 그런 밑바닥을 나는 내 스스로 보기를 원치 않았다...' 마법의 빛이기에 빛을 비추지 못할 곳이 없을 것이다. 그런데 그 반대로 마법의 빛이 아니면 비출 수 없는 그런 마지막 바닥을 시인이 직접 두 눈으로 보아버렸다는 주장이다. 러시아 농민들의 현실이라는 것이 마법의 빛이나 비출 수 있는 그런 참혹한 밑바닥이라는 담론이다. 그것을 시인이 직접 보았다. 1862년에 러시아에서 형식적이나마 농노들이 해방된 것을 생각하면 이 시를 쓴 1855년에 시인이 느낀 절망감과 갑갑함은 거의 극을 향해 치닫고 있었다.

그래서 이 시의 마지막 부분에서 시인은 바로 앞 연에서 '이제는 더 이상 그 빛을 부르지 않는' 이유를 완벽한 시적 표현으로 밝히고 있다. '왜냐하면 증오하는데 지쳐버린 가슴은 사랑하는 것을 결코 배울 수 없기' 때문이라는 것이다. 러시아 농민들의 가슴은 증오로 가득 차 이글이글 타오르고 있는 것이 아니다. 그들의 마음은 이미 증오를 하기에도 지쳐버렸다. 그런 마음은 사랑을 익힐 수 없다는 천재적 논리를 시적으로 표현하고 있다.

이 연의 각운은 앞의 네 연의 각운과 형태가 다르다. 우선 특이한 점은 모든 각운이 동사의 원형으로 이루어져 있다. 보통은 권장하지도 또 훌륭한 각운으로 피해야 하는 방법의 각운이다. 그러나 여기에서는 동사의 원형을 활용함으로 손쉬운 각운을 이루어내려는 의도보다는 각운을 이루고 있는 행의 맨 마지막 부분에 동작을 나타내는 단어를 위치함으로써 그 역할을 증대시키고 의미를 강조하고 위한 이유가 더 크다. 그리고 앞 연에서 교체 각운의 형태가 이 연에 오면 환상 각운으로 바뀌고 있다. 그것도 여성 각운이 남성 각운을 감싸고 있다. 이는 시의 내용상 증오에 지쳐버려 사랑도 배울 수 없는 농노들과 시인의 마음이 표출된 것을 감싸기 위한 각운 형태다.

***

Душно! без счастья и воли　　⊥ _ _ ⊥ _ _ ⊥ _
Ночь бесконечно длинна.　　⊥ _ _ ⊥ _ _ ⊥
Буря бы грянула, что ли?　　⊥ _ _ ⊥ _ _ ⊥ _
Чаша с краями полна!　　⊥ _ _ ⊥ _ _ ⊥

Грянь над пучиною моря,　　⊥ _ _ ⊥ _ _ ⊥ _
В поле в лесу засвищи,　　⊥ _ _ ⊥ _ _ ⊥
Чашу народного горя　　⊥ _ _ ⊥ _ _ ⊥ _
　　　　Всю расплещи!　　⊥ _ _ ⊥
(1868)

감 상

시작법

강약약 3보격으로 4행 1연이며 2연으로 구성되어 있어 총 8행의 짧은 시다.

각운은 여성 각운과 남성 각운이 교체 각운을 이루고 있다.

이 시의 작법에서 특이한 점은 마지막 행이다. 다른 모든 행이 강약약 3보격인 것에 비해 이 행은 2보격이며 그것도 남성운으로 끝나는 행이어서 음절이 네 개밖에 되지 않는다. 즉 행의 길이가 다른 행보다 반밖에 되지 않는데 그 이유는 각 행의 분석에 밝혀 볼 일이다.

[제 목]

제목이 없는 시다. 농노들의 견디기 힘든 현실에 대한 시인의 갑갑한 마음을 절절히 토해낸 시다.

제1연

'갑갑하다! 행복도 없고 자유도 없이 밤은 끝없이 길기만 하다.' 이 연의 첫 두 행의 내용이다. 직접적으로 갑갑함을 토로하고 있다. 농노의 현실에 대한 갑갑함이며 시인으로서 할 수 있는 일이 많지 않음에 대한 갑갑함 모두가 다 포함되어 있다.

그리고 농노들이 살고 있는 세상은 밤에 비유되고 있다. 그런데 그 밤이 자유도 없고 행복도 없는 밤이며 더더욱 갑갑한 것은 그 밤이 끝없이 긴 것이다. 밤이 끝나면 밝은 낮이 올 것이다. 그러면 행복도 오고 또 자유도 올 것인데, 이 밤이 끝이 없는 것이 문제다.

'폭풍우라도 갑자기 돌발하기라도 했단 말인가? 찻잔은 끝까지 가득 찼다!' 더 이상 물러날 곳도 더 이상 참을 인내심도 없는 형편을 표현하고 있다. 폭풍우가 몰아치면 기존의 질서에 변화가 올 것이다. 그런 상황을 시인은 고대하고 있다. 찻잔이 가득 찬 것은 농노들이 견딜 수 있는 한계가 다다랐음을 말한다. 가득 찬 잔은 한 방울의 물만 더 들어가도 차서 넘쳐버릴 것이다. 농노들의 분노와 인내 등 모든 것이 가득 차 있는 형편이다.

이 시는 1861년 농노 해방령이 포고된 후에 쓰인 시다. 그럼에도 불구하고 이렇게 논하고 있는 것은 시인이 보기에 또 현실적으로 농노들의 형편이 전혀 달라지지 않았음을 말해준다.

제2연

'폭풍우야 바다의 소용돌이 위에 몰아쳐라. 들판에도 숲에도 바람아 불어제쳐라. 민중들의 슬픔의 잔을 왕창 엎질러 버려라!'

절규를 하고 있는 시인의 모습을 상상할 수 있다. 이제는 거칠 것이 없다. '바다의 소용돌이 위에 폭풍우'가 더 몰아치라고 외치고 있다. 극한 상황을 더 밀어붙여 한계를 넘어서고자 한다. 세상의 구석구석에 바람이 몰아쳐 모든 것을 싹 쓸어버리고 싶은 시인의 심정이다.

그리고 그 일부로 민중들이 안고 가고 있는 운명의 잔을 '엎어 버리고' 싶은 시인의 요청이다. 세상을 뒤엎어 버리고 싶은 시인의 절규임에 다름 아니다.

마지막 행의 길이가 다른 행의 반밖에 되지 않는 것도 내용과 밀접한 관계가 있다. 내용상 모든 것을 '엎질러 버려야 하는

데' 그 범위에 이 시의 작법까지 포함시키기 때문이다. 시의 작법이라고 온전하게 둘 필요가 없는 것이다. 전통이 되었건 인습이 되었건 모든 것을 다 타파해 버리고 새 질서를 모색하고자 하는 시의 내용이 형식과 절묘하게 조화를 이루고 있는 또 다른 예다.

Иван Алексеевич Бунин (1870~1953)

부닌

다른 귀족들과 마찬가지로 1880년대 산업혁명의 물결 속에서 어려움을 겪었던 귀족의 집안에서 태어났다. 모스크바에서 멀지 않은 곳 보로네쥐(Воронеж)의 아름다운 자연이 부닌에게는 큰 영향을 주었다. 몰락해 가는 귀족 사회에 대한 향수와 귀족으로서의 자긍심이 부닌의 삶을 구성하는 큰 요소였다.

1888년에 출판을 시작하여 세기가 변할 때에는 부닌은 이미 작가로서 명성을 얻었다. 그는 톨스토이의 영향을 받았으나 거의 외로운 작가활동을 하였다. 유일하게 가까이 지내던 작가는 체호프였다. 첫 결혼은 실패하였고 두 번째 아내인 베라 무롬쩨바(Вера Муромцова)와는 여생을 같이 했다. 부닌은 여행을 많이 한 작가이다. 그는 유럽 전역을 여행하였고 중동, 북 아프리카, 인도 그리고 사일론을 여행하였다. 그는 혁명을 반기지 못하고 파리로 떠났다. 1933년 부닌은 러시아 작가로서는 처음으로 노벨 문학상을 받았다.

부닌은 시인으로 작가생활을 시작하였다. 그의 시의 주제는

부닌 기념 우표

산문에서와 마찬가지로 자연의 풍요로움, 자연의 슬픈 아름다움, 외로움 그리고 죽음이었다. 부닌의 시에 있어서는 밤이 가장 선호되어지는 시간이다. 부닌 시의 장점은 외계에 대한 주의 깊은 관찰에 있다.

부닌의 산문은 그의 시보다 더 시적이다. 그는 산문에서 러시아어에 대한 탁월한 활용을 보여주었으며 서정시와 같은 단조로움, 자연 현상에 대한 긴 묘사로 가득 차 있다.

부닌의 작품세계는 비록 사실주의에 속하나 이는 19세기 러시아 전통의 도덕적 사실주의에 가깝다기보다는 플로베르 계통의 비개인적인 미학(impersonal aestheticism)에 더 가깝다. 혁명 이전의 그의 작품은 죽어 가는 시골의 자연에 대한 서정적 애가이다. 『안토노프의 사과』«Антоновские яблоки»(1900)는 이러한 대표적인 작품이다. 부닌의 전형적인 우울을 한 가득 담고 있는 『시골』«Деревня»(1909~10), 지나간 귀족 사회에 대한 기억으로 몰락해 가는 메마른 골짜기가 회생의 여지가 없음을 노래한 부닌의 대표작 중의 대표작인 『마른 골짜기』«Суходол»(1911), 『형제들』«Братья»(1914) 등이 있다. 그리고 부르주아 사회에 대한 풍자 혹은 죽음 앞에서 인간의 이상이 덧없음으로 읽을 수 있는 작품인 『샌프란시스코에서 온 신사』«Господин из Сан-Франциско»(1915), 도시 생활에 대한 사디즘적인 견해를 피력한 『휘어진 귀』«Петлистые уши»(1916), 사랑 이야기인 『태양의 일격』«Солнечный удар»(1925), 약간은 감상적인 젊은이들의 사랑을 시적으로 다룬 작품인 『미탸의 사랑』«Митина

부닌동상(보로네쥐 소재)

любовь»(1924)이 있으며 갑작스러운 죽음을 맞는 인간들에 대한 단편 모음집인 『어두운 가로수 길』«Темные аллеи»(1946)과 자서전적인 소설 『아르세니예프의 생애』«Жизнь Арсеньева»(1952) 등의 대표작들이 있다.

<참고 문헌>

«Собрание сочинении в 9 томах». Москва, 1965~67.

Serge Kryzytski, *The Works of Ivan Bunin*. The Hague, 1971.

James B. Woodward, *Ivan Bunin: A Study of His Fiction*. 1980.

***

Не видно птиц. Покорно чахнет   _ ⊥ _ ⊥ _ ⊥ _ ⊥ _
Лес, опустевший и больной.   \ ○ _ ⊥ _ ○ _ ⊥
Грибы сошли, но крепко пахнет   _ ⊥ _ ⊥ _ ⊥ _ ⊥ _
В оврагах сыростью грибной.   _ ○ _ ⊥ _ ○ _ ⊥

Глушь стала ниже и светлее,   \ ⊥ _ ⊥ _ ○ _ ⊥ _
В кустах свалялася трава,   _ ⊥ _ ⊥ _ ○ _ ⊥
И, под дождем осенним тлея,   _ ○ _ ⊥ _ ⊥ _ ⊥ _
Чернеет темная листва.   _ ⊥ _ ⊥ _ ○ _ ⊥

А в поле ветер. День холодный   _ ⊥ _ ⊥ _ ⊥ _ ⊥ _
Угрюм и свеж − и целый день   _ ⊥ _ ⊥ _ ⊥ _ ⊥
Скитаюсь я в степи свободной,   _ ⊥ _ ⊥ _ ⊥ _ ⊥ _
Вдали от сел и деревень.   _ ⊥ _ ⊥ _ ○ _ ⊥

И, убаюкан шагом конным,   _ ○ _ ⊥ _ ⊥ _ ⊥ _
С отрадной грустью внемлю я,   _ ⊥ _ ⊥ _ ⊥ _ ⊥
Как ветер звоном однотонным   _ ⊥ _ ⊥ _ ○ _ ⊥ _
Гудит−поет в стволы ружья.   _ ⊥ _ ⊥ _ ⊥ _ ⊥
(1889)

감 상

시작법

이 시의 율격은 약강 4보격이다. 4행이 한 연을 이루고 모두 4연이므로 총 16행시다. 특별한 점은 발견되지 않는다.

각운 역시 대단히 전통적인 것으로 여성 각운과 남성 각운이 교체를 이루고 있다.

[제 목]

이 시는 제목이 없다. 주인공이 가을 들판을 말을 타고 사냥을 하며 소요하고 있는 목가적인 풍경을 그리고 있는 시다. 한 편의 그림을 보듯 감상하면 된다.

제1연

'새들은 보이지 않는다. 텅 비고 병치레를 하고 있는 숲은 순종적으로 시들어가고 있다.' 가을 숲을 이렇게 묘사하고 있다. 새들은 보다 따뜻한 지방을 찾아 이동을 시작했을 것이다. 짧은 가을이 다가오고 이내 겨울이 올 것이기 때문이다.

흥미로운 일은 가을 숲을 보면서 화자가 느끼는 내적 감정이다. 가을을 우울한 계절로 인식하는 것이 결코 새로운 것은 아니다. 하지만, '숲이 병치레를 하고 있다'고 읊는다. 단풍으로 물드는 숲을 아름답게 볼 수도 있을 것이지만, 푸름을 건강한 상태로 상정하고 그 푸름이 사라지는 것을 병치레로 보고 있는 것이다. '텅 빈 것'은 새들이 없어서 텅 비기도 했고 이미 병치레를 하고 있어 낙엽이 많이 졌으므로 숲 속의 공간이 더 넓게 보이는 현상을 놓고 하는 말이다. 결코 어려운 상징이나 또는 은유적인 표현이 아니라 눈앞에 펼쳐진 러시아의 가을 숲을 화자의 감정을 실어 그대로 표현하고 있다. 그리고 숲이 '순종적으로 시들어 가고 있다'고 한다. 계절의 흐름에 대한 순종일 것이다. 여름이 지나고 가을이 옴에 따라 또 가을이 깊어지고 있음에 따라 숲이 시들어간다고 한다. 개개의 나무나 풀들이 시들어가는 것을 지적함이 옳은 표현이겠지만, 시인에게는 숲 전체가 시들어가고 있는 것으로 보이고 있다.

'버섯들은 가고 흩어졌다. 그러나 계곡에서는 젖은 버섯 향기가 진하게 퍼지고 있다.' 가을이기에 버섯이 온전한 모습을 하고 제 자리에 있는 것이 아니라 다 커진 다음 번식을 위해 바람결이나 동물의 발에 채여 여기저기 흩어져 있는 모습이다. 계곡에는 늘 습기가 있다. 그 습기와 흩어진 버섯이 합쳐져 진한 향기를 내 뿜고 있는 것을 화자가 감지하여 독자에게 전달하고 있다. 전형적인 러시아 숲의 가을 한 때를 연상할 수 있다.

제2연

이 연에서도 쓸쓸한 가을의 정취를 묘사하고 있다. '쓸쓸하고 인적이 드문 벽촌은 더 낮아 보이고 더 휀해 보이게 되었다. 덤불들 속에서 풀들이 아무렇게나 뒤엉켜 있다. 그리고 가을 빗속에서 썩어가면서 어두운 빛깔의 나뭇잎들이 검게 빛난다.'

시골 마을이 더 낮아 보이고 주변의 숲들이 헐벗으니 다 훤해 보이는 것이다. 그리고 곧게 자라던 풀들이 이제는 생명력을 잃고 덤불 속에서 이리저리 마구 엉켜있는 상태를 묘사하고 있다. 가을이면 어디서고 볼 수 있는 자연의 한 장면이다.

가을비가 내려 썩어가는 나뭇잎에 대한 묘사 역시 적이 사실적이다. 특별한 설명이 필요한 것이 아니라 자신의 경험을 한 번쯤 떠올려 보면 충분하다. 아직 그런 경험이 없다면 가을에 밖에 나가 자연을 한 번 면밀히 관찰하는 것이 오히려 더 필요하다.

제3연

'그런데 들판에는 바람이 분다. 차가운 낮은 우울하면서도 신선하다. 그래서 나는 하루 종일 자유로운 들판을 따라 편력을 하고 있다. 시골의 크고 작은 마을에서 멀리 떨어져서.'

화자가 자연을 어떻게 관찰하게 되었는지 알게 해 주는 연이다. 화자가 마을에서 나와 들판을 하루 종일 돌아다니고 있다. 특별한 목적이 있어서가 아니라 그저 발길 닿는 대로 다니는 것이다. 그 들판을 다니면서 화자는 '자유'를 만끽하고 있음을 알 수 있다.

바람 부는 가을 들판이다. 차가운 날씨고 비가 오는 날씨이기에 우울하다고 했다. 그럼에도 신선함을 느끼고 있는 화자는 분명 시골 마을에서의 공기와는 사뭇 다른 공기를 맛보고 있기 때문이다. 가을걷이가 끝난 텅 빈 들판을 말을 타고 한가롭게 이리저리 다니고 있는 화자의 모습을 연상해 볼 수 있다.

제4연

'그리고 말발굽 소리에 진정을 되찾은 나는 우수로 위안삼아 주의를 기울여본다. 바람이 어떻게 한결같은 소리를 내며 소총의 총신에서 어떻게 소리 내며 어떻게 노래하는지를.'

화자가 말을 타고 들판에서 사냥을 하고 있음이 새로운 정보다. 말을 타고 말발굽 소리에 위안을 받는 화자다. 사냥을 나오기 전에는 심난한 마음 상태였음을 짐작할 수 있다. 말을 타면 마음이 진정되는 것은 상식이다. 게다가 사냥이라는 스포츠를 통해 심신을 다잡고 있는 화자의 변화된 마음을 충분히 이해할 수 있다. 가을 들판에서 사냥을 하고 있는 화자의 총신에 바람이 와서 닿는 것을 느끼고 관찰하고 있다.

무슨 철학이 있는 시도 아니고 무언가를 주장하고 있는 시도 아니다. 그저 한 순간 사냥꾼의 심상을 늦가을의 텅 빈 들녘에 비추어 노래하고 있는 시다.

***

Я к ней вошел в полночный час.	_ ⊥ _ ⊥ _ ⊥ _ ⊥
Она спала, – луна сияла	_ ⊥ _ ⊥ _ ⊥ _ ⊥ _
В ее окно, – и одеяла	_ ⊥ _ ⊥ _ ○ _ ⊥ _
Светился спущенный атлас.	_ ⊥ _ ⊥ _ ○ _ ⊥
Она лежала на спине,	_ ⊥ _ ⊥ _ ○ _ ⊥
Нагие раздвоивши груди, –	_ ⊥ _ ○ _ ⊥ _ ⊥ _
И тихо, как вода в сосуде,	_ ⊥ _ ⊥ _ ⊥ _ ⊥ _
Стояла жизнь ее во сне.	_ ⊥ _ ⊥ _ ⊥ _ ⊥

(1898)

감 상

시작법

약강 4보격을 율격으로 하며 4행이 한 연을 이루고 두 연이므로 총 행수는 8행이다. 러시아의 고전적 시 작법에서 인칭대명사는 보통 강세를 두지 않는 것을 원칙으로 한다. 다만, 강세자리 즉 익투스에 위치한 것은 자연스럽게 인칭대명사에도 강세를 두는데, 이 시에서는 오직 그녀에 해당되는 모든 인칭대명사는 익투스에 위치하고 있어 강세를 받는다. 즉 그녀가 대단히 강조되고 있음을 알 수 있다.

각운은 남성 각운이 여성 각운을 감싸고 있는 형태인 환상각운이다. 이 각운의 형태 역시 시의 주제와 내용과 밀접한 관련이 있다. 여성이 강조되고 있는 이 시에서 그 여성을 감싸고 있는 것이 바로 각운의 형태이므로 천재적인 조화를 꾀하고 있다.

[제 목]

제목이 없는 시다. 화자와 그의 연인간의 사랑이 화자의 입장에서 어떻게 묘사되고 있는지 잘 볼 수 있는 시다. 화자가 연인이 잠든 뒤 방문하여 잠을 자고 있는 연인의 모습을 그림처럼 포착해 내고 있다.

제1연

'나는 그녀의 방에 자정에 들어갔다.' 화자와 그의 연인이 첫 행에서 바로 등장하므로 그들의 관계를 짐작할 수 있게 해 준다. 남자 주인공이 여자의 방에 밤늦게 들어갈 수 있다는 자체로 연인의 관계임을 나타낸다. 물론, 아버지가 딸의 방에 들어가는 것도 가능하겠지만, 이 시의 내용이 전개되는 것을 보면 연인간의 관계임이 분명해진다.

두 번째 행의 전 반부에 독립 문장이 있고 나머지는 그 다음 행으로 이어지는 구문적 특성을 드러내 보인다. '그녀는 자고 있었다.' 화자가 그녀의 방에 자정에 들어갔으므로 그녀가 자고 있는 것은 자연스럽다. 여기에서 이 묘사는 중립적이어서 그녀가 화자를 기다리다 잠에 들었는지 아니면 화자가 들어올 것을 전혀 기대하지 않고 잠에 든 것인지는 알 수 없다.

'그녀의 방 창에는 달빛이 비치고 있었다. 그리고 가라앉은 공단 이불이 빛났다.' 화자가 연인의 방에 들어간 다음 그 방의 분위기를 묘사하고 있다. 달이 뜬 밤이다. 그녀의 창에 달빛이 비친다. 그리고 넓게 펼쳐진 이불에 달빛이 반사되어 이불이 하얗게 빛나고 있는 장면이다.

조용하고 평안한 여인의 침실과 자정의 고요함 그리고 달빛이 엮여 연출하는 평화스런 분위기다.

제2연

'그녀는 누워서 자고 있었다.' 엎드려 자거나 옆으로 누워 옆구리를 깔고 자는 것이 아니라 등을 대고 누워 있는 모습이다. 개인적인 버릇이며 취향이기 때문에 별다른 해석을 가할 여지가 없다. 다만, 이런 모습으로 자는 여인을 바라보는 화자에게는 새로운 것이 눈에 띄고 그것을 독자에게 전달해 준다.

'둘로 갈라져 있는 드러난 가슴.' 그녀가 누워서 자고 있고 잠옷이 풀어헤쳐져 있어 맨 가슴이 드러나 있다. 두 개로 갈라져 있음을 화자가 관찰하고 있다. 드러난 맨가슴에 화자는 아무런 감정적인 평가를 내리지 않는다. 마치 사진을 찍듯 사실적으로 그려내고 있다. 여기에 독자의 미적 취향과 기준 및 미에 대한 이해 정도에 따라 그 사실성에 근거한 아름다움이 생긴다.

'그리고 조용히 마치 그릇에 담긴 물처럼, 그녀의 인생이 꿈속에 머물러 서 있다.' 꿈의 세계에 머물고 있는 여인의 잠자는 모습을 그리고 있다. '마치 그릇에 담긴 물처럼' 조용하다는 것은 그녀가 악몽을 꾸고 있는 것이 아니라 평안한 잠자리를 즐기고 있다는 것을 보여준다.

잠자리에 들어 평안하게 자고 있는 연인의 모습을 관찰하면서 한 컷의 스틸 사진을 보는 듯하다. 대단히 절제되고 잘 다듬어진 시다. 여자 주인공이 누워서 자면서 맨가슴을 드러내고 있음에도 불구하고 이것이 음탕함이나 또는 남자의 욕정의 대상이 되지 않는다. 극도의 사실성에서 시인이 절제된 표현을 하고 있기 때문이다.

Одиночество

И ветер, и дождик, и мгла
Над холодной пустыней воды.
Здесь жизнь до весны умерла,
До весны опустели сады.
Я на даче один. Мне темно
За мольбертом, и дует в окно.

Вчера ты была у меня,
Но тебе уж тоскливо со мной.
Под вечер ненастного дня
Ты мне стала казаться женой...
Что ж, прощай! Как–нибудь до весны
Проживу и один – без жены...

Сегодня идут без конца
Те же тучи – гряда за грядой.
Твой след под дождем у крыльца
Расплылся, налился водой.
И мне больно глядеть одному
В предвечернюю серую тьму.

Мне крикнуть хотелось вослед:
<<Воротись, я сроднился с тобой!>>
Но для женщины прошлого нет:
Разлюбила – и стал ей чужой.
Что ж! Камин затоплю, буду пить...
Хорошо бы собаку купить...
(1903)

시행의 길이가 길기 때문에 율격과 각운 표기를 아래에 한다.

_ ⊥ _ _ ⊥ _ _ ⊥
_ _ ⊥ _ _ ⊥ _ _ ⊥
_ ⊥ _ _ ⊥ _ _ ⊥
_ _ ⊥ _ _ ⊥ _ _ ⊥
_ _ ⊥ _ _ ⊥ _ _ ⊥
_ _ ⊥ _ _ ⊥ _ _ ⊥

_ ⊥ _ _ ⊥ _ _ ⊥
_ _ ⊥ _ _ ⊥ _ _ ⊥
_ ⊥ _ _ ⊥ _ _ ⊥
_ _ ⊥ _ _ ⊥ _ _ ⊥
_ _ ⊥ _ _ ⊥ _ _ ⊥
_ _ ⊥ _ _ ⊥ _ _ ⊥

_ ⊥ _ _ ⊥ _ _ ⊥
_ _ ⊥ _ _ ⊥ _ _ ⊥
_ ⊥ _ _ ⊥ _ _ ⊥
_ ⊥ _ _ ⊥ _ _ ⊥
_ _ ⊥ _ _ ⊥ _ _ ⊥
_ _ ⊥ _ _ ⊥ _ _ ⊥

_ ⊥ _ _ ⊥ _ _ ⊥
_ _ ⊥ _ _ ⊥ _ _ ⊥
_ _ ⊥ _ _ ⊥ _ _ ⊥
_ _ ⊥ _ _ ⊥ _ _ ⊥
_ _ ⊥ _ _ ⊥ _ _ ⊥
_ _ ⊥ _ _ ⊥ _ _ ⊥

감 상

시작법

이 시의 작법은 매우 복잡하다. 그 이유는 이 시의 제목이자 주제 중 하나인 "외로움"에 대해 시인이 다양함을 추구하려고 하고 있기 때문이다. 우선 이 시의 작법을 살펴보면 매우 흥미롭다. 제1연과 제2연에서는 1행과 3행이 약강약 격이고 2, 4, 5, 6행은 약약강 격이다. 그러나 제3연에서는 1, 3, 4행이 약강약 격이고 2, 5, 6행이 약약강 격이다. 한 편, 제4연에서는 1행만 약강약 격이고 나머지 2, 3, 4, 5, 6행은 약약강 격이다. 이는 제1연과 제2연이 동일한 구조를 가지고 있는 반면 제3연과 제4연은 역시 변화를 꾀하여 제3연에서는 약약강 격을 3행에 걸쳐 가지게 하고 제4연에서는 약약강 격을 하나 더하여 4행에 걸쳐 가지게 함으로 제3연과 제4연이 동일한 구조를 가지지 않고 다양함을 가지게 된다. 크게 구분을 하자면 이 시의 작법은 제1연과 제2연 그리고 제3연과 제4연 두 부분으로 구분이 되지만, 제3연과 제4연이 동일하지 않아 세 부분으로 작게 구분된다고도 할 수 있다.

6행이 한 연을 이루고 있는 이 시의 각운은 모두 남성 각운으로 되어 있지만 첫 4행에서는 교체 각운을 이루고 있고 나머지 두 행에서는 인접 각운을 이루고 있어 ababcc의 형태를 가지고 있다.

[제 목]

이 시의 제목은 '외로움'이다.

제1연

시의 내용과 이러한 작법간의 관계는 매우 긴밀하다고 말할 수 있다. 제1연에서는 바람, 비, 어두움이 강조 소사로 강조되고 있다. 차갑고 황량한 물 위에 있는 자연을 묘사하고 나서 이러한 자연 속에서는 봄까지 한시적으로 삶이 죽어 있다. 그리고 정원은 봄까지 버려져 있다고 말하고 있다. "삶이 죽었다"라는 표현은 모순어법으로 아마 삶 자체가 죽은 것을 의미하는 것은 아니다. 오히려 그 다음 행에서 말하고 있는 "봄까지는 정원이 버려져 있다"라는 서정적 자아의 말에 비추어 볼 때 이러한 자연 속에는 "봄까지 사람이 아무도 없다"는 것을 의미한다고 할 수 있다. 이렇게 이해를 하여야 제5행의 반구가 말하고 있는 "나는 별장에 혼자 있다"라는 말이 더욱 순리적이며 이 시의 제목인 "외로움"과 일맥상통한 해석이 될 수 있다.

그리고 다음 반구와 마지막 행에서 화자가 말하고 있는 내용을 분석해 보면 우리는 서정적 자아가 화가이거나 혹은 이 시를 우리에게 들려주는 시인으로 최소한 '예술가'임을 짐작할 수 있다. 화자는 지금 그림을 그리기 위한 화가(畵架) 뒤에 있으며 그가 방 혹은 작업실 안에서 밖을 보고 있는 것을 상정할 수 있다. 그리고 이렇게 안에서 밖을 보고 있는 화자에게 밖의 풍경에는 이 시의 두 번째 단어인 바람이 불고 있음을 알 수 있다. 즉 이 연에서 화자는 자연을 묘사함과 더불어 자신이 처해있는 상황을 우리에게 말하여 주고 있으며 그 내용은 주위에 사람이 없고 화자 혼자만이 별장에 있다는 적이 산문적이면서도 자신의 감정을 솔직 담백하게 표현하고 있어 서정성을 내포하고 있기도 하다.

제2연

이 연에서는 더욱 구체적인 이야기가 진행되고 있다. 제1연에서 "나 혼자(я один)" 라는 말로 비추어 서정적 자아는 남자임을 알 수 있다. 이러한 남자 화자에게 "어제 여자인 그대가 내게 왔었음"을 알 수 있다. 그러나 이들의 관계는 정상적이라고 말하기는 어렵다. 왜냐하면 여인은 내게 왔었던 것은 사실이지만, 이내 나와 있는 것을 지루해 했고 또 "있었다(была)" 라는 동사 과거가 내포하듯이 그녀는 이미 여기에 없다는 것을 의미하므로 그녀는 이미 떠나 버렸다. 단 하루만, 그것도 별장에 있는 나를 방문하였던 여인이 떠나버렸음은 그들의 관계가 아직도 열렬히 사랑을 하고 있는 관계라고 보기는 힘들다.

이러한 상황에서 서정적 자아는 그 여인의 의사와는 무관하게 자신이 느꼈던 감정을 표하고 있다. 즉 잔뜩 찌푸린 날의 저녁때쯤에는 이미 그녀가 그의 아내처럼 여겨졌었다는 것이다. 서로가 사랑하는 사이이고 별장에 단 둘이 있음이 한없는 사랑을 나누기 좋은 상황이라고 한다면 '잔뜩 찌푸린' 날은 역설적이다.

그러나 우리는 이미 제1연에서 그 여인이 떠났음을 보았다. 즉 이별의 날이었기에 잔뜩 찌푸린 날이었고 저녁때쯤에 화자 혼자만이 그녀에 대해 친근함을 느꼈었음을 알 수 있다. 사실 이 연의 서두에서 그녀는 어제 나와 함께 있음을 지루해 했었다는 것은 사실이다. 그리고 서정적 자아는 그녀가 마치 자신의 아내처럼 여겨졌다는 말 다음에는 생략 부호로 말을 잇지 못하고 있다. 아마도 자신만의 느낌이었음을 고백할 만한 용기가 없는 "예술가"이기 때문이라고 할 수 있을까?

그리고 이별은 고한다. '어쩌겠는가, 그래, 안녕!'이라고 말하고 있는 화자의 다음 행은 그가 앞 행에서 말을 잇지 못하다가 하는 말이다. 그리고 여전히 자신의 관점에 관해 이야기를 계속한다. '봄까지는 혼자서, 아내 없이 어떻게든 살아남을 것이다'라고 말하고 있다. 이것 역시 화자 자신의 견해이기 때문에 생략 부호로 더 이상의 증거나 확신을 대지 못하고 있음을 알 수 있다.

제3연

이 연에서는 그녀의 떠남을 구체적으로 회상하고 있다. 그녀가 어제 떠난 것은 사실이지만, 오늘은 먹구름이 한없이 산 너머 산 너머로 몰려오고 있다. 그리고 그 구름이 비가 되어 내릴 때 화자는 그 비가 그녀의 흔적이 되어 식어버린 사랑의 상징으로 비가 되어 자신이 머무는 별장의 현관에 내리고 있다고 말하고 있다.

여기에서 우리는 화자가 머무는 별장이 어딘가 근처에 산이 있음을 알 수 있다. 주위에 산이 있고 여인이 그 산을 넘어 떠났음을 알 수 있으며 화자 자신이 그녀의 떠남으로 눈물을 흘리고 있다고도 할 수 있다. 비는 현관에 내리고 있고 그 비를 실내에서 관찰하고 있는 화자의 눈에 눈물이 흐르고 있는 것을 상상하는 것은 그리 어려운 일이 아니다.

그리고 저녁때가 되어 회색빛 어두움을 바라다보고 있는 것이 괴롭다고 심정을 토로하고 있다. 이러한 그의 심경표현에 있어 "혼자에게(одному)"라는 표현은 그의 외로움이 더 이상 그녀와 나누어 가질 수 없는 것으로 더 크게 표현된다. 어제 떠난 여인에 대한 그리움이 오늘밤을 지새우기에는 너무도 큰 것인지도 모른다. 밤이 깊어지면 어두움이 회색빛이 아닐지도 또한 관찰을 할 수도 없게 될지는 모르지만, 식어 가는 그녀의 사랑을 안타까워하고 있음은 명확하다.

제4연

이 연에서는 화자의 강한 열망과 더불어 되돌릴 수 없는 절망이 표시되어 있다. 화자는 "돌아오라, 나는 너와 아주 친했었다!"라고 외치고 싶어 한다. 그러나 흥미로운 사실은 이러한 외침이 화자 자신의 표현대로 외치고 싶어졌던 것에 불과할 수도 있다. 그러나 이 시를 읽고 있는 독자에게는 화자가 이미 외치고 있다는 실질적 결과를 염두에 둬야한다. 이렇게 볼 때 화자는 떠난 여인에 대한 사랑이 지극함을 겸손하게 표현하고 있다. 그러나 화자의 그 여인에 대한 사랑이 간절함은 절정에 달하고 있음을 알아야 한다.

이러한 절정에 달한 본인의 사랑 고백 다음의 문장이 역접속사인 "그러나(но)"로 시작하고 있음에서 보다 명확해 진다. 그리고 이 행에서 화자는 한 때는 아내로 여겨졌던 애인을 "여인(женщина)"라고 부르고 있어 자신이 어쩔 수 없음을 시사하고 있다. 그리고 그 여인에게는 과거 자기들의 사랑이란 남아 있지가 않다. 이 연의 첫 행에서 화자가 그녀가 떠난 뒷자욱에다 대고 외치고 싶었던 것에 비해 여인에게는 과거의 사랑이 더 이상 없다는 것은 시사적이다. 그녀의 사랑은 식어갔고 '나'는 그녀에게 낯선 사람이 되어버렸다. 두 사람 사이의 사랑은 더 이상 존재하지 않는다.

이에 마지막 두 행은 사실적이며 화자가 행동을 하는 것이면서도 절망이 혹은 외로움이 극에 달하고 있음을 보여주고 있다. 이 연의 5행은 그가 날이 저물면서 할 일을 말해준다. 즉 그는 그 스스로가 그녀의 식어버린 사랑에 대해 할 수 있는 것이 없다는 것을 알고 있으며 난로나 피울 것이며 또 술이나 마실 것이라고 말하고 있다. 술을 마시겠다는 의지 역시 생략 부호로 끝을 맺지 못하고 있음은 술을 오랫동안 어쩌면 밤이 새도록 마신다는 이야기도 될 수 있으며 다른 한 편으로는 술만 마시는 것이 아니라 그녀에 대한 미련과 아쉬움과 외로움과 싸워야 하는 자신의 오늘밤의 처지를 미루어 짐작할 수 있기도 하다.

그리고 마지막 행은 완벽한 절망이자 포기임을 알 수 있다. '개나 한 마리 사는 것이 좋을 것'이라는 표현은 그녀가 곁에 있으므로 해서 생기지 않은 외로움을 그녀 대신 개와 함께 하므로 외로움을 달랠 수 있을 것이라는 것이 첫 번째 해석이 될 수 있다. 이는 그 여인의 사랑을 더 이상 기대하지 않는 것이 된다. 그러면서도 다른 한 편으로는 그녀를 대신할 수 있는 것을 충성의 상징인 '개'로 상정하므로 그녀의 불성실한 사랑을 의미할 수도 있다.

결국 시 작법이 변화를 꾀하고 있는 것은 시속 화자의 안정적이지 못한 심경을 대변할 수도 있으며 여인과의 이전의 사랑이 변해가고 있음과도 부합하고 또 일관적이지 않은 여인의 사랑에 대한 태도를 대변한다고도 할 수 있다. 그리고 마지막 연에서 제1행을 제외하고는 동일한 강약약 격을 쓰고 있음도 천재적인 시 작법의 개발로 자신의 마음이 점차 포기로 인해 안정되어 가고 있음을 의미하기도 한다. 따라서 어제 일에 해당되는 제1연과 제2연은 동일한 구조를 가지고 있지만, 오늘 일에 대한 제3연과 제4연 속에서는 사랑에 대한 체념까지 로의 승화로 가는 변화를 노래하고 있어 서로 다른 시 작법 구조를 가지고 있다고 할 수 있다.

그리고 모든 운이 남성 운인 것은 어쩌면 서정적 자아가 남성 중심적인 사고를 하고 있는 것을 반영하고 있는지도 모른다. 결국은 외로움을 느끼는 장본인은 서정적 자아 자신임은 틀림없는 사실이다. 이 시에서 여인이 등장을 하고 있기는 하지만, 실질적으로 그녀가 행동을 보이는 것은 아무 것도 없으며 다만 화자에 의해 그녀가 어제 여기에 왔었으며 어제 떠났다는 사실만 알 수 있다.

3음보 율격을 혼합하여 사용하고 있는 것 또한 이 시의 내용과 무관하지 않다. 비교적 담담하게 이야기할 수 있는 자연에 대한 묘사는 약강약 격으로 하고 있는 반면 사상이나 외로움과 관계하여 화자 자신의 감정을 표현하고 있는 것은 느린 템포인 강약약 격으로 하고 있음을 볼 수 있다.

부록 (시 해석)

미하일 로모노소프

거대한 북극광이 일어난 때에 신의 위대함에 대한 저녁 명상

I
낮이 자신의 얼굴을 가린다.
어두운 밤이 들판을 뒤덮었다.
산등성이에는 어두운 그림자가 드리웠다.
햇빛은 우리에게서 멀리 사라졌다.
별들로 가득 찬 하늘이 열렸다.
별들의 수는 한이 없고 심연 중의 심연이다.

II
바다 물결 속에 있는 조그만 모래알처럼,
영원한 얼음 속에 있는 조그만 불꽃처럼,
강한 회오리바람 속에 있는 가늘고 작은 먼지처럼,
작렬하는 불꽃 속의 깃털처럼,
그렇게 나는 이 심연 속에 빠져
생각으로 지쳐서 길을 잃는다.

III
현자들이 우리에게 말해주고 있다.
그곳에는 수많은 태양계가 있으며
셀 수 없이 많은 태양이 그곳에는 빛나고 있으며
그곳에는 다양한 민족들이 오랫동안 존재해 오고 있으며
이 모든 것들이 동일한 힘으로
신의 위대함에 대해 칭송을 하고 있다.

IV
그런데 자연이여! 그대의 법칙이 어떻게 되었는가?
한밤중에 아침노을이 번지고 있다!
태양이 자신의 왕관을 저곳에 세우고 있는 것 아닌가?
얼음이 바다의 불빛을 방해하고 있는 것 아닌가?
보라! 이 차가운 불꽃이 우리를 감쌌다!
보라! 이 밤에 이 땅 위에 낮이 도래했다!

V
영원한 법전을 꿰뚫는 날카로운 눈을 가진 현자들이여,
당신들에게는 사물들의 아무리 사소한 표식일지라도
진리의 모습으로 드러난다.
당신들은 전 우주의 길을 다 알고 있다.
그러니 말해 주시오!
무엇이 우리로 하여금 이렇게 혼란스럽게 하는가?

VI
무엇이 밤에 밝은 빛을 발산하는가?
무엇이 가느다란 불꽃을 사물에 비추는가?
어떻게 마른번개가
땅에서 하늘로 치솟을 수 있는가?
얼어붙은 수증기가 한겨울에 불꽃을
도대체 어떻게 만들어 낼 수 있는가?

VII
그곳에서는 짙은 어둠이 파도와 다투고 있다.
그것도 아니라면 태양 빛이 짙은 대기를 뚫고
우리에게 비추고 있는 것이다.

그것도 아니라면 안개 걸린 산의 정상들이 빛나고 있는 것이다.
그것도 아니라면 바다에 서풍이 멈추는
그곳에 미끄러운 파도가 창공을 때린다.

VIII
우리에게서 가까운 주변에 관한
당신의 대답은 애매모호함으로 가득 차 있다.
세상이 얼마나 넓은지 얘기해 주지 않겠소?
가장 작은 별 저 너머에는 무엇이 존재하는가?
당신에게도 피조물의 끝이 알려지지 않은 것인가?
창조주가 얼마나 위대한지 얘기해 주시오!

가브릴 데르자빈

신(神)

I
오! 그대, 공간적으로 가없으며,
사물의 운동 속에 살아 있는 분이여,
시간의 흐름 속에서 영원하며,
신의 3위 중 얼굴이 없는 분이여!
성령은 온 누리에 존재하며 유일하도다.
성령에게는 장소도 없으며 원인도 없다.
그 어느 누구도 성령을 이해할 수 없었다.
모든 것을 자기 자신으로 충만케 하는 신,
모든 것을 껴안으며, 모든 것에 생명을 불어넣으며, 모든 것을 보존하는 신,
바로 이런 존재를 우리는 신이라고 부른다!

II
깊은 대양을 측량하고
모래알과 천체의 별을 헤아리는 것은
고도의 지혜를 가진 사람이라면 가능할 수도 있을 것이다.
그러나 그대 신께는 숫자의 개념도 없으며 신을 측량할 수 있는 단위가 없다!
신에 의해 창조된 세상에서
교육을 아주 잘 받은 인간의 영혼이나 지혜라도
신의 섭리를 이해한다는 것은 불가능하다.
인간의 사고는 그저 신에게 감히 용기를 내어 올라가려고 할 뿐
또한 아무리 올라가려고 노력을 해도 신의 위대함 속에서

그저 영원 속에서 한 순간처럼 사라질 수밖에 없다.

III
신께서 혼돈의 존재를
영원성으로부터 불러냈다.
신께서 시간이 시작되기도 전에 있었던
영원성 그 자체를 신 자신의 내부에다 만들었다.
신은 그대 스스로를 세우면서
자기 스스로가 자기 스스로를 비춘다.
신께서는 빛이 비치기 시작한 빛 그 자체요
모든 것을 말씀 한 마디로 창조하셨다.
새로운 창조에 도달하여서 신께서는
예전에도 존재하셨고 현재도 존재하고 있으며 미래에도 영원히 존재할 것이다!

IV
그대 신께서는 존재의 사슬을 그대 안에 수용한다.
그 존재의 사슬에 의식을 주어 급양하며 또 생기를 넣어주어 살아있게 한다.
그대 신께서는 시작과 끝을 한데 묶으며
죽음에 생명을 선사한다.
섬광이 쏟아지고 활활 타오르는 것처럼
그렇게 신으로부터 태양들이 태어난다.
차갑고 맑은 겨울 날
조그만 서리 조각들이 빛을 발하고
여러 문양으로 퍼져나가며 연약하게 떨리며 빛을 발하듯
그렇게 심연 속의 별들이 신 아래서 동일하게 떨리며 빛을 발하고 있다.

V

수백만의 불붙은 천체가 빛났고
측량할 수 없는 광대무변 속에서 운행하고 있으면서
그것들이 신의 법칙을 세우고 있다.
그리고 생명을 만들어내는 빛을 발하고 있다.
그러나 빛나고 있는 이 불빛들이
혹은 거대한 선홍색의 수정체라고 하더라도,
혹은 끓고 있는 거대한 황금물결이라고 해도,
혹은 뜨거운 창공이라고 해도,
혹은 빛나고 있는 모든 세계를 다 합쳐놓은 것이라고 해도
그것은 신 앞에서는 마치 낮 앞에 있는 밤과 같은 것이다.

VI

이 모든 피조물은 신 앞에서는
바다에 버려진 한 방울의 물과 같다.
관찰이 가능한 이 모든 천체가 내게는 무엇이란 말인가?
그대 신 앞에서 나는 무엇인가?
위에서 언급한 그 대양에서는
세계들이 백만 단위로
수백 개씩 늘어나고 있다.
그러니 내가 감히 나를 신과 비교를 한다고 한다면
그것은 오직 한 가지 견해만 가능하다.
그것은 그대 신 앞에서 나는 아무것도 아니라는 것이다.

VII

아무것도 아니다! 그러나 그대 신께서는
그대 선의 위대함으로 내 안에서 빛을 발하고 있다.
마치 조그만 물방울 안에서 태양이 빛나듯
그대는 내 안에서 자신의 형상을 만들고 있다.

아무것도 아니다! 그러나 나는 생을 느낀다.
그 어떤 것으로도 만족하지 못한 나는
언제나 높은 곳으로 비상하여 날고 있다.
나의 영혼은 그대를 갈구하고 있고,
나의 영혼은 깊이 탐구하며 사고를 하고 판단을 한다.
나는 존재한다. - 물론 신께서도 존재합니다.

VIII
그대 신께서는 존재합니다! - 자연의 의식이 그것을 말해주고 있으며
내 가슴이 내게 그것을 말해주고 있으며
내 이성이 네게 그것을 단언해 주고 있다.
그대 신께서는 존재한다. 그리고 나 역시 이제는 더 이상 아무것도 아닌 게 아니다!
나는 이 우주 전체의 한 부분이다.
내 생각에 나는 자연의 이 경탄할 만한
한 가운데 위치하고 있다고 여겨진다.
내가 처한 그 곳은 신께서 물질적 창조를 시작하신 그 곳이며
또 영적인 창조를 완성하신 그 곳입니다.
그래서 나로 인해 모든 존재의 사슬이 다 이어졌다.

IX
나는 온 사방에 존재하는 모든 세상을 연결하는 고리다.
나는 물질의 극단적 단계다.
나는 살아있는 생명체들의 중심이다.
나는 신성을 나타내는 시초다.
나는 육체적으로 먼지 속에서 썩어지지만,
영적으로 나는 천둥에게 명령을 하는 자이다.
나는 황제다 - 나는 노예다 - 나는 구더기다 - 나는 신이다!

그러나 미래에 내가 그토록 멋진 존재가 될 사람인데
내가 어디서 왔는가? 라고 하는 것은 알려져 있지 않다.
나는 스스로 존재할 수는 없었다.

X
나는 신의 피조물입니다, 창조주시여!
나는 그대 신의 현명함의 산물이다.
생의 샘물, 은총의 전달자,
내 영혼의 영혼이며 내 영혼의 황제다!
나의 존재가 죽지 않고
밑바닥이 없는 죽음을 뛰어넘기 위해서는
그대 신의 진실에 그것이 필요했었다.
내 영혼이 죽음의 옷을 입고 죽었다가
그 죽음을 딛고 다시 일어서기 위해서는
아비지시여! 그대의 불멸이 필요합니다.

XI
설명의 대상이 아닌 존재여, 이해의 대상이 아닌 존재여!
그대 신의 그림자를 예측하는 것조차
내 영혼의 상상력은
너무도 빈약하다는 것을 나는 안다.
그럼에도 불구하고 신을 칭송해야 하는 것이 의무사항이라면
죽음 앞에 약하디 약한 것으로는 불가능하며
그 어떤 것으로도 신을 칭송할 수는 없다.
그저 신에게 다가가려고 노력을 할 뿐이고
그렇게 할 때조차도 측량이 불가능할 정도로 광대무변함 속에서 길을 잃게 될 뿐이며
그저 감사의 눈물을 흘릴 수 있을 뿐이다.

바실리 쥬코프스키

그녀에게

그대를 위한 이름이 어디에 있는가?
유한한 생명을 가진 사람들의 예술은
그대의 매력을 표현하기에 충분하지 않다.

그대를 위한 악기 하프는 존재하지 않는다!
노래는 무슨 노래? 그대에 관한
최근 소문의 평판은 근거가 없다!

만일 심장이 사람들에게
들릴 수만 있다면 각각의 모든 감정은
그대에게는 찬가가 될 터인데!

그대 인생의 아름다움을,
청순하고 신성한 이 모습을
나는 내 가슴 속에다 비밀을 간직하듯 그렇게 간직하고 다니겠다.

나는 오직 사랑할 수밖에 없다.
당신이 얼마나 사랑스러운 여자인지 말을 한다는 것은
오로지 영원성밖에 없다!

노 래

지난날의 황홀함이여,
왜 다시 부활하였는가?
누가 기억을 일깨웠으며
침묵하기 시작한 꿈들을 일깨웠는가?
익숙한 인사가 내 영혼에 속삭였다.
눈에 익은 눈길이 내 영혼에 빛났다.
그러자 오래전부터 보이지 않던 것들이
나의 영혼에 순간 보이게 되었다.

오 사랑스런 손님이여, 신성한 옛날이여!
어쩌자고 나의 가슴 속으로 밀려드는가?
"희망을 가지고 살아라!"라고 내가 말할 수 있겠는가?
"이전에 있었던 것에게 미래에도 존재하라"라고 내가 말할 수 있겠는가?
새로운 형태로 시들어버린 꿈의 아름다움을
내가 다시 볼 수 있겠는가?
사회에서 통용되고 있는 망토로
벌거숭이를 다시 옷 입힐 수 있겠는가?

왜 영혼이 이제는 더 이상 존재하지 않은
예전에만 존재했던 그런 쪽으로 자꾸만 달려가는가?
황량한 그곳에는 더 이상 사람들이 살고 있지 않다.
그 세상은 지나간 세월을 알아차리지 못한다.
그곳에는 말없는 주민 한 사람 만이 있다.
그 사람은 사랑스런 세상의 증인이다.
그곳에는 그 사람과 함께 행복했던 모든 날들이
한 무덤에 안치되어 있다.

1823년 3월 19일

그대가 내 앞에
조용히 서 있었다.
그대의 슬픈 시선은
감정으로 가득 차 있었다.
그 시선이 내게
행복했던 과거를 상기시켜주었다...
그대의 슬픈 시선은 이 지구상에 마지막으로 존재했었다.

그대가 사라졌다.
마치 조용한 천사처럼.
그대의 무덤은
마치 천국처럼 고요하다!
모든 지상의 것들은 그대가 머무는 곳에서는
기억에 불과하다.
그대가 머무는 곳에서는 모든 신성한 사고들이
천상에 관한 것이다.

하늘에는 별들이 가득하고,
밤은 고요하다!...

콘스탄틴 바튜시코프

나의 수호신

오! 내 마음의 기억이여! 그대는
이성의 슬픈 기억보다도 강하여
자주 자신의 달콤함으로
나를 먼 지역에서 포로로 사로잡는다.
나는 사랑스런 단어들을 말한 목소리를 기억한다.
나는 파란 눈동자를 기억한다.
나는 황금빛 머리채를 기억한다.
자연스럽게 흘러내린 곱슬머리의.
나는 비교된 적이 없는 나의 목동의 단순한
차림새 전체를 기억하고 있으며 잊히지 않는
사랑스런 모습은 온 사방으로 나와 함께 편력하고 있다.
나의 수호신인 그대는
이별에 임해서도 사랑으로 위안을 주었다.
내가 잠들고 있는가? 슬픈 잠이
머리맡으로 살며시 다가오고 달콤하게 해 준다.

표도르 튜체프

불 면

I
단조로운 시계의 소리
밤의 싫증나는 이야기!
마치 양심처럼 모든 사람에게 다 명료하다.
언어는 모든 사람에게 다 똑같이 낯설다

II
우리들 중 누가 우수 없이 들었는가?
온 누리가 침묵하고 있는 가운데서
신음의 귀먹은 시간들을,
예언적으로 이별을 고하는 목소리를.

III
고아가 되어버린 이 세상은 반박하기 어려운
운명에 처한 것처럼 우리에게 여겨진다.
그래서 우리는 투쟁 속에서 온 자연으로 인해
우리 스스로에게 던져져 버렸다.

IV
그래서 우리의 인생은 마치 땅 끝에 서 있는
망령처럼 우리 앞에 서 있다.
그리고 우리의 그 인생은 우리의 시대와 우리의 친구들과 함께
어슴푸레 어두운 먼 곳에서 창백해져 가고 있다.

V

그리고 새롭고 젊은 종족은
그러는 사이 태양에서 꽃을 피웠다.
그런데, 친구들이여, 그 종족은 우리와 우리의 시대를
이미 오래 전에 망각 속으로 데려가 버렸다오!

VI

그저 가끔, 자정의 시각에
슬픈 장례식을 치르면서
장례식 쇠 종소리가 때로
우리의 죽음을 애도하고 있다!

침 묵

침묵하라, 감춰라, 숨겨라,
자신의 마음속에서 일어나는 감정들과 꿈들은
영혼의 깊은 속에서
일어났다가 사라지게 내버려 두라.
마치 밤하늘의 별들을 즐기듯이 그렇게
말없이 자신의 감정들과 꿈들을 그저 즐기기만 해라.

마음이 어떻게 스스로를 말할 수 있겠는가?
다른 사람이 너를 어떻게 이해할 수 있겠는가?
네가 무엇으로 살아가는지 그 사람이 이해를 하겠는가?
말로 표현된 사상/진리는 다 거짓이다.
샘물을 휘저으면 구정물만 되는 법.
그저 그 샘물 한 모금 마시고 입 닥쳐라.

자기 스스로 안에서 사는 법을 익히기나 해라.
너의 영혼 속에 비밀스럽고도 마법적인
생각의 온전한 세상이 존재하고 있다.
겉으로 들리는 소음이 비밀스럽고도 마법적인 생각들을 귀먹게 할 뿐,
낮의 빛이 그것들을 보이지 않게 쫓아버리는 법.
그러니까 그것들의 노래에 귀를 기울이고 그리고 입 닥쳐라!

***(공기의 숨 막힐 듯한 침묵 속에서)

공기의 숨 막힐 듯한 침묵 속에서
마치 천둥의 전조처럼
장미향이 더 강하고
잠자리 날고 있는 소리가 더 크게 들린다...

잘 들어 보라! 하얀 뭉게구름 너머로
천둥이 들릴 듯 말 듯 우르릉 거렸다.
하늘이 날아가는 번개로
자신의 허리에 동그랗게 띠를 둘렀다!..

삶의 그 어떤 여분으로 넘쳐흐름이
이 답답한 공기 속에서 사방으로 흐르고,
삶의 그 어떤 여분으로 넘쳐흐름이 혈관 속에서
마치 신의 음료처럼 갈피를 못 잡고 어리둥절해 하며 타고 있다.

아가씨, 아가씨, 젊은 처자 가슴의 안개를
무엇이 뒤흔드나요?
그대 눈동자의 촉촉이 젖은 반짝임을
무엇이 괴롭히고 슬프게 만드나요?

가엾은 처녀여, 무엇이 그대 처녀 뺨의
타오르는 불꽃을 사라지게 하는가?
그대의 가슴을 무엇이 그렇게 짓누르고 있으며
무엇이 그대 입술을 그렇게 태우는가?..

이 처녀의 숱 많은 비단 같은 속눈썹 사이로
눈물 두 방울이 새어 나왔다...
아니면 혹시 이제 막 시작되는
폭풍우의 두 방울 빗물인가?..

*****(낮이 밤이 되어 가고)**

낮이 밤이 되어 가고 있다.
산으로부터 그림자가 더 길게 드러눕고 있다.
하늘의 구름들이 불이 꺼지고 있다...
이미 늦은 시간이다. 낮이 밤이 되어 가고 있다...

내게는 밤의 그림자가 무섭지도 않고 아쉬울 것도 없다.
시들어 가는 낮이 내게 안타깝지 않다.
나의 마법적인 환영인 그대는 오직,
오직 그대만은 나를 버리지 말아다오!

밤의 그림자의 날개로 나에게 옷을 입혀다오.
내 가슴의 흥분을 차분히 가라앉혀다오.
그때는 매혹당한 내 영혼에게
그 그림자가 은총을 베푸는 것이 될 것이다.

그대는 누구인가? 그대는 어디서 왔는가? 그대가
천상의 존재인지 이 지구상의 존재인지 어떻게 알 수 있겠는가?
어쩌면 그대는 공중에 사는 자.
하지만 그것도 그대는 틀림없이 여성의 열정적 영혼을 지닌 존재.

*****(나는 그 눈동자를 알고 있었다)**

나는 이 눈동자를 알고 있었다. 오! 이 눈동자!
내가 그 눈동자들을 어떻게 사랑했었는지는 신께서만 아신다!
그 눈동자의 매혹적이고
열정적인 밤으로부터 나는 내 영혼을 분리시킬 수 없었다.

인생을 밑바닥까지 노정시키고 있는
이 이해하기 어려운 눈길 속에서
그런 고뇌가 들렸었고
열정의 그런 깊이가 있었다!

그녀의 짙은 속눈썹의 그림자에서
슬픈, 고뇌에 빠진 그 눈길이 숨을 쉬었다.
마치 큰 만족과도 같은 지친 그 눈길,
고난과도 같은 운명적인 눈길이.

그리고 이 기적적인 짧은 순간에
나는 단 한 번도 성공을 해 본 적이 없다,
흥분하지 않고 그 눈동자를 만나는 것을,
눈물 없이 그 눈동자를 사랑하는 것을.

*****(그녀가 바닥에 앉아 있었다)**

그녀가 바닥에 앉아
편지 무더기를 풀어 흩트렸다.
그녀는 그 편지들을 마치 식어버린 재를 움켜쥐듯이
그렇게 손에 움켜쥐더니 던져버렸다.

그녀는 눈에 익은 편지 낱장들을 손에 쥐고
마치 기적을 보기라도 하는 듯 그렇게 그 편지 낱장들을 보고 있다.
마치 영혼이 자기가 빠져나와버린
육체를 위에서 내려다보는 것 같다.

오! 여기에는 얼마나 많은 삶이 있었던가,
이미 살아진 인생은 되돌릴 수가 없다!
오! 얼마나 슬픈 순간들이 있었던가,
사랑과 이미 깨어져버린 기쁨의 슬픈 순간들!

나는 말없이 한 쪽에 서 있다.
그리고 무릎을 꿇을 준비가 되어 있다.
그러자 사랑스런 그림자의 존재로 인해
나는 무지무지하게 슬퍼졌다.

*****(이성으로 러시아를 이해할 수 없다)**

러시아를 머리로 혹은 이성적으로 이해할 수 없다.
러시아의 크기를 일반적인 측정의 단위로는 잴 수 없다.
러시아는 특별한 형상을 가지고 있다.
러시아는 그저 믿을 수밖에 없다.

미하일 레르몬토프

천 사

자정의 하늘을 따라 천사가 날고 있었다.
그러면서 고요한 노래를 부르고 있었다.
달도, 별들도 구름도 떼로
그 신성한 노래에 주의를 기울였다.

천사는 천국의 정원 나무 아래에서
죄가 없는 영혼들의 더없는 행복에 대해 노래를 불렀다.
천사는 신의 위대함에 대해 노래를 불렀다.
천사가 신을 찬미한 것은 위선적인 것이 아니었다.

천사는 슬픔과 눈물의 세상을 위해
어린 영혼을 품에 안고 왔다.
그리고 천사의 노래 소리는
이 어린 영혼 속에 말없이 그러나 생생하게 남아 있었다.

그리고 이 지구상에서 그 어린 영혼은 오랫동안 괴로워했다.
그리고 이 땅의 무료한 노래 소리가
그 영혼이 부르는 천상의 소리를
어떻게 해서도 대체를 할 수는 없었다.

돛

외로운 돛이 바다의 푸른 안개 속에서
하얗게 빛나고 있다!
그가 저 먼 곳에서 무엇을 찾고 있는가?
그는 고향 땅에다 무엇을 버렸는가?

파도는 너울거리고 바람은 휙휙 거린다.
그러자 돛대가 휘어지고 삐걱거린다.
아아! 그는 행복을 추구하고 있는 게 아니다.
그렇다고 그가 행복으로부터 도망을 치고 있는 것도 아니다!

그의 아래는 폭이 좁은 감청색 물결이 더 선명하고
그의 위에는 태양의 광선이 더더욱 황금빛이다…
격해 있는 그는 폭풍우를 갈구하고 있다.
마치 폭풍우 속에 안정이라도 있는 양!

수인(囚人)

내 감옥의 문을 활짝 열어주시오,
내게 낮의 밝음을 주시오,
검은 눈동자의 아가씨를 주시오,
검은 갈기를 한 말을 주시오.
나는 무엇보다도 먼저
예쁘고 젊은 처녀에게 달콤한 키스를 하겠소,
그런 다음 나는 말을 타고 내 달릴 것이다,
마치 바람처럼 초원으로 날아갈 것이다.

그러나 감옥의 창문은 높다,
감옥의 문은 자물통을 달아 굳게 닫혀만 있다.
검은 눈동자의 처녀는 멀리만 있다,
그녀는 화려하고 호사스러운 자신의 방안에 있다.
준마는 푸른 들판에 굴레 없이 있다,
혼자다, 자유롭게 뛰어다니고 있다.
꼬리를 바람에 흩날리며
명랑하고 장난기 어려 있다.

나는 혼자이다. 기쁨이 없다.
주변의 벽은 황량하기 그지없고
램프의 불빛만이 꺼져가는 불빛으로
희미하게 비친다.
단지 들리는 것은 감방 문들 너머에서
큰 소리로 울려 퍼지는 규칙적인 보초병의 걸음 거리이다.
대답 없는 밤의 보초병이
밤의 고요함 속에서 걷고 있다.

지겹기도 하고 슬프기도 하고

지겹기도 하고 슬프기도 하다. 그리고 영적으로 불행한 순간에
어느 누구하나 손을 내밀 사람이 없다...
욕망!.. 덧없이 그리고 영원히 욕망을 가지는 것이 무슨 소용이란 말인가?..
그런데 세월은 흐른다. 온갖 좋은 세월이!

사랑을 해 봐?.. 그러나 도대체 누구를 사랑한단 말인가?.. 잠시 동안 사랑한다는 것은
일도 아니다. 하지만 영원히 사랑한다는 것은 불가능한 일이지 않는가.
네 스스로를 한 번 흘끗이라도 돌아보면 그곳에는 과거도 없고 흔적도 없다.
네가 돌아 본 그곳에서는 기쁨도 고통도 모든 것이 다 무의미하다...

수난은 무슨 수난이란 말인가? 진정으로 이르건 늦건 간에
그런 수난의 달콤한 질병은 이성이라는 말 한 마디에 사라져 버릴 것이 틀림없다.
그래서 인생을 냉정한 시선으로 쭉 둘러보면,
이 인생이란 그토록 공허하고 그토록 어리석은 농담에 지나지 않는다...

조 국

나는 조국을 사랑한다. 그러나 나는 이상한 사랑으로 조국을 사랑한다.
나의 이성도 그 이상한 사랑을 압도하지 못한다.
피로 그 대가를 치른 명성도,
자랑스러운 신뢰의 완전한 평온도,
아득한 먼 옛날의 신성한 전설들도
내 안에 있는 위로가 되는 상상을 흔들지는 못한다.

나 스스로도 무슨 이유때문인지는 모르지만, 아무튼 나는 사랑한다.
조국 들판의 차가운 침묵도,
조국의 가없는 숲의 흔들림도,
바다를 닮은 조국 강들의 범람도 나는 사랑한다.
내가 좋아하는 것은 짐마차를 타고 시골 길을 따라 달리는 것,
느긋한 눈길로 밤의 어둠을 가르며 하룻밤 유숙할 곳에 대해 동경을
하면서 각 지역을 따라다니며 슬픈 시골 마을들의 흔들리는 불빛 만
나는 것.

나는 사랑한다, 수확을 다 끝낸 후의 밭에 질러 놓은 불의 연기를
초원에서 밤을 지새우고 있는 짐마차를,
언덕 위에 노란 색 버드나무 사이에 서 있는
하얀 빛을 띤 자작나무 한 쌍을.
많은 사람들이 잘 알지 못하는 기쁨을 가지고
나는 가득 찬 곡식창고를 본다.
짚으로 지붕을 이고 격자무늬가 있는 덧창문의
시골 농가를 기쁜 마음으로 보고 있다.
술에 취한 농군들의 시끌벅적한 말소리 속에서
나는 밤늦도록 춤사위를 볼 준비가 되어 있다,
축제일에 이슬 내린 저녁때
발 구름과 휘파람 소리가 동반 되는 그런 춤사위.

*****(나 홀로 밖으로 나선다)**

나는 홀로 밖으로(길로) 나선다.
안개 너머로 돌이 많은 길이 반짝거린다.
밤은 고요하다. 황야는 신에게 주의를 기울이고 있다.
그리고 별들이 별들과 대화를 나누고 있다.

하늘에는 축제를 열고 있는 듯 하고 기적이 일어나고 있는 듯하다!
땅은 푸른 빛 속에서 잠을 자고 있다...
도대체 무엇 때문에 내게 그토록 아프고 또 그토록 힘들다는 말인가?
내가 뭔가를 기다리고 있기라도 한 건가? 뭔가를 애타게 염원하기라도 한단 말인가?

나는 인생에서 그 어떤 것도 더 이상 기다리지 않는다.
그리고 나는 지나간 것들을 조금도 안타깝게 여기지 않는다.
나는 자유과 안정을 찾고 있다!
나는 그저 잊혔으면 그리고 잠들었으면 좋겠다!

그러나 무덤의 그 차가운 꿈으로가 아니다...
나는 영원히 그렇게 잠들고 싶다...
생의 힘이 가슴 속에서 꿈꿀 수 있도록,
호흡을 하면서 가슴이 조용히 부풀어 오르도록.

온 밤과 온종일 나의 귀를 달래며 달콤한 목소리가
사랑 노래를 내게 불러주도록,
가지와 잎이 무성한 참나무가 영원히 푸르면서
내 위에서 가지를 늘어트리고 또 바람 소리를 내 주도록.

예언자

I
영원한 판관께서
내게 예언자의 전지(全知)를 주신이래,
나는 사람들의 눈동자에서 사악하고
악덕한 측면들을 인식하고 있다.

II
나는 사랑과
가르침의 순수한 진리 포고를 멈추었다.
내게 가까운 모든 사람들이
내게 돌을 미친 듯이 던졌다.

III
나는 내 머리에 재를 흩어 뿌렸다.
나는 도시에서 거지가 되어 도망 나왔다.
그래서 자, 나는 지금 여기 황야에 살고 있다.
마치 새들처럼 신께서 내려 주시는 양식을 먹으면서 살고 있다.

IV
개벽 이전의 약속을 간직하고 있으면서
그곳에서 이 땅의 사물들은 내게 순종적이다.
별들이 그들의 빛으로 기쁘게 놀면서
내 말을 듣는다.

V
시끄러운 도시를 지나
빠르게 빠져 나갈 때,

노인들이 자존심이 강한 미소를 띠며
아이들에게 이렇게 말한다.

VI
“보아라. 여기 너희들에게 보여 줄 본보기가 있다!
저 사람은 당당했지. 우리랑 친하게 지내지 않았어.
저 사람은 바보야. 신께서 당신의 음성을
저 사람의 입을 통해 들려주고 있다고 우리를 믿게 하려고 했었거든!

VII
아이들아, 보아라. 저 사람을.
저 사람이 얼마나 음울한지, 저 사람이 얼마나 삐쩍 말랐는지 그리고
얼마나 창백한지를!
아이들아, 보아라. 저 사람이 얼마나 헐벗었고 얼마나 가난한지를!
아이들아, 보아라. 모든 사람들이 저 사람을 어떻게 경멸하는지를!”

야코프 폴론스키

저녁 종소리

저녁 종소리… 그대는 여명을 기다리지 마라.
그러나 12월의 안개 속에서도
차가워진 아침노을이 때로는 내게
여름의 미소를 날라다 주곤 한다.

나의 모든 호소에도 아무런 대답 없이
그대 나의 회색 날은 떠나가는구나!
인사가 없는 것도 아니고 의미가 없는 것도 아닌
하나의 저녁노을, 이것은 그림자다…

저녁 종소리는 시인의 영혼이다.
그대 시인은 이 종소리를 찬미하라…
저녁 종소리는 나의 더 좋은 꿈을 놀라게 하여 쫓아버린
이 세상의 외침소리를 닮지 않았다.

저녁 종소리… 그대는 먼 곳에서조차
도시의 근심어린 소음을 뚫고
내게 영감을 예언해 준다.
아니면 무덤과 안녕을 기원해 주는 것인지도 모를 일이다.

그러나 삶과 죽음의 환영이 이 세상에다 대고
무언가 영원한 것에 대해 말하고 있다.
그러니 그대는 조용히 노래를 부르라.
종소리의 서정시가 울려 퍼지고 하고 있다.

삶과 죽음 없이는 어쩌면 천재조차도
사람들에 의해 마치 꿈처럼 잊힐 것이다.
그리고 이 세상은 완전히 다른 현상의,
다른 승리의, 다른 장례의 세상이 될 것이다.

아파나시 페트

***(슬픈 자작나무)

내 창가에 서 있는
슬픈 자작나무 한 그루,
그 자작나무는 동장군의 변덕으로
아름답게 성장을 차려 입었다.

마치 포도송이처럼
나뭇가지 끝이 매달려 있다.
그리고 온통 장례식의 옷차림을 한
이 모습을 보는 것은 즐겁다.

나는 아침노을의 놀음을 사랑한다.
나는 자작나무 가지 위에서 그것을 발견한다.
그리고 만약에 새가 나뭇가지의 이 아름다움을
흔들어 떨어트린다면 내게는 슬플 것이다.

*****(나는 그대에게 인사를 하러 왔다)**

나는 그대에게 인사를 하러 왔고
태양이 떠올랐다는 것을 말해 주러 왔다.
그리고 그 태양은 뜨거운 빛으로
나뭇가지에서 흔들리고 있다고 말해주러 왔다.

숲이 이미 잠에서 깼다는 것을 말해주러 왔다.
나뭇가지 하나하나가 다 잠에서 깨어 숲 전체가 잠에서 깼다는 것을 말해주려고 왔다.
숲 속의 새 한 마리 한 마리가 모두 갑자기 꿈에서 깨어 놀라 날개를 퍼덕이며 날아갔다고 말해주려고 왔다.
그래서 숲 전체가 봄의 욕망으로 봄의 열정으로 가득 찼다는 것을 말해주려고 왔다.

나는 어제와 마찬가지로 여전히
그 열정을 가지고 다시 왔노라고 말해 주려고 왔다.
그리고 내 영혼은 언제나 있었던 그런 행복으로
그대에게 봉사를 할 준비가 되어 있다는 것을 말해 주려고 왔다.

온 사방에서 내게 즐거운 바람이
불고 있다는 것을 말해주려고 왔다.
나는 스스로도 무슨 노래를 부를지 모르지만
이미 그 노래를 벌써 다 익어가고 있다는 사실을 말해 주려고 왔다.

환 상

I
우리는 단 둘이다. 정원에서 창문의 유리를 통해
달빛이 비친다... 우리의 촛불은 희미하다.
그대의 풍요롭고 그대의 말을 잘 듣는 고수머리가
휘휘 휘어 감기면서 그대의 어깨 위로 떨어진다.

II
도대체 무엇 때문에 우리가 침묵하고 있는가?
5월의 고요하고 밝은 달밤의 왕국이 온 세상을 짓누르고 있기라도 한가?
아니면 장미꽃 위에서 꾀꼬리가 비탄에 빠져 슬퍼하면서
선명하고도 또 열정적으로 노래라도 하고 있단 말인가?

III
아니면 바람이 새집을 흔든 그 곳 덤불
저 너머에서 작은 새들이 잠에서 깨기라도 했는가?
그리고 질투의 빛으로 떨리면서
별들이 점점 더 가까이 우리에게 내려앉기라도 한단 말인가?

IV
활처럼 휘고 기적적인 곡선을 만들어내는
큰 나뭇가지에는 다양한 애기의 호사스런 여 주인이 살고 있다.
에메랄드가 빛나는 곳에서
온통 불로 뒤덮인 불새가 물 위에 날고 있다.

V
믿기지 않을 정도로 정교하게 해 놓은

도금의 넘쳐흐름 속에서 모양을 그려 넣은 조가비들이 반짝거린다.
분수의 다이아몬드 가루들과
진주 거품이 달까지 이르고 있다.

VI
나뭇잎들은 밝은 곤충으로 가득하다.
그리고 그 수가 점점 더 많아져 헤아릴 수 없게 된다.
수없이 많은 익히 아는 꿈들이 교차한다.
그리고 나의 마음속에는 수없이 많은 달콤한 신념으로 가득 차 있다.

VII
거짓의 빛으로 눈동자를 흔들면서 무지개 빛깔이 지나간다.
한 순간 매혹적인 얘기는 사라져버렸다.
그리고 나의 영혼은 또다시
모든 가능한 일들로 가득 찼다.

VIII
우리는 단 둘이다. 정원에서 창문의 유리를 통해
달빛이 비친다... 우리의 촛불은 희미하다.
그대의 풍요롭고 그대의 말을 잘 듣는 고수머리가
휘휘 휘어 감기면서 그대의 어깨 위로 떨어진다.

*****(속삼임, 가녀린 숨결)**

속삭임, 수줍은 호흡,
꾀꼬리 울음소리,
은,
태양빛의 흔들림,

밤의 빛, 밤의 그림자들,
끝이 없는 그림자들,
사랑하는 사람의 얼굴이 마법적으로
바뀌어 나타남,

선홍색 장미의 희미한 안개와 같은 구름 속,
호박의 반짝임,
그리고 입맞춤, 그리고 눈물,
그리고 새벽노을, 새벽노을!..

첫 은방울꽃

오! 처음으로 피어나는 은방울꽃!
그대는 눈 밑에서 태양 빛을 요구하고 있구나!
그대의 향기로운 순수함 속에 있는,
얼마나 가냘픈 처녀의 유약함인가!

봄날의 첫 햇살처럼 그렇게 선명하구나!
그 은방울꽃에는 얼마나 다양한 꿈들이 강림하는지!
활기를 띠기 시작한 봄의 선물인
그대는 얼마나 매혹적인가!

그렇게 처녀는 처음으로 동경하고 있다.
무엇에 대해 동경을 하는지 그것은 그녀 자신도 잘 모른다.
섬세한 처녀의 탄식은
젊은 생의 넘치는 활기로 향기를 내 뿜는다.

이반 투르게네프

길에서

안개 낀 아침. 희끗희끗 백발의 아침.
눈 덮인 버드나무들이 슬프다.
지나간 시간도 무의식 중에 그대가 기억하고 있다.
이미 오래 전에 잊힌 얼굴들도 그대는 기억한다.

풍부하고도 열정적인 말들을 그대가 기억하고 있다.
그대는 그토록 강렬하고 그토록 수줍어하며 감지할 수 있는 그런 눈길들을 그대가 기억하고 있다.
첫 만남들을 기억하고 있으며,
마지막 만남들과 조용한 목소리로 들려 준 사랑하는 목소리들을 기억한다.

마차 바퀴가 투덜투덜 중얼거림을 들으며
드넓은 하늘을 생각에 잠겨 쳐다보면서
그대는 이상한 미소와 함께 헤어진 것을 기억하고 있으며
먼 고향에 두고 온 많은 것들을 기억하고 있다.

러시아어

조국의 운명에 대해 의구심이 드는 날, 비참할 정도로 확신이 서지 않는 날, 위대하고, 강력하며 옳고 자유로운 러시아어 그대 하나 만이 내게 지주이며 의지할 수 있는 것. 만약에 러시아어가 존재하지 않는다면, 조국에서 일어나는 일을 모두 보면서 어떻게 절망에 빠지지 않을 수 있을까? 그런 언어가 위대한 민족에게 주어지지 않을 수도 있었다는 것을 절대로 믿어서는 안 된다!

니콜라이 네크라소프

삼두마차

I
도대체 그대는 왜 명랑한 여자 친구들을 곁에 두고
그토록 열렬하게 길을 쳐다보고 있는가?
알아야 한다. 그대의 조그만 가슴은 걱정을 떠 안아버렸다는 것을,
그대의 얼굴 전체가 갑자기 확 달아올랐음을.

II
그리고 그대는 왜 질주하고 있는
삼두마차의 뒤를 따라 그렇게 서둘러 눈길을 돌리는가?
지나가는 기병 소위가 멋지게 허리춤에
팔자 모양으로 팔을 올리고 그대를 주의 깊게 쳐다보았다.

III
관심을 가지고 그대를 쳐다보는 것은 놀라운 일이 아니다.
그대를 사랑하는 것 역시 결코 대단한 일이 아니다.
깜깜한 밤처럼 검은 그대의 머리에
빨간 리본이 놀이를 하듯 매달려 나부낀다.

IV
그대의 가무잡잡하게 빛나는 뺨에
가벼운 솜털이 솟아나고 있다.
그대의 반달 모양의 눈 밑에서는
민첩한 눈동자가 기민하게 쳐다보고 있다.

V
농군 여자의 검은 눈썹의 한 번의 눈길,
그 눈길은 피를 들끓게 하는 매력으로 가득 차 있다.
선물이 노인을 타락시킬 것이다.
젊은이의 가슴에 사랑을 안겨줄 것이다.

VI
그대는 한 동안 살게 될 것이고 원하는 만큼 축제를 열 것이다.
그리고 그대의 인생은 충족되고 또 가벼운 것이 될 것이다...
그대는 그런 인생의 몫을 차지할 운명이 되지 못한다.
농군 처녀여, 그대는 타락하여 방종한 사람에게로 가고 있다.

VII
허리춤에 앞치마를 두른 채
볼썽사납게 가슴을 조여 맬 것이다.
변덕스러운 그대의 남편은 그대에게 매질을 할 것이며
시어머니는 그대를 세 번씩 죽게 그대의 허리를 휘게 할 것이다.

VIII
지저분하고 힘든 노동으로 인해
그대는 시들고 말 것이다. 한 번 피어 보지도 못한 채.
그대는 깨어날 수 없는 꿈에 시달릴 것이며
어린아이를 돌볼 것이며 일할 것이며 또 먹을 것이다.

IX
인생에 찌들고 끊임없는 노동에 찌든
그대의 얼굴에는 갑자기 둔감한
인내의 표현이 나타나며,
아무런 의미도 없고 영원하기만 한 놀람이 드러난다.

X
그대가 그대의 힘든 인생 여정을 다 마치게 되면
사람들이 축축한 묘지에 묻어버리고 말 것이다.
덧없이 사라져간 힘도 그 어떤 것으로도
다시 따뜻해지게 할 수 없는 가슴도.

XI
길을 우수 어리게 쳐다보지 마라.
그리고 삼두마차 뒤를 눈길로라도 서둘러 뒤쫓지 마라.
그리고 그대 가슴 속 우수에 잠긴 걱정을
가능한 빨리 그리고 영원히 잠재워버려라!

XII
그대가 질주하는 트로이카를 따라잡을 수는 없다.
말들은 강하고 배불리 먹었다. 그래서 말들이 민첩하다.
게다가 마부는 얼큰하게 취해 있다. 그리고 젊은 기병 소위는
다른 처녀에게로 질풍처럼 내 달린다...

***(어제 대여섯 시 경)

어제 한 대여섯 시나 되어
나는 센나야 광장에 갔었다.
그곳에서 채찍으로 한 여인을 사람들이 때리고 있었다.
젊은 여자 농노였다.

그녀의 가슴에서는 아무런 소리도 나지 않았다.
그저 채찍만이 유희를 즐기며 휘휘 소리를 냈다...
그래서 내가 나의 시신(詩神)에게 이렇게 말했다. “보라!
이 사람이 그대의 친 누이동생이다!”

*****(그대와 나는 이성적인 사람들이 아니다)**

그대와 나는 이성적인 사람들이 아니다.
우리는 한 순간이면 활활 타오를 준비가 되었다!
흥분에 떨고 있는 가슴을 편안하게 하기,
어리석고도 날카로운 단어.

그대가 화가 났을 때는 그렇다고 말을 해라.
그대의 영혼을 편치 않게 하고 고통스럽게 하는 모든 것을 말해라!
친구여! 우리가 솔직하고 공개적으로 화를 내자.
그러면 세상이 좀 더 수월해 질 것이며 사람들이 좀 더 빨리 싫증내게 될 것이다.

만약에 사랑을 함에 있어 시시껄렁한 얘기가 필수불가결하다고 한다면,
그 사랑에서 행복이라는 몫을 우리가 챙깁시다.
이런 투쟁이 있은 후에는 사랑과 관심이
그렇게 완전하고 그렇게 부드럽게 되돌아 올 것인데...

*****(침묵하라, 복수와 슬픔의 시신이여!)**

복수와 슬픔의 시신(뮤즈)여, 침묵하시오!
나는 다른 사람의 꿈을 방해하고 싶지 않소이다!
그대와 나는 충분히 열심히 일했다.
그러니 나 하나 죽어가면서 말을 하지 않고 침묵을 지키겠다.

무엇 때문에 잃은 것에 대해 울부짖으며 무엇 때문에 침울해 할 것인가?
도대체 언제나 이 상황이 조금이라도 가벼워질 것인가!
마치 감옥의 문이 삐걱거리는 것과 마찬가지로
내 마음의 신음소리는 내 스스로에게도 모순적이다.

모든 것은 끝났다.
나의 어두운 길은 악천후와 뇌우로 암울하기만 하다.
그게 다 이유가 있어서 그렇다. 내 머리 위에서 하늘은 밝아지지 않을 것이다.
내 영혼에 따뜻한 빛을 던져주지도 않을 것이다.

사랑과 부활의 마법적인 빛이여!
나는 그대를 불렀었다. 꿈속에서도 현실 속에서도.
노동을 하면서도 투쟁을 하면서도 파멸 직전에도 나는 그대를 불렀다.
하지만, 이제 나는 더 이상 그대를 부르지 않는다!

그대가 환하게 비출 수 있는 그런 밑바닥을
나는 내 스스로 보기를 원치 않았다...
왜냐하면 증오하는데 지쳐버린 가슴은
사랑하는 것을 결코 배울 수 없기 때문이기에.

*****(갑갑하다! 행복도 자유도 없이)**

갑갑하다! 행복도 없고 자유도 없이
밤은 끝없이 길기만 하다.
폭풍우라도 갑자기 돌발하기라도 했단 말인가?
찻잔은 끝까지 가득 찼다!

폭풍우야 바다의 소용돌이 위에 몰아쳐라.
들판에도 숲에도 바람아 불어제쳐라.
민중들의 슬픔의 잔을
왕창 엎질러 버려라!

이반 부닌

***(새들은 보이지 않는다)

새들은 보이지 않는다. 텅 비고 병치레를 하고 있는 숲은
순종적으로 시들어가고 있다.
버섯들은 가고 흩어졌다.
그러나 계곡에서는 젖은 버섯 향기가 진하게 퍼지고 있다.

쓸쓸하고 인적이 드문 벽촌은 더 낮아 보이고 더 훤해 보이게 되었다.
덤불들 속에서 풀들이 아무렇게나 뒤엉켜 있다.
그리고 가을 빗속에서 썩어가면서
어두운 빛깔의 나뭇잎들이 검게 빛난다.

그런데 들판에는 바람이 분다. 차가운 낮은
우울하면서도 신선하다. 그래서 나는 하루 종일
자유로운 들판을 따라 편력을 하고 있다.
시골의 크고 작은 마을에서 멀리 떨어져서.

그리고 말발굽 소리에 진정을 되찾은
나는 우수로 위안삼아 주의를 기울여본다,
바람이 어떻게 한결같은 소리를 내며
소총의 총신에서 어떻게 소리 내며 어떻게 노래하는지를.

*****(나는 그녀의 방에 자정에 들어갔다.)**

나는 그녀의 방에 자정에 들어갔다.
그녀는 자고 있었다. 그녀의 방 창에는
달빛이 비치고 있었다.
그리고 가라앉은 공단 이불이 빛났다.

그녀는 누워서 자고 있었다.
둘로 갈라져 있는 드러난 가슴.
그리고 조용히 마치 그릇에 담긴 물처럼,
그녀의 인생이 꿈속에 머물러 서 있다.

외로움

차갑고 황량한 물 위에
바람도, 조그만 빗방울도, 어둠도 깔렸다.
이곳에는 봄까지 삶이 죽어있다.
봄까지는 정원이 버려져있다.
나는 별장에 혼자 있다.
화가(畵架) 뒤에 있는 내게 어둡다,
그리고 창문에 바람이 분다.

어제 그대가 내게 왔었다.
그러나 그대는 이내 나와 있는 것을 지루해 했다.
잔뜩 찌푸린 날 저녁때가 되어서
그대는 마치 내게 아내처럼 여겨졌었다...
어쩌겠는가, 그래, 안녕!
봄까지는 혼자서, 아내 없이 어떻게든 살아남을 것이다...

오늘은 먹구름이 끝없이
산을 넘고 넘어 몰려오고 있다.
현관문께 빗방울 아래 그대의 흔적이
물이 되어 흐르고 있다.
그리고 저녁때가 되어 회색 빛
어두움을 바라다보고 있는 것이 외로운 내게는 괴롭다.

그래서 나는 이렇게 외치고 싶었다:
"돌아오라, 나는 너와 아주 친했었다!"

그러나 여인들에게 과거란 없는 법.
그녀의 사랑은 식었고 나는 그녀에게 낯선 사람이 되었다.
어쩌란 말이냐! 벽난로나 피워야지, 술이나 마셔야지...
개나 한 마리 사면 얼마나 좋을까나...

서 상 국

한국외국어대학교 러시아어과 졸업
미국 University of Wisconsin-Madison(슬라브어문학석사)
미국 University of Wisconsin-Madison(러시아문학박사)
서울대학교, 고려대학교, 한국외국어대학교 강사 역임
현재 단국대학교 러시아어전공 교수

저 서
『대학 러시아어』(중급편), 이진출판사, 2000.(공저)
『대학 러시아어』(고급편), 이진출판사, 2000.(공저)
『일화로 배우는 러시아어』, 문예림, 2001.
『대학생을 위한 러시아어』, 신아사, 2005. 외 다수

역 서
『부활』, 작가정신, 2008.

논 문
「솔제니친의 암병동에 나타난 인물설정 연구」, 2004.
「Хронотоп шаламовской Сибири」, 2005.
「L.N. 톨스토이의 "이반 일리치의 죽음"과 M. 베르나르의 "연인의 죽음" 비교연구」, 2007.
「수용소 공간 비교연구: V. 샬라모프, S. 도블라토프, A. 솔제니친을 중심으로」, 2008. 외 다수

러시아 시 I

지은이 _ 서 상 국
펴낸이 _ 장 호 성
펴낸곳 _ 단국대학교출판부
등 록 _ 1968.2.27 : No. 제03-00095호
주 소 _ 경기도 용인시 수지구 죽전동 126번지
전 화 _ 031-8005-2405 팩 스 _ 031-8005-2406
편 집 _ 성 두 현

2009년 11월 25일 초판 인쇄
2009년 11월 30일 초판 발행

인 쇄 _ (주)네오프린텍

[값 20,000원]

Published by Dankook University Press

Printed in Korea
ISBN 978-89-7092-430-4 93890